"十二五"职业教育国家规划教材
经全国职业教育教材审定委员会审定

21世纪职业教育规划教材·公共管理系列

社会调查方法与实务
（第三版）

于 莉 邓恩远 ◎主编

北京大学出版社
PEKING UNIVERSITY PRESS

内容简介

本书基于工作过程系统化的设计理念,以促进工学结合及实施"教、学、做"一体的教学模式为目标而编写。

本书内容分为两个部分。第一部分着重介绍社会调查的操作程序,主要包括社会调查及其一般程序、选择调查课题、设计调查方案、探索性调查、调查课题的操作化与指标设计、概率抽样、调查资料的收集、调查资料的处理与分析和撰写调查报告。第二部分着重介绍了从调查方法、调查范围和应用领域三个不同角度划分的社会调查类型及其操作方法,包括文献调查、问卷调查、量表调查、观察调查、访谈调查、普遍调查、抽样调查、典型调查、个案调查、民意调查、社区调查、家庭调查、评估调查等。

本书不仅可以作为高等院校政治学、社会学、管理学、教育学、传播学、人口学、文秘等相关专业社会调查方法课程使用的教材,也可以作为社会工作者、社区管理人员的培训教材和自学者的自学教材。

图书在版编目(CIP)数据

社会调查方法与实务/于莉,邓恩远主编. —3版. —北京:北京大学出版社,2022.10
21世纪职业教育规划教材. 公共管理系列
ISBN 978-7-301-33395-2

Ⅰ. ①社… Ⅱ. ①于… ②邓… Ⅲ. ①社会调查–调查方法–职业教育–教材 Ⅳ. ①C915

中国版本图书馆 CIP 数据核字(2022)第 176878 号

书　　名	社会调查方法与实务(第三版) SHEHUI DIAOCHA FANGFA YU SHIWU(DI-SAN BAN)
著作责任者	于　莉　邓恩远　主编
责 任 编 辑	吴坤娟　李　晨
标 准 书 号	ISBN 978-7-301-33395-2
出版发行	北京大学出版社
地　　址	北京市海淀区成府路 205 号　100871
网　　址	http://www.pup.cn　新浪微博:@北京大学出版社
电 子 邮 箱	编辑部 zyjy@pup.cn　总编室 zpup@pup.cn
电　　话	邮购部 010 - 62752015　发行部 010 - 62750672　编辑部 010 - 62704142
印 刷 者	北京溢漾印刷有限公司
经 销 者	新华书店
	787 毫米×1092 毫米　16 开本　18 印张　407 千字 2009 年 7 月第 1 版　2015 年 10 月第 2 版 2022 年 10 月第 3 版　2024 年 8 月第 4 次印刷(总第 25 次印刷)
定　　价	58.00 元

未经许可,不得以任何方式复制或抄袭本书之部分或全部内容。
版权所有,侵权必究
举报电话:010 - 62752024　电子邮箱:fd@pup.cn
图书如有印装质量问题,请与出版部联系,电话:010 - 62756370

第三版前言

社会调查方法作为收集与处理社会信息的工具和认识社会、改造社会的手段，已逐渐成为研究社会现象的主要方法之一，在现代社会研究中发挥着越来越重要的作用。同时，作为一门认识社会、改造社会的方法性学科，社会调查方法也越来越受到了高等院校政治学、社会学、管理学、教育学、传播学、人口学、文秘等相关专业的广泛关注。

作为一门教授"方法"的课程，社会调查方法更需要结合社会调查工作的实际，强化实践实训环节。实践与实训是掌握社会调查方法最好的学习形式，本书正是适应了该课程的这一特点，基于工作过程的设计理念，以促进工学结合及实施"教、学、做"一体的教学模式为目标而编写的。

首先，本书以开展社会调查的实际工作进程为依据，在内容安排上着力突出从选择调查课题开始，至完成调查报告为止的整个社会调查过程中各个环节的实训，并将社会调查的方法和技巧的训练作为主要任务。

其次，本书在编写中将操作程序与操作实践紧密结合起来，以典型调查案例为依托，突出了真实性、实用性、操作性和系统性的特点。

再次，在教学单元操作化设计上，本书按照工学结合的要求，以解决职业领域问题、完成岗位任务为导向，精心设计了社会调查工作的具体任务，使学生带着任务去学习相关知识与技能，有效地将"教、学、做"融为一体，借鉴真实岗位的工作模式，强化教学过程的操作性，增强教学任务的工作感。

最后，本书充分考虑了国家职业技能标准的相关要求，在确定能力目标、选择调查案例、安排具体任务、设计实训步骤等方面无不渗透着国家职业技能标准的要求与内容。

本书曾获批"十二五"职业教育国家规划教材，为多所高等职业院校使用，获得了专家和广大读者的认可。本书以党的二十大精神为指导，新版修订后，本书进一步突出其实用性和操作性，修正了上一版本的疏漏之处，增加了新的调查类型和调查案例，并增加了各任务的知识梳理。本书不仅可作为高等院校政治学、社会学、管理学、教育学、传播学、人口学、文秘等相关专业社会调查方法课程使用的教材，也可作为社会工作者、社区管理人员的培训教材和自学者的自学教材。

本书由天津师范大学政治与行政学院于莉和天津职业大学公共管理学院邓恩远主编，编写工作分工如下：天津师范大学于莉编写了项目一的任务一至任务七，项目二的任务一至任务六、任务八至任务十一、任务十三；中国慈善联合会杨健编写了项目一的任务八和项目二的任务七，并负责电子教辅材料的制作；天津职业大学邓恩远编写了项目一的任务九和项目二的任务十二。

本书在编写过程中，充分吸纳了行业职业专家、兄弟院校同行专家的建议与意见，借鉴和吸收了相关教材和学术界的研究成果，得到了中国高等职业技术教育研究会的指导与帮助,并得到了北京大学出版社的大力支持,在此一并表示感谢!此外,还要感谢本书责任编辑李晨老师的辛勤努力和出色工作,为本书的再版提供了大力支持和帮助。

社会调查方法是一门实践性非常强的课程,专门编写方法与实务相结合的教材是一种新的尝试,每一版的修订都是作者不断学习、总结和提升的过程。同时,书中也可能存在不妥之处,真诚地希望各位专家、学者和读者不吝赐教,我们会继续努力并不断完善,以满足广大读者的需要。

编 者

2022 年 9 月

本教材配有教学课件或其他相关教学资源,如有老师需要,可扫描右边的二维码关注北京大学出版社微信公众号"未名创新大学堂"(zyjy-pku)索取。

· 课件申请
· 样书申请
· 教学服务
· 编读往来

目 录

项目一 社会调查的操作程序 ……………………………………………… (1)

任务一 社会调查及其一般程序 ……………………………………… (2)
一、社会调查概述 …………………………………………………… (3)
二、社会调查的实施 ………………………………………………… (5)
三、调查案例 ………………………………………………………… (8)
四、问题探讨 ………………………………………………………… (9)
五、小结：知识梳理 ………………………………………………… (9)

任务二 选择调查课题 ………………………………………………… (10)
一、选择调查课题概述 ……………………………………………… (11)
二、选择调查课题的基本技能 ……………………………………… (12)
三、调查案例 ………………………………………………………… (15)
四、问题探讨 ………………………………………………………… (16)
五、小结：知识梳理 ………………………………………………… (17)

任务三 设计调查方案 ………………………………………………… (18)
一、设计调查方案概述 ……………………………………………… (19)
二、设计调查方案的基本技能 ……………………………………… (22)
三、调查案例 ………………………………………………………… (27)
四、问题探讨 ………………………………………………………… (31)
五、小结：知识梳理 ………………………………………………… (31)

任务四 探索性调查 …………………………………………………… (32)
一、探索性调查概述 ………………………………………………… (33)
二、探索性调查的基本技能 ………………………………………… (34)
三、调查案例 ………………………………………………………… (37)
四、问题探讨 ………………………………………………………… (42)
五、小结：知识梳理 ………………………………………………… (43)

任务五 调查课题的操作化与指标设计 ……………………………… (44)
一、社会现象的测量 ………………………………………………… (45)
二、操作化与指标设计 ……………………………………………… (48)

三、调查案例 ………………………………………………………… (50)
　　　四、问题探讨 ………………………………………………………… (50)
　　　五、小结：知识梳理 …………………………………………………… (51)
　任务六　概率抽样 ………………………………………………………… (52)
　　　一、概率抽样概述 …………………………………………………… (53)
　　　二、概率抽样的基本技能 …………………………………………… (55)
　　　三、调查案例 ………………………………………………………… (64)
　　　四、问题探讨 ………………………………………………………… (65)
　　　五、小结：知识梳理 …………………………………………………… (66)
　任务七　调查资料的收集 ………………………………………………… (67)
　　　一、调查资料收集的方法 …………………………………………… (68)
　　　二、调查资料收集的基本技能 ……………………………………… (69)
　　　三、调查案例 ………………………………………………………… (73)
　　　四、问题探讨 ………………………………………………………… (75)
　　　五、小结：知识梳理 …………………………………………………… (75)
　任务八　调查资料的处理与分析 ………………………………………… (76)
　　　一、调查资料的处理与分析概述 …………………………………… (77)
　　　二、运用SPSS统计分析软件进行调查资料的处理与分析 ……… (83)
　　　三、调查案例 ………………………………………………………… (122)
　　　四、问题探讨 ………………………………………………………… (124)
　　　五、小结：知识梳理 …………………………………………………… (125)
　任务九　撰写调查报告 …………………………………………………… (126)
　　　一、撰写调查报告概述 ……………………………………………… (127)
　　　二、调查报告的撰写方法 …………………………………………… (129)
　　　三、调查案例 ………………………………………………………… (132)
　　　四、问题探讨 ………………………………………………………… (139)
　　　五、小结：知识梳理 …………………………………………………… (140)

项目二　社会调查的操作实践 ………………………………………… (141)

　任务一　文献调查 ………………………………………………………… (142)
　　　一、文献调查概述 …………………………………………………… (143)
　　　二、文献调查的操作 ………………………………………………… (145)
　　　三、调查案例 ………………………………………………………… (147)
　　　四、问题探讨 ………………………………………………………… (151)
　　　五、小结：知识梳理 …………………………………………………… (152)
　任务二　问卷调查 ………………………………………………………… (153)
　　　一、问卷调查概述 …………………………………………………… (154)

二、问卷调查的设计 …………………………………………………………… (154)
　　三、调查案例 …………………………………………………………………… (162)
　　四、问题探讨 …………………………………………………………………… (166)
　　五、小结：知识梳理 …………………………………………………………… (166)

任务三　量表调查 ………………………………………………………………… (167)
　　一、量表调查概述 ……………………………………………………………… (168)
　　二、量表的编制 ………………………………………………………………… (170)
　　三、调查案例 …………………………………………………………………… (172)
　　四、问题探讨 …………………………………………………………………… (177)
　　五、小结：知识梳理 …………………………………………………………… (177)

任务四　观察调查 ………………………………………………………………… (178)
　　一、观察调查概述 ……………………………………………………………… (179)
　　二、观察调查的操作 …………………………………………………………… (181)
　　三、调查案例 …………………………………………………………………… (185)
　　四、问题探讨 …………………………………………………………………… (188)
　　五、小结：知识梳理 …………………………………………………………… (188)

任务五　访谈调查 ………………………………………………………………… (189)
　　一、访谈调查概述 ……………………………………………………………… (190)
　　二、访谈调查的操作 …………………………………………………………… (191)
　　三、调查案例 …………………………………………………………………… (196)
　　四、问题探讨 …………………………………………………………………… (201)
　　五、小结：知识梳理 …………………………………………………………… (201)

任务六　普遍调查 ………………………………………………………………… (202)
　　一、普遍调查概述 ……………………………………………………………… (203)
　　二、普遍调查的操作 …………………………………………………………… (204)
　　三、调查案例 …………………………………………………………………… (205)
　　四、问题探讨 …………………………………………………………………… (208)
　　五、小结：知识梳理 …………………………………………………………… (209)

任务七　抽样调查 ………………………………………………………………… (210)
　　一、抽样调查概述 ……………………………………………………………… (211)
　　二、抽样调查的操作 …………………………………………………………… (212)
　　三、调查案例 …………………………………………………………………… (213)
　　四、问题探讨 …………………………………………………………………… (216)
　　五、小结：知识梳理 …………………………………………………………… (216)

任务八　典型调查 ………………………………………………………………… (217)
　　一、典型调查概述 ……………………………………………………………… (218)
　　二、典型调查的操作 …………………………………………………………… (219)

三、调查案例 ·· (220)
　　四、问题探讨 ·· (222)
　　五、小结：知识梳理 ··· (222)

任务九　个案调查 ·· (223)
　　一、个案调查概述 ··· (224)
　　二、个案调查的操作 ··· (225)
　　三、调查案例 ·· (227)
　　四、问题探讨 ·· (230)
　　五、小结：知识梳理 ··· (231)

任务十　民意调查 ·· (232)
　　一、民意调查概述 ··· (232)
　　二、民意调查的操作 ··· (234)
　　三、调查案例 ·· (236)
　　四、问题探讨 ·· (241)
　　五、小结：知识梳理 ··· (241)

任务十一　社区调查 ··· (242)
　　一、社区调查概述 ··· (243)
　　二、社区调查的操作 ··· (243)
　　三、调查案例 ·· (245)
　　四、问题探讨 ·· (251)
　　五、小结：知识梳理 ··· (252)

任务十二　家庭调查 ··· (253)
　　一、家庭调查概述 ··· (254)
　　二、家庭调查的操作 ··· (254)
　　三、调查案例 ·· (256)
　　四、问题探讨 ·· (260)
　　五、小结：知识梳理 ··· (261)

任务十三　评估调查 ··· (262)
　　一、评估调查概述 ··· (263)
　　二、评估调查的操作 ··· (265)
　　三、调查案例 ·· (275)
　　四、问题探讨 ·· (276)
　　五、小结：知识梳理 ··· (277)

参考文献 ·· (278)

社会调查的操作程序

项目一

　　由于人们对社会调查的范围和内容有不同的理解,所以,社会调查有广义与狭义的不同界定。广义上,社会调查等同于社会研究;狭义上,社会调查等同于调查研究,是社会研究的一种方式。基于不同学术传统和理论背景形成的对社会调查的广义和狭义的界定,对人们认识和学习社会调查方法都具有积极的借鉴意义。

　　本书在项目一中借鉴了社会调查的狭义界定,将社会调查作为一种特定的社会研究方式,对其基本操作程序进行系统的介绍。

　　狭义的社会调查是一种利用概率抽样的方法抽取样本,采用问卷调查的方式收集资料,通过统计分析的手段分析资料的社会研究方式。它是现代社会研究最普遍采用的一种方式,是社会研究者和社会工作者必须掌握的基本技能。

　　我们学习社会调查方法,不仅要掌握有关社会调查方法的基本概念和基本理论,而且还要掌握社会调查的实际操作过程。本项目将介绍从选择调查课题开始,至完成调查报告为止的整个社会调查过程的各个环节,包括社会调查及其一般程序、选择调查课题、设计调查方案、探索性调查、调查课题的操作化与指标设计、概率抽样、调查资料的收集、调查资料的整理与分析和撰写调查报告等方面的知识和操作程序。

任务一

社会调查及其一般程序

能力目标

1. 掌握狭义的社会调查的概念和特征。
2. 认识社会调查的地位与作用。
3. 了解社会调查的应用领域。
4. 掌握社会调查研究的逻辑过程和一般程序。

调查案例

大学生政治参与的社会调查。

具体任务

1. 建立社会调查小组。
2. 讨论社会调查的逻辑过程。
3. 确定社会调查的操作程序。

实训步骤

1. 教师将全班学生划分为若干个调查小组,选出调查小组的负责人。
2. 假设调查小组要进行一项社会调查,讨论该社会调查的逻辑过程。
3. 调查小组讨论并确定实施该项社会调查的一般程序。

一、社会调查概述

（一）什么是社会调查

社会调查又称社会调查研究，其概念有广义和狭义之分。

广义的社会调查，是指研究者运用一定的方法和手段，从社会现实中收集社会资料，并对其进行描述和解释的一种自觉的认识活动。

狭义的社会调查，是指研究者以调查问卷为工具，通过自填问卷法或结构访问法，直接、系统地从调查总体或取自总体的调查样本中收集调查资料，并通过对调查资料的分析来认识社会现象及其规律的一种社会研究方式。本书采用的是狭义的社会调查的概念。

狭义的社会调查具有以下五个特征：

（1）社会调查是一种系统的、科学的，具有内在逻辑结构的认识活动，它不同于日常生活中盲目、零乱、被动的观察和认识，研究者从选择调查课题开始，到完成调查报告为止，整个社会调查过程都要遵循一定的结构和程序。

（2）社会调查包括普遍调查和抽样调查，现代社会调查大多采用通过调查部分来了解总体的抽样调查方式。

（3）社会调查主要借助调查问卷作为工具或手段来收集资料，研究者通常采用自填式问卷或访问式问卷进行问卷调查，这是社会调查与其他研究方法的一个重要区别。

（4）社会调查需要的调查资料是研究者直接从调查对象那里获取的第一手资料，这使它区别于那些利用间接的、第二手资料的社会研究方式。

（5）社会调查是一个完整的社会研究类型，既包括调查资料的收集工作，也包括调查资料的分析工作。由于社会调查收集的调查资料可以被量化，所以，研究者通常采用统计分析的方法进行调查资料的分析。

（二）社会调查在社会研究中的地位

社会研究是科学研究的一部分，它是研究者运用经验研究的方法对各种社会现象和社会问题进行科学探究，以揭示事物的真相和规律的活动。社会调查是社会研究的一种研究类型。

具体来说，社会研究具有四种基本研究方式，它们分别是调查研究、实验研究、实地研究和文献研究（参见表1-1）。

由表1-1可见，调查研究与实验研究、实地研究和文献研究并列作为社会研究的基本研究方式，它们各自具有独特的性质和特点，并且都可以独立地完成社会研究的全部过程。

需要说明的是，一项社会研究并不是只能使用一种研究方式，其资料收集方法和资料分析方法也不必完全遵循表1-1中的划分。事实上，在社会研究中不同的研究方式是可以交叉使用和互为补充的，只是在特定的研究中它们才有主辅地位上的差异。

表 1-1　社会研究的基本研究方式①

研究方式	子类型	资料收集方法	资料分析方法	研究的性质
调查研究	普遍调查 抽样调查	统计报表 自填问卷 结构访问	统计分析	定量
实验研究	实地实验 实验室实验	自填问卷 结构访问 结构式观察 量表测量	统计分析	定量
实地研究	参与观察 个案研究	无结构观察 无结构访谈	定性分析	定性
文献研究	统计资料分析 二次分析 内容分析	官方统计资料 他人的原始数据 文字声像文献	统计分析	定量/定性

（三）社会调查的作用

社会调查的作用主要体现在描述社会现象的状况、解释社会现象发生的原因和预测社会现象的发展趋势三个方面。

1. 描述社会现象的状况

描述社会现象的状况，就是回答社会现象"是什么"或"怎么样"的问题。它主要是对社会现象的状况进行客观、准确、综合的描述。

2. 解释社会现象发生的原因

解释社会现象发生的原因，就是回答社会现象"为什么是这样"的问题。它主要是对社会现象的相互关系和主要产生原因进行深入的探究。

3. 预测社会现象的发展趋势

预测社会现象的发展趋势，就是回答社会现象"将会怎么样"的问题。它主要是在对社会现象的准确描述和正确解释的基础上，根据社会环境和条件的变化对社会现象的未来发展做出预测。

（四）社会调查的应用领域

随着社会调查的方法和技术的不断完善，社会调查的应用领域日益广泛。根据社会调查的应用领域可以将其划分为以下类型：

1. 行政统计调查

行政统计调查是指国家和各级政府部门对国家、地区或行业的基本情况进行的宏观性、概况性的社会调查。它主要包括人口调查、资源调查、行业调查和社会概况调查等。

2. 生活状况调查

生活状况调查是指研究者对某一时期、某一社会群体或某一社区的日常社会生活各个

---

① 风笑天. 社会研究方法[M]. 5版. 北京：中国人民大学出版社，2018：9.

方面的基本状况进行的社会调查,如研究者对市民生活状况或生活质量进行的调查等。

3. 社会问题调查

社会问题调查又称社会诊断,是指研究者针对社会中所存在的各种社会问题及其产生的原因进行的社会调查。研究者通过调查为解决社会问题提供参考性意见,如青少年犯罪调查、离婚问题调查、养老问题调查等。

4. 市场调查

市场调查是指企业为了拓展产品或商品的销路,围绕某类产品或商品的市场占有率、顾客的购买情况、广告的宣传效果等所进行的社会调查。它主要是为企业的生产和销售服务的社会调查,如化妆品市场调查、饮料市场调查、服装市场调查、家电市场调查等。

5. 民意调查

民意调查又称舆论调查,是指研究者对社会民众的意见、态度、意识等主观意向进行的社会调查,如调查机构针对社会热点问题进行的民意调查,大众传播媒体对受众进行的调查等。

6. 研究性调查

研究性调查是指研究者对某类社会现象所具有的一般规律或普遍法则进行探究的社会调查。它广泛应用于社会学、政治学、教育学和传播学等社会科学学科领域。

二、社会调查的实施

（一）社会调查的逻辑过程

社会调查作为一种系统的、科学的认识活动,具有内在的逻辑结构,这种逻辑结构体现了人们自觉认识社会的具有规律性的系统过程。1971年,美国社会学家华莱士提出了人类进行科学研究的基本逻辑模型——科学环,展现了人类的知识从理论到研究的无限循环的逻辑过程。华莱士认为,人类的科学研究可以有两个入口:一是从理论开始,由理论产生假设,再在假设的指导下进行观察,收集资料形成经验概括,从而实现对研究假设的验证;二是从经验研究开始,通过对观察到的资料进行描述和解释,形成经验概括并上升为理论,以实现对未知事件的预测,再通过观察研究新的事件来检验这种预测。

社会调查的整个过程实际上也要遵循"科学环"的逻辑过程。任何一项具体的社会调查,都是以研究问题作为其逻辑起点的。对某一研究问题的调查研究可以采取两种不同的路线:一是从具体的经验调查入手,根据度量、测量结果进行经验概括和归纳推理,形成理论后,再应用该理论对经验现象进行解释。这个过程是一个理论建构的过程,完成的是社会调查的逻辑过程的左半环。二是从现有理论入手,经过演绎推理得出假设,运用操作化手段形成调查指标,再通过经验调查对最初的理论进行检验。这个过程是理论检验的过程,完成的是社会调查的逻辑过程的右半环(如图1-1所示)。

（二）社会调查的一般程序

社会调查作为一种系统的、科学的认识活动,不仅具有内在的逻辑结构,而且还要遵循比较固定的程序。社会调查的一般程序可以划分为以下五个阶段:

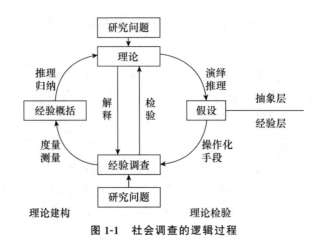

图 1-1 社会调查的逻辑过程

1. 选题阶段

选题即研究者选择调查课题。它是社会调查的第一步,决定整个调查活动的目标和方向。选题阶段的具体工作包括以下三个方面:

(1) 研究者从现实社会的各种社会现象和社会问题中选择一个恰当的、有价值的研究主题;

(2) 研究者将研究主题具体化为明确的调查课题;

(3) 研究者对选择的调查课题进行重要性、创新性、可行性和适合性的论证,以保证调查课题的质量。

2. 准备阶段

准备阶段是研究者为实现调查目标而进行的调查设计和测量工具准备。准备阶段的具体工作包括以下三个方面:

(1) 设计调查方案。

设计调查方案即研究者对调查思路、调查策略、调查方式、调查方法和具体的调查技术等方面进行设计,对调查的测量工具进行准备,对调查对象进行选取,其主要内容包括调查程序设计、抽样设计、问卷设计、资料收集方案设计等。

(2) 组建社会调查团队。

研究者组建社会调查团队主要包括调查团队成员的选择与分工,调查员的选择和培训,调查管理机构的建立,调查纪律和调查注意事项的制定,调查物资的筹备等。社会调查团队的组建是调查活动顺利完成的基本保证。

(3) 实施探索性调查。

探索性调查是大规模深入调查的先导,研究者通过查阅文献资料、访问专家、深入实地等探索性调查工作,可以对调查对象形成一个初步的认识,为今后开展正式的社会调查工作提供指导和线索。

此外,准备阶段还包括调查问卷设计和抽样设计,其具体工作将在以后的内容中涉及。

3. 实施阶段

实施阶段是研究者按照调查方案进行资料收集的阶段。其具体工作是调查员根据调查方案的要求,进入调查现场,采用规定的调查方法收集调查资料。在这个阶段,研究者要深入实地,接触调查对象,所以,该阶段投入的人力最多,遇到的实际问题也最多。因此,研究者需要很好地组织和管理调查团队,并能够灵活、主动地根据实际情况对事先没有预想到的问题进行修正或弥补。

4. 分析阶段

分析阶段的主要任务是对社会调查所收集到的原始调查资料进行系统的清理、审核、整理、统计、分析等加工和处理,最终得出调查研究的结论。这个阶段的具体工作包括:

(1) 研究者对原始调查资料进行清理与审核,鉴别这些调查资料的真伪,剔除废卷,保证调查资料的真实、准确和完整;

(2) 进行资料转换,并将其录入计算机,建立资料数据库;

(3) 运用统计分析方法对数据资料进行量化分析,并在此基础上对统计结果进行理论分析,从而揭示出调查现象的本质和因果关系。

5. 总结阶段

总结阶段是社会调查的最后阶段,其具体工作包括撰写调查报告、总结调查工作和评估调查结果。调查报告是整个社会调查成果的集中体现,其主要内容包括以下三个方面:

(1) 论述调查结果或研究结论,并对调查过程、调查方法等进行系统的说明。在应用性调查的调查报告中,研究者还要提出政策性的建议和解决社会问题的方法。

(2) 总结调查工作。这是对整个社会调查过程的回顾与总结,包括整个社会调查工作的总结和每个参与者的个人总结。

(3) 评估社会调查成果,主要包括学术成果评估和社会成果评估。需要注意的是,研究者对社会调查成果的评估必须以实践为基础,在实践中应用并检验调查结论。研究者认真地做好总结工作,对提高自己的调查研究的能力和水平、深化对社会的认识,以及制定解决社会问题的方针、政策,都具有十分重要的意义。

社会调查的上述五个阶段是相互关联、相互交错在一起的,它们共同构成社会调查的完整过程,去掉其中任何一个阶段,社会调查工作都将无法进行。社会调查的一般程序如图1-2所示。

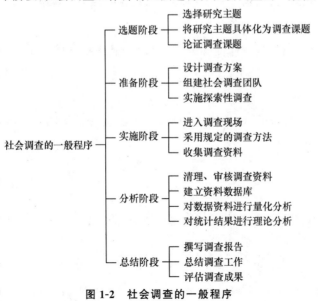

图1-2 社会调查的一般程序

三、调查案例

大学生政治参与的社会调查

(一) 选题阶段

1. 确定调查课题

大学生政治参与的社会调查。

2. 论证调查课题

论证调查课题的重要性、创新性、可行性和适合性。

(二) 准备阶段

1. 组建调查小组

教师将对此调查课题感兴趣的同学组成调查小组。

2. 实施探索性调查

(1) 调查小组查阅与本调查课题相关的文献资料,并通过阅读、整理、分析,进行文献综述。

(2) 调查小组通过观察(如观察一些同学的政治参与行为)、访谈(如对一些同学、家长、教师或其他相关人员进行访谈)、查阅相关文献等方式,了解基本情况。

3. 设计调查方案

调查小组设计出一套可行的调查方案。

4. 调查课题的操作化和指标设计

调查小组根据探索性调查结果,对调查课题的核心概念进行操作化并确定调查指标。

5. 设计调查问卷

调查小组根据调查指标,设计一份与调查课题高度相关的调查问卷。

6. 抽取样本

调查小组确定调查总体,设计抽样方案,并运用概率抽样的方法,从调查总体中抽取一定数量的大学生作为调查的样本。

(三) 实施阶段

调查小组采用自填问卷法或结构访问法,收集被调查学生的基本特征及其政治参与的行为和态度等方面的资料。

(四) 分析阶段

1. 资料整理

调查小组回收调查问卷后,对每个问题的答案进行编码,在完成资料的审核与复查之后,按统一的格式录入计算机,形成资料数据库。

2. 资料分析

调查小组运用 SPSS(Statistical Product and Service Solutions,统计产品与服务解决方

案)统计分析软件对数据库中的资料进行整理、汇总和统计分析。通过统计描述和统计推论,研究者可以对调查结果进行描述,并将其推论到总体,既可以描述大学生在政治参与方面的现状,也可以描述不同专业、不同年级、不同性别、不同家庭背景的大学生在政治参与方面的不同特点,还可以进一步解释家庭背景、价值观念、同辈群体等因素与大学生政治参与之间的关系。

（五）总结阶段

1. 撰写调查报告

调查小组可以将调查结果用调查报告的形式加以总结、概括,还可以在相关刊物上发表或在相关会议上进行交流。

2. 调查总结和评估

调查小组对整个调查工作进行总结和评估,并为后续的研究提供经验积累。

四、问题探讨

（1）社会调查的概念和特征是什么?
（2）社会调查在社会研究中具有怎样的地位?
（3）社会调查的作用是什么?
（4）社会调查的应用领域有哪些?
（5）社会调查的逻辑过程是什么?
（6）社会调查的一般程序是什么?

五、小结：知识梳理

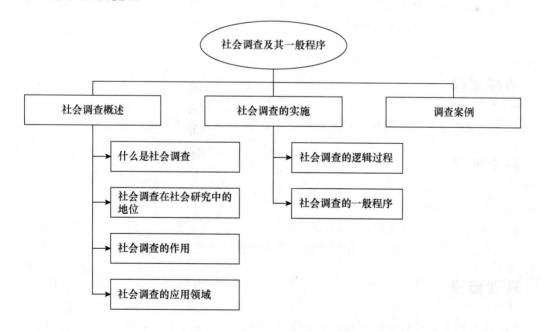

任务二

选择调查课题

能力目标

1. 掌握调查课题的概念、类型。
2. 掌握选择调查课题的重要性。
3. 掌握选择调查课题的基本步骤。
4. 掌握选择调查课题的基本技能。
5. 掌握调查课题明确化的步骤。
6. 掌握论证调查课题的基本原则。

调查案例

"老龄化背景下城市低龄老年人再就业问题"调查课题的选择与论证。

具体任务

1. 选择一个恰当的研究课题。
2. 通过查阅文献等途径,明确调查内容。
3. 按照重要性、创新性、可行性和适合性的原则对调查课题加以论证。

实训步骤

1. 请你根据自己的研究兴趣和专业特征,选择一个恰当的研究主题。
2. 请你对选择的研究主题进行分析并确定研究问题。

3. 通过对研究问题的明确化确定调查课题。

4. 请你按照重要性、创新性、可行性和适合性的原则对调查课题加以论证。

一、选择调查课题概述

选择调查课题既是社会调查准备阶段的主要任务之一,也是社会调查的出发点和整个社会调查的关键环节,并决定着整个社会调查的总方向。

(一) 什么是调查课题

调查课题是指一项社会调查所要解答的具体问题。它是对调查目标的确定,也是对调查任务的明确化,体现了社会调查的中心和重点。

按照不同的标准,调查课题可以分为不同的类型,其中最主要的划分方法有以下两种:

1. 理论课题和应用课题

根据社会调查目的的不同,调查课题可以分为理论课题和应用课题。

(1) 理论课题。

理论课题是指研究者以检验和发展某些理论或假设为目的而确立的课题。虽然这种课题的成果也可能被实际应用,但其主要目标是解答社会科学和社会实践各个领域中的理论问题,以揭示社会现象的本质及其发展规律。如"新时代背景下中国城镇化的基本特点及其发展趋势"就是一个理论课题。

(2) 应用课题。

应用课题是指研究者以认识和解决现实社会问题为目的而确立的课题。这种课题的主要目标是提出解决社会实际问题的方案或对策,以满足社会实践的需要。如"城市化背景下农民工的市民化问题研究"就是一个应用课题。

2. 自选课题和委托课题

根据来源的不同,调查课题可以分为自选课题和委托课题。

(1) 自选课题。

自选课题是指研究者根据自己的研究兴趣和需要而选取的课题。如"双减"背景下学龄期儿童家庭教育问题研究,就是一个自选课题。

(2) 委托课题。

委托课题是指研究者接受某个机构的委托而进行研究的课题。如社区社会组织培育问题研究,就是一个委托课题。

(二) 选择调查课题的重要性

选择调查课题是社会调查的开端,调查课题的选择是否正确、恰当会直接影响社会调查的价值和成效。具体来说,选择调查课题具有以下三个方面的重要性:

(1) 调查课题的选择决定了社会调查的方向。

调查课题就是一项社会调查所要达到的主要目标或要完成的主要任务,即研究者所要达到的目标;而选择调查课题就如同确定所要达到的目标。目标一旦确定,方向也就确定,整个社会调查的基本道路也就随之确定。

(2) 调查课题的选择体现了调查研究的水平。

研究者选择和确定调查课题,需要掌握一定的专业理论知识、社会调查的方法、知识和各种操作技术,并具有开阔的视野、敏锐的洞察力、较强的判断能力和一定的社会生活经验。因此,调查课题本身也反映了研究者的理论素养和调查研究的水平。

(3) 调查课题的选择制约着社会调查的过程。

研究者选择的调查课题不同,调查指标的设计、调查工作的安排也会有所差异。因此,确定了调查课题,也就确定了社会调查的"特定道路",即确定了社会调查的对象、内容、方法、规模和方案等。

此外,调查课题的选择也会影响社会调查的质量。选择调查课题对于从事这一课题的研究者来说是否合适、是否可行,将决定整个社会调查的成败,这也是影响社会调查质量的一个很重要的因素。

(三) 选择调查课题的基本步骤

一般来说,研究者可以遵循以下步骤进行调查课题的选择。

1. 研究主题的选择与分析

社会调查的整个过程始于研究主题的选择。研究主题是社会调查所涉及的现象领域或问题领域。研究主题一般比较宽泛、笼统,也更具有一般性,如婚姻、家庭、社会流动、社区建设、社会保障等。一般来说,一个研究主题可以包含许多不同的研究问题,这就需要研究者对其加以分析,从而确定较为集中且切实可行的研究主题。

2. 研究问题的选择与调查课题的确定

研究问题是社会调查所要回答的具体问题,是一个可以通过研究来进行回答的问题。调查课题的确定需要研究者通过研究问题的明确化,即通过对研究问题进行界定,缩小研究问题的内容范围,对研究问题给予明确陈述,从而将研究者的头脑中比较含糊的想法变成清楚、明确的调查课题。

3. 调查课题的论证

一个好的调查课题必须具有重要性、创新性、可行性和适合性。因此,研究者在调查课题选定后一般还要按照重要性、创新性、可行性和适合性的原则与标准加以论证,以保证所选择的调查课题有价值、有新意、可完成,并且适合研究者的个人情况。

二、选择调查课题的基本技能

(一) 选择调查课题的途径

在现实社会生活中存在着大量尚未解决的重大社会问题和一般问题。为了从众多可供选择的研究现象和研究问题中确定一个合适的调查课题,研究者可以从以下三个具体途径进行思考。

1. 从现实社会生活中寻找

现实社会生活中存在着各种可以作为研究问题的社会现象、社会行为、社会问题、社会事件,当研究者关注并试图探讨这些问题时,就会从这些熟悉、普遍、随处可见的社会现象中发现值得探讨的研究问题。社会生活是各种社会调查的研究问题中最主要、最丰富的来源。只要研究者善于观察、勤于思考，就可以从现实社会生活中提炼出值得研究和探讨的研究问题。

2. 从个人经历中寻找

每个人在特定社会环境中的生活和成长形成了其独特的社会生活历程、生活认知和感受，以及独特的观察和认识社会的视角。个人在社会生活中的各种经历、体验、观察和感受，常常是众多合适的研究问题的最初来源。许多有价值的、有创造性的研究问题也正是从研究者个人的经历和经验中发现和发展起来的。

3. 从相关文献中寻找

研究者还常常可以从学术论文、著作、报刊、学习笔记、谈话记录等各种文献资料中获得调查课题。研究者从相关文献中寻找自己所需要的研究问题有两种方法可供参考：其一是带着审视的、提问的、评论的眼光阅读各种文献，通过对文献的思考和质疑，找到值得研究的问题；其二是要进行广泛的联想，从纵向与横向、形式与内容、对象与方法、时间与空间等不同角度、不同侧面、不同层次，对所阅读的文献展开广泛的联想，从而开启新的思路，并在此基础上提炼出新的研究问题。

此外，根据领导决策和制定方针、政策的需要提出的由上级下达的课题以及受他人委托的课题也是调查课题的重要来源。

(二) 调查课题明确化

调查课题明确化是研究者在选择调查课题的过程中一个十分重要的环节。通过将调查课题明确化，研究者可以把自己的兴趣和关注点集中到研究领域中的某一个具体方面，将最初比较含糊的想法变成清楚明确的问题，将最初比较笼统、宽泛的研究范围或领域变成特定领域中的特定现象或特定问题。研究者要想使调查课题明确化，必须通过以下两个步骤的操作：

1. 缩小研究问题的内容范围

缩小研究问题的内容范围即研究者将宽泛的问题转化为狭窄的问题，将一般性问题转化为特定的问题。因为一项具体的社会调查通常只能选择问题领域中的一个方面。如"社区治理"这一课题的内容十分宽泛，包括社区社会组织培育、社区文化建设、社区治安治理、社区环境治理、社区公共事务管理等各个方面，调查方向不明确。为了使调查课题更为明确，研究者可以通过限制和缩小内容范围的办法将其转化为如"A市城市社区社会组织培育"等比较具体、确切的研究主题。

2. 清楚、明确地陈述研究问题

清楚、明确地陈述研究问题是课题选择中十分重要的一个步骤，它可以帮助研究者界定研究范围，选择和确定研究方法。调查课题的界定，要充分考虑研究问题是否在研究者的能力范围之内，既不要过于宽泛，又不能微不足道。

研究者在陈述研究问题时，一是要注意研究问题陈述得是否清楚明白。在对研究问题进行陈述和明确化的过程中，最好能运用变量的语言，采用提问的形式，如"现象（或变量）A

与现象（或变量）B之间存在什么关系"。二是要注意陈述的研究问题必须能够产生不止一种回答，并且可以通过经验研究进行检验。

在将宽泛的问题转化为狭窄的问题的过程中，文献回顾具有十分重要的作用。如研究者打算对"社区建设问题"进行调查研究，通过阅读有关文献，进行文献回顾，发现已有许多研究探讨了社区经济建设、政治建设、环境建设、文化建设等问题，但是专门针对高收入人群比较集中的高档住宅小区的社区建设问题研究并不多见。据此，研究者就可以选择"高档住宅小区居民的社区服务需求与提高社区归属感的相关性研究"作为调查课题，从而在陈述研究问题的基础上，最终明确研究问题的核心内容，使研究者清楚地认识和把握自己研究问题的准确内涵与核心概念。

除此之外，还应当特别明确的是，在选题的范围上，研究者应注意选择社会上普遍关注的热点问题，选择在学术观点上有争议的问题，选择具有前瞻性和探索性的问题，选择总结实践经验的问题。另外，研究者还要注意研究问题宜小不宜大，要"小题目做大文章"，研究得越深入越好。

（三）论证调查课题

调查课题的选择会直接影响社会调查的价值和成效，研究者要选择一个好的调查课题就必须遵循选择调查课题的基本原则，并将其作为论证调查课题质量的标准。论证调查课题的基本原则主要有以下四个方面：

1. 重要性

重要性即调查课题所具有的意义和价值。一般来说，具有重要性的调查课题应该在提高对社会现象、社会过程、社会规律的认识和理解方面，或是在解决社会问题、改善社会管理、提出社会政策方面具有实用性。因此，研究者衡量调查课题是否符合重要性原则时，可以从理论与实践两个方面来论证。

从理论方面，研究者可以考察所选择的调查课题是否满足以下某种或几种情况：

（1）重新验证已被证明的理论的正确性；

（2）对某一个理论进行补充论证；

（3）证明某一个理论的适用范围；

（4）对原有理论产生怀疑，并试图证伪这个理论；

（5）对社会实践进行理论上的总结和回答。

从实践方面，研究者可以考察所选择的调查课题是否满足以下某种或几种情况：

（1）有助于政策的制定；

（2）有助于了解事物的基本状况、存在的问题及发展趋势；

（3）有助于制订规划和计划；

（4）有助于对工作进行总结和评价。

2. 创新性

创新性也称创造性或独特性，即调查课题所具有的与众不同的地方。一项调查课题是否有意义，还要看其是否能够在某些方面加深人们对现实世界的认识。如果研究者是在同一领域、同一范围、同一层次上重复别人的研究，重提已有的结论，那么就不符合课题研究的创新性原则。

创新性根据创新程度的不同大致可分为以下两种层次:

第一,最具有创新性的研究问题通常是全新的、前人从没有做过的调查课题,也就是"填补空白"的调查课题。

第二,在调查课题研究的思路、角度、依据的理论,研究的对象、内容,采用的方法等某一个方面或某几个方面,有自己新颖独到之处。当然,研究者在选择调查课题时的这种"与众不同"要有明确的目的,要根据理论上或实践上的价值和需要进行,而不能单纯地为了不同而不同。

3. 可行性

可行性即调查课题实现的可能性,是指是否具备进行或完成调查课题的条件。调查课题的实现常受多方面情况的影响,概括起来可以分为主观条件和客观条件两个方面。

主观条件是指研究者自身的条件,包括研究者在生活经历、知识结构、研究经验、组织能力、操作技术等方面的条件,还包括研究者的性别、年龄、体力等生理因素。研究者在选择调查课题时应选择自己有能力完成的调查课题。

客观条件是指影响社会调查的各种限制条件或外在环境,如研究的时间、经费,与调查相关的文献资料,调查所涉及的对象,单位和部门的支持和合作,国家有关的政策法令,社会的伦理道德,调查对象的生活习俗、宗教信仰等。这些都是影响社会调查是否能够顺利进行的客观条件。研究者在选择调查课题时应该选择有条件完成的调查课题。

4. 适合性

适合性即研究者所选择的调查课题应适合研究者的个人特点。这种个人特点主要包括研究者对该调查课题的兴趣、研究者对与调查课题相关的社会生活领域的熟悉程度、研究者与调查对象之间的相似程度,以及研究者所具有的各种资源、条件与调查课题所需资源的匹配程度等。

三、调查案例

"老龄化背景下城市低龄老年人再就业问题"调查课题的选择与论证

(一)选择研究主题

就业问题的研究。

(二)分析研究主题

(1)就业问题从研究对象上可以包括青年人、中年人、老年人等。

(2)就业问题从研究内容上可以包括择业、求职、在业、失业、再就业等。

(3)就业问题从空间区域上可以包括城市、乡村等。

(三)选择研究问题

社会背景:选择老龄化背景,研究对象:选择低龄老年人,研究内容:选择再就业问题,研究区域:选择城市。

（四）陈述调查课题

老龄化背景下城市低龄老年人再就业问题的调查。

（五）调查课题的论证

1. 重要性论证

《中国发展报告2020：中国人口老龄化的发展趋势和政策》指出，中国60—69岁的低龄活力老人约有1.4亿人，占总人口的1/10，数量远超高龄与失能老人的数量。充分发掘处于活力期的老年人潜力，可以使中国收获第二次人口红利，为经济社会发展提供新的动力。再就业是低龄老年人社会参与的重要途径，也是影响老年人生活质量以及老龄工作的重要因素。从国家角度看，低龄老年人再就业可以促进老龄新兴产业的发展，有效防止未来劳动力短缺的问题，也可以减轻国家的养老负担；从个人角度看，低龄老年人的再就业既可以增加家庭收入，减轻家庭负担，还可以帮助老年人发挥余热，参与社会生活，提升自我价值，维持身心健康，实现"老有所为"。对低龄老年人再就业问题的调查，一方面可以探究低龄老年人再就业的现状、特点和影响因素，促进开发低龄老年人力资本的研究；另一方面可以探究低龄老年人再就业面临的问题及其原因，为满足低龄老年人再就业需求提供建议和对策。该项社会调查既具有一定的理论价值，又具有较大的实践意义。

2. 创新性论证

关于就业问题的研究，以往研究者更多关注的是青年人的就业问题、中年人的再就业问题，而对低龄老年人再就业问题的关注相对较少。然而，随着老龄化的加剧和人口健康水平与平均寿命的提升，低龄老年人再就业需求不断增加，再就业现象也逐渐增多。满足低龄老年人再就业需求，提升低龄老年人再就业质量成为就业问题研究的新课题，有必要进行系统和深入的探究。同时，低龄老年人再就业所面临的问题及其解决途径具有其独特性，探究适合低龄老年人的再就业领域，发挥低龄老年人人力资本的社会价值，也是全社会应对老龄化挑战的新课题。

3. 可行性论证

首先，本课题组大部分成员拥有社会学学历背景和社会调查经验，调查课题的主要参与者对就业问题和老年人问题具备一定的知识基础和研究经历，能够胜任本调查课题的研究工作。其次，本调查课题获得了学校和院系经费、物资设备的支持，同时也获得各街区老龄工作机构的支持，调查工作具有较成熟的实施条件。

4. 适合性论证

本课题组的主要成员长期从事就业问题和老年人问题的研究，对老年人再就业问题的研究有着浓厚的兴趣和较为深厚的知识背景，在以往的社会调查中积累了大量的研究经验，适合参与本调查课题的研究工作。

四、问题探讨

（1）什么是调查课题？

（2）调查课题的类型有哪些？

(3) 选择调查课题的重要性是什么？

(4) 调查课题的选择方法和来源是什么？

(5) 选择调查课题的基本步骤有哪些？

(6) 论证调查课题的基本原则是什么？

五、小结：知识梳理

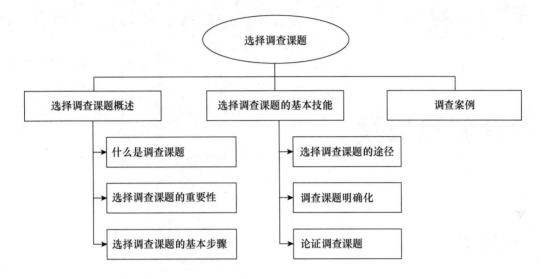

任务三

设计调查方案

能力目标

1. 掌握调查方案的含义。
2. 掌握调查方案的设计原则和设计方法。
3. 具备确定社会调查类型的能力。
4. 具备选择社会调查分析单位的能力。
5. 具备建立社会调查的研究假设的能力。
6. 具备设计调查方案的能力。

调查案例

"A市社区居民的道德状况研究"的调查方案。

具体任务

1. 讨论和确定调查的类型。
2. 界定调查的范围、对象与分析单位。

实训步骤

1. 提出研究假设,确定抽样思路,选择调查资料的收集与分析方法。
2. 确定初步的调查策略、人员分工、时间进度、经费使用计划和物质手段。
3. 按照调查方案设计的原则设计出科学、完整、详细、可行的调查方案。

4. 讨论调查方案中所涉及的各个项目。

5. 根据讨论结果,撰写调查方案提纲。

6. 调查方案提纲讨论通过后,正式撰写调查方案。

一、设计调查方案概述

(一)什么是调查方案

调查方案是指研究者经过对一项社会调查的程序和实施过程中的各种问题进行详细、全面的考虑后,制订出的一套科学严谨、切实可行的调查计划。它是指导社会调查的纲领性文件。

调查方案的设计是指研究者在进行一项社会调查之前对整个调查工作所制订的计划,通过计划确定调查的最佳途径、策略和恰当的手段、方法。调查方案的设计是否科学严谨、恰当可行直接关系到调查课题能否顺利地完成,调查目的最终能否实现。

(二)设计调查方案应遵循的原则

研究者设计调查方案通常需要遵循以下原则:

1. 实用性原则

实用性原则即调查方案的设计要着眼于实际应用,从调查课题的实际需要和社会调查的主观和客观条件出发,使调查方案中各项内容的设计具有较强的实用性。实用性也是评价调查方案优劣的首要标准。

2. 时效性原则

时效性原则即调查方案的设计必须充分考虑时间因素。对策性、预测性的调查课题需要具有及时性和超前性,以保证社会调查的应用意义;基础性和学术性的调查课题,由于需要较为深入、持久和反复的调查研究,因而需要适当延长研究的周期,但这类调查课题的研究也应有时效观念,以顺应现代社会的发展及其对社会研究的需求。

3. 经济性原则

经济性原则即调查方案应尽可能地节约人力、物力、财力和时间,力争以最小的投入取得最大的调查效果。因此,在调查对象的多少、调查范围的大小、调查地点的选择和调查人员的安排上,研究者都应当认真地加以考虑,在调查方案的设计上体现经济性原则。

4. 一定的弹性原则

一定的弹性原则即调查方案的设计要留有一定的余地。由于调查方案是一种事先的设想和安排,在实际实施的过程中,研究者可能会发现其与客观现实之间存在着一定的差距,或者遇到一些没有预先想到的新情况、新问题,这就需要研究者根据实际情况对调查方案进行调整。因此,调查方案的设计要留有一定的弹性空间,使其具有灵活性和应变性。

(三)调查方案的主要内容和设计方法

调查方案的主要内容和设计方法如下:

1. 明确社会调查的调查课题、调查目的和调查意义

在调查方案中,研究者首先要明确地陈述调查课题,并在此基础上说明社会调查的目的

和意义。

所谓调查目的,是指通过社会调查要达到的目标,说明进行社会调查是为了探索问题、描述现象还是解释原因。调查意义则重点说明社会调查在理论上或应用上具有什么意义。调查目的与调查意义的说明可以进一步明确研究者选择调查课题的动机、意图、方向、价值,同时也可以进一步强化和突出社会调查的总体目标,加强这一目标对整个社会调查过程的指导作用。

2. 明确社会调查的类型

社会调查有多种类型:以调查目的为标准,可以分为探索性调查、描述性调查和解释性调查;以调查性质为标准,可以分为应用性调查和理论性调查;以时间维度为标准,可以分为横剖调查和纵贯调查。不同的调查类型所适合的调查途径、调查方法和调查手段各不相同,因此,在调查方案中研究者必须通过分析明确社会调查的类型。

3. 明确社会调查的范围、对象和分析单位

调查范围是指调查对象所取自的总体。调查对象是指研究者在收集调查资料时所直接询问的对象。分析单位是指社会调查所要分析和描述的对象。研究者明确社会调查的范围、对象和分析单位的作用包括:

第一,可以使研究者有针对性地收集所需的调查资料;

第二,可以进一步了解调查对象的特征,从而有针对性地选择调查方法和调查手段;

第三,可以明确分析层次,正确界定调查内容,防止在社会调查中出现层次谬误与简化论的错误。

4. 明确社会调查的研究假设

研究假设也称理论假设,是指研究者对调查对象的特征以及有关现象之间的相互关系所作的推测性判断或设想,是对问题的尝试性解答。对于解释性调查来说,研究假设是整个社会调查的纲领。解释性调查以研究假设为出发点和分析检验对象,调查内容的确定、调查对象和调查方式的选择以及调查资料的收集和分析都要紧紧围绕研究假设这个核心。因此,在进行解释性调查之前,研究者必须根据所要探讨和解释的社会现象,提出研究假设。研究者在设计调查方案时要根据社会调查的类型确定是否需要研究假设。如果需要研究假设,那么研究者要对研究假设进行陈述和说明。

5. 明确社会调查的内容

调查内容是指研究者通过一项社会调查所要了解的调查项目和调查指标。研究者在设计调查方案时首先要明确社会调查的分析层次;其次要确定社会调查的主要内容,并将其进行分解、归类;最后将社会调查的具体内容进行细化。通过细化社会调查的内容,研究者可以进一步明确社会调查所要研究的现象、分析的层次、解决的问题和完成的任务,有助于合理地选择研究类型和调查方式,同时也为概念的操作化、调查指标的选择和调查问卷的设计等工作打下良好的基础。

社会调查在内容上通常包括三个方面:

一是调查对象的社会背景,如调查对象的性别、年龄、职业、婚姻状况等人口统计方面的

内容,调查对象的家庭结构、居住形式、社区特点等生活环境方面的内容;

二是调查对象的社会行为,即调查对象"做了什么"和"怎样做"等方面的资料;

三是调查对象的意见和态度,即调查对象"想些什么""如何想的"或"有什么看法""持什么态度"等方面的资料。

6. 明确社会调查的抽样思路

抽样涉及的是如何选取调查对象的问题,不同的社会调查对抽样方案的要求不尽相同。社会调查的抽样思路包括:确定调查总体,即调查对象所取自的总体;确定抽样方法的类型,即是采用概率抽样还是非概率抽样;确定样本规模,即抽取的样本是大样本、中样本还是小样本。研究者恰当地选择抽样方法、设计抽样过程、确定样本规模直接关系到社会调查所选取的对象对总体的代表性的大小,关系到调查结果能否正确地推论到总体。因此,抽样设计是社会调查中的一项重要工作。

7. 明确社会调查的资料收集方法

社会调查的资料收集方法有不同的形式,每种具体的资料收集方法都具有其特定的优点和缺点,并适用于不同的条件和场合。研究者要依据调查课题的具体情况,考虑调查总体的性质、样本规模的大小、调查的目标和重点、调查课题完成的时间要求、研究者的人力和物力是否充足等因素,选择适合的资料收集方法。

8. 明确社会调查的资料分析方法

根据社会调查类型的不同,资料分析方法也有一定的差别。如探索性调查主要依赖于定性分析方法,描述性调查主要侧重于基本的描述统计和统计推论,而解释性调查则主要依赖于双变量与多变量的相关分析及其他更为复杂的统计分析方法。因此,社会调查的资料分析方法也要结合调查课题的目标、内容和要求进行选择。

9. 明确社会调查课题组的人员组成和调查员的组织与培训安排

完成一项社会调查往往需要许多人共同合作,对于较大规模的社会调查来说,不仅需要更多的研究者参与,而且还要挑选、培训相当多的调查员来协助完成。因此,在调查设计阶段,研究者要对调查员的组成及其在社会调查中所承担的任务进行全盘考虑,明确分工,制定相应的组织管理办法。研究者对调查员的挑选和培训工作也要进行预先的规划。

在调查方案中,研究者需要明确的内容包括以下四个方面:

一是调查员的组成状况,包括调查员的人数、姓名、所在单位、联系方式等;

二是调查员的组织状况,包括调查员的分组状况、分工状况、负责人等;

三是调查工作的组织管理办法,包括指导、规范调查工作的各种制度、要求等;

四是调查员的挑选与培训,包括培训工作的时间安排、负责人、挑选调查员的人数等。

10. 明确社会调查的地点和时间进度

研究者要根据调查课题的需要来确定社会调查的地点,在开展大规模的社会调查之前,必须明确社会调查实施的地点和场所。同时,一项社会调查往往有时间方面的限定或要求,为了在规定的时间内保质保量地完成调查任务,在调查实施之前,研究者要对整个调查工作的时间分配和进度进行安排。在设计调查方案时,研究者就要明确社会调查从确定调查课题到完成调查报告的起止时间,以及调查工作的步骤和各个阶段的工作任务与起止时间。需要注意的是,研究者在规划调查进度时在时间分配上要适当,并留有余地。此外,研究者还要给社会调查的设计和准备阶段安排足够的时间,不要匆匆忙忙地就开始收集调查资料的工作。

11. 明确社会调查的经费使用计划和物质手段

每项社会调查都需要一定的经费和物质手段,在调查设计阶段,研究者要对社会调查所需要的经费和物质手段及其使用有一个整体的考虑和合理的分配,以确保整个社会调查工作的顺利进行。

二、设计调查方案的基本技能

(一)社会调查的类型

社会调查有很多种类型,每一种社会调查都有其自身的特点,在调查方法、实施步骤、调查范围、调查工具、调查手段等方面亦有其不同的要求。因此,在进行具体的社会调查之前,研究者应该根据调查的内容对调查类型进行选择,从而制定有效的调查设计,更好地实现社会调查的目标。根据不同的标准,我们可以把社会调查划分为以下不同的类型:

1. 根据调查的目的进行划分

社会调查的目的对调查设计有着重要的影响。在社会调查设计阶段,研究者首先需要明确调查目的是什么。调查目的不同,研究者所选择的途径、方法和手段也会有所区别。一般来说,根据社会调查目的的不同,社会调查可以分为探索性调查、描述性调查和解释性调查三种类型。

(1)探索性调查。

探索性调查是指研究者对某个社会问题或社会现象进行初步地考察和了解的一种社会调查方式。

探索性调查具有以下三个方面的特点:

第一,探索性调查的目的是初步地考察和了解某个社会问题或社会现象。它既可以作为一项独立的调查研究,通过对所研究的社会问题或社会现象进行考察,获得对社会问题或社会现象的初步印象和了解;又可以作为一种先导性研究,通过探索性调查形成关于某一社会问题或社会现象的初始命题或假设,尝试和发展用于更进一步调查研究的方法,探讨进行更为周密、系统、深入的调查研究工作的可能性,从而为后续的调查研究开辟道路、指示方向、提供必要的线索和素材。

第二,探索性调查使用的方法相对来说比较简单,要求也不太严格。对于调查对象的选择,研究者通常采用非概率抽样的方法,样本规模比较小,调查资料的收集主要采取无结构访谈的方法。

第三,探索性调查得出的结果,并不用来推论调查总体的状况或特点,也不用来检验理论假设,而是主要用来了解调查对象的基本范围和特征,得到一个大致的轮廓或印象。

(2)描述性调查。

描述性调查是指研究者为了了解社会现象的基本状况、发现社会存在的主要问题,以对社会现象或社会问题的主要特征做出总体描述为目的的一种社会调查方式。这种社会调查的主要目的是回答某种社会现象或社会问题"是什么"的问题。

描述性调查具有以下四个方面的特点：

第一，描述性调查的目的是研究者通过对样本的调查研究来了解总体的一般情况，其调查结果是反映总体及其各个组成部分的普遍状况，是一种对现象的全面了解和系统概括。描述性调查不需要研究者进行明确的假设，而是直接从经验观察入手，通过收集调查资料，了解并说明调查对象的状况。

第二，描述性调查需要保证样本最大限度地代表总体的结构、分布及基本特征，因而通常采取严格的概率抽样的方法来选择样本，而且样本的规模很大。

第三，描述性调查所得到的调查资料必须经过科学的统计处理，得出以数量形式为主的各种结果，并通过科学的推论，对总体的分布状况、基本特征等做出定量和精确的描述与说明。

第四，描述性调查为了使调查资料易于进行定量统计和分析，确保调查结果的科学性，通常采用自填问卷法或结构访问法收集调查资料，调查问卷的设计以封闭式问题为主。

（3）解释性调查。

解释性调查是指研究者以说明社会现象之间的相互关系，探寻社会现象产生的原因，揭示社会现象发生或变化的规律，预测事物发展的趋势或后果为目的的一种社会调查方式。这种社会调查的主要目的是在了解社会现象的基础上，回答"为什么"的问题。

解释性调查具有以下四个不同于描述性调查的特点：

第一，解释性调查的目的是解释社会现象产生的原因，说明社会现象之间的关系，这种社会调查需要有明确的理论假设，并且需要在理论假设的基础上构建因果模型。

第二，解释性调查运用的是假设检验的逻辑，它通常是研究者以某一理论假设作为出发点，通过实际调查收集调查材料，并通过对调查资料的分析，对理论假设进行检验，最终得出对社会现象的理论解释。

第三，解释性调查的内容注重的是其适用性和针对性，而并不要求面面俱到，只需要紧紧围绕所要验证的理论假设收集调查资料，并在探讨分析后做出解释。

第四，解释性调查重在说明社会现象之间的相互作用和因果关系，因此，在对调查资料的统计分析方法上，研究者并不仅仅停留在单变量的统计描述，而往往要进行双变量和多变量的统计分析。

2. 根据调查性质进行划分

社会调查的性质对调查设计具有一定的影响。一般来说，根据调查性质的不同，社会调查可以分为应用性调查和理论性调查两种类型。

（1）应用性调查。

应用性调查是指研究者旨在发现和解决现实社会中存在的具体问题的一种社会调查方式。这种社会调查比较集中地关注那些在社会生活和社会发展中不断出现的新的社会现象和社会问题，侧重于从总体上描述社会现象和社会问题的状况与特征，并运用社会理论对这些社会现象和社会问题进行科学的说明和解释，从而有针对性地提出解决问题的方案及特定的政策性建议。

（2）理论性调查。

理论性调查是指研究者旨在发现社会运行的内在规律，丰富和发展社会科学理论的一种社会调查方式。这种社会调查具有明显的理论倾向，往往侧重于通过对现实社会的观察、概括，抽象地理解和解释社会现象之间的内在联系及因果关系，从而解答社会科学领域中的各种理论问题，建立或检验新的社会科学理论学说或假说。

理论性调查也是一种经验研究，研究者使用的是一系列经验研究方法，通过对经验知识的直接概括来揭示具体社会形态的构成、运行过程及其发展规律。

3. 根据调查的时间维度进行划分

研究者在进行社会调查的设计时还要考虑调查的时间维度。根据调查的时间维度的不同，社会调查可以分为横剖调查和纵贯调查两种类型。

（1）横剖调查。

横剖调查是指研究者在某个时间点上对调查对象的整体及其不同类型进行调查，通过收集相关资料，描述调查对象在某个时间点上的状况，或者探讨这个时间点上不同变量之间的关系的一种社会调查方式。

一般来说，研究者主要通过横剖调查呈现社会现象或社会整体的横剖面的基本状况，因而横剖调查往往用来比较和分析社会现象或社会整体中不同部分的特点及其相互关系。在描述性调查中，研究者常常采用横剖调查的方式。

（2）纵贯调查。

纵贯调查是指在不同时间点或较长时间内研究者观察和研究某种社会现象，收集相关资料，并用以描述社会现象的发展和变化，解释不同的社会现象的前后联系。在大多数实地研究中，研究者使用的都是纵贯调查的方式。

纵贯调查包括以下三种主要类型：

① 趋势调查。

趋势调查是指研究者对一般总体内部随时间推移而发生的变化进行的社会调查。趋势调查实际上相当于在若干时间点上对同一总体进行若干次调查内容相同、测量方法一致的横剖调查，并利用其结果对总体在不同时期的态度、行为或状况等方面进行分析、比较和探究，从而揭示社会现象发展、变化的规律和趋势。

② 同期群调查。

同期群调查是指研究者对同一时期的某一类型的人群随时间的推移而发生的变化进行的社会调查。同期群调查注重的是某一类型人群的共同特征而不是个体特征，因此，在不同的时间调查对象只要属于同一类型的人群即可，而不必是同一个体。

③ 同组调查。

同组调查是指研究者对同一组人随时间的推移而发生的变化进行的社会调查。同组调查注重的是个体的特征，因此，研究者在进行同组调查时每次使用的是同一个样本，也就是说，其调查对象是相同的个体，研究者在第一次研究中调查了哪些人，随后的历次研究中就还要找到那些人一一进行调查，从而了解人们在行为、态度等方面的变化过程，并分析影响这种变化的各种因素。

总之,纵贯调查通过调查和比较不同时期事物的发展、变化,能够发现不同现象之间的因果关系,因此,在探讨社会现象或社会问题的产生原因方面,纵贯调查比横剖调查更为合适。

(二) 社会调查的分析单位

社会调查的分析单位是指一项社会调查所要研究的对象,或者说是研究者通过社会调查所要分析和描述的对象。社会调查的分析单位并不仅限于个人,除此之外还有一些其他的类型。一般来说,社会调查的分析单位主要包括个人、群体、组织、社区和社会产物。

1. 个人

个人是社会调查中最常用的分析单位,大部分社会调查都要通过分析个人的特征来解释和说明各种社会现象。但是,社会调查不像生物学、心理学、医学或生理学那样分析、研究人类所共有的特征,而是分析在不同的社会环境、社会制度或不同文化中个人的具体特征。此外,社会调查一般并不停留在个人层次上,其主要目的往往在于描述或解释由个人或个人行为组合而成的社会现象。

2. 群体

由若干个人所组成的各种社会群体,如由具有婚姻或血缘关系的个人所组成的家庭,由有着共同的兴趣爱好的个人组成的朋友群体等,都可以成为社会调查中的分析单位。群体的特征不同于个人的特征,如家庭的特征包括家庭规模、家庭形式等。但是,有些群体的特征是由个人的特征汇集或抽取而来的,如家庭的经济状况是由每个家庭成员的收入决定的,家庭的社会地位主要取决于家长的职业和声望。群体成员特征的平均值也可以用来描述群体的特征,如工人的平均文化程度、应届毕业生的平均收入等。

3. 组织

各种正式的组织(如企业、学校、医院、机关单位、政党等)都可以成为社会调查的分析单位。组织的特征包括组织规模、组织方式、管理方式、组织行为、组织规范、上下级关系、任用制度、晋升制度等。现代社会中的许多社会现象是在组织内部以及组织之间产生的,因此,组织在社会调查中是一个重要的分析单位。

4. 社区

社区是由在一定地域内共同生活的人们组成的社会共同体,如乡村、城镇、市区等。社区也可以成为社会调查的分析单位。一般来说,研究者可以用社区的人口规模、异质性程度、习俗特点、空间范围、设施环境等来描述社区的特征。研究者将社区作为分析单位既可以描述和分析某个社区自身的具体特征,又可以通过分析社区不同特征之间的关系解释和说明某些社会现象。

5. 社会产物

分析单位还可以是各种形式的人类行为,以及由人类行为所导致的各种社会产物,包括各种类型的社会活动、社会关系、社会制度和社会产品等。例如,研究者可以研究、分析犯罪、离婚等行为发生的频率、方式、目的等特征,可以研究、分析各个国家的生育制度、婚姻关系的特征,还可以将建筑、交通工具、服装、书籍、电影等方面的特征作为研究和分析的内容。

分析单位是研究者所要了解的一些个案,它在很大程度上决定了调查方案和抽样方案的制订。研究者在选择分析单位时应注意:

第一,在一项社会调查中,研究者可以采用多种分析单位,研究者应根据社会现象的复杂程度和调查目的来选择分析单位。对于复杂的社会现象,研究者只有从不同的角度、不同的层次去收集调查资料才有可能得到更完整、更真实的信息。

第二,在社会调查中,如果研究者以某一分析单位进行社会调查所收集的资料不能很好地解答研究问题的话,就应该增加或改变分析单位。

(三)社会调查的研究假设

1. 研究假设的基本术语

构成研究假设的基本术语有概念、变量、命题和假设。

(1)概念。

所谓概念,是指人们对同一类事物的属性进行综合概括的抽象名词。概念的抽象层次越高,其覆盖面越大,特征就越模糊;反之,则覆盖面越小,特征就越明确。

(2)变量。

所谓变量,是指研究者对包含一个以上范畴、属性或亚概念的具体化,如性别、年龄等;而对那些只有一个固定取值的概念的具体化则称为常量。变量可以在经验层面表明社会现象的程度、等级、数量和类别的变化状态,如对个体文化素质的描述可以具体化为"文化程度"指标,"文化程度"就是包括文盲、小学、初中、高中、大专、本科、研究生等取值的变量。

(3)命题。

所谓命题,是指关于某个概念的特征或多个概念之间关系的陈述。如"城市化水平很高"就是关于"城市化"这一概念的特征的描述,"城市化使得人际关系疏远"就是关于"城市化"与"人际关系"这两个概念之间关系的陈述。命题一般包括公理、定律、假设、经验概括等不同类型,其中,假设是社会调查中最常用的命题形式。

(4)假设。

所谓假设,是指对变量之间关系的一种常识性陈述,是一种可以用经验事实检验的命题。假设是命题的一种特殊形式,其特殊性在于:构成命题的基本元素通常是抽象的概念,如"人力资本越高,社会地位越高";构成假设的基本元素是在经验中可以测量的相对具体的变量,如可以选用"文化程度"变量测量人力资本,选用"收入"变量测量社会地位,从而得出可以通过经验测量进行检验的假设,即"文化程度越高,收入越高"。

2. 研究假设的含义和特点

研究假设也称理论假设,是对调查对象的特征和有关现象之间的相互关系的推测性判断或设想,是在调查之前提出的有待检验的命题。由于假设是研究者预先提出来的,因此,需要用调查结果对其进行证实或证伪,以决定是否接受它。

研究假设概括地说明了社会现象的特征及其相互关系,因此,它是对现象的一种理性认识。研究假设通常具有以下三个特点:

(1)研究假设仅仅是对所要研究问题的推断性判断或尝试性解释,它不同于一般的或普遍的理论解释；

（2）研究假设必须能够通过经验事实进行检验，而不同于公理或定理；

（3）研究假设必须以明确的概念为基础，并与有效的观测技术相联系。

3. 研究假设的来源

研究假设虽然是在社会调查之前由研究者提出的，但它并非调查者主观臆造或凭空想象出来的，它的来源主要有以下两种：

一是来自研究者以往的经验观察或初步的探索性调查结果。研究者总结以往的实践经验或通过初步的探索性调查而对研究现象提出的尝试性解释，即形成研究假设。

二是来自文献。研究者可以通过查阅文献找出对于所要研究的现象的不同理论解释，然后经过选择和判断，就能依据某一种或某几种理论得出研究假设。

4. 研究假设的陈述形式

假设是关于变量之间关系的尝试性说明，其陈述形式主要有以下两种：

（1）条件式陈述。

条件式陈述往往说明两个变量之间的因果关系，但有时也只说明两个变量之间的相关关系。条件式陈述的基本形式有两种：第一种为充分条件陈述，其陈述形式为"如果 A，则 B"，它表明 A 是 B 产生的充分条件，如"如果家长认为找个好职业比上大学更重要，那么其子女的升学意愿就较弱"；第二种为必要条件陈述，其陈述形式为"只要有 A，才会有 B"，它说明 A 是 B 产生的必要条件，如"只有交往频繁，人们之间的关系才会密切"。

（2）差异式陈述。

差异式陈述的基本形式为"A 与 B 在变量 Y 上有（或无）显著差异"，其中，A 与 B 表示某一变量 X 的不同类别或不同的组，如"城市家庭与农村家庭在家庭规模上有显著差异""工人与农民在收入上无明显差异"。差异式陈述主要说明两个变量之间有（或无）相关关系。因为 A 与 B 是表示某一变量 X 的不同变动状态，如不同的地区、不同的职业。如果 A 与 B 在变量 Y 上有显著差异的话，那么就说明它们所表示的某一变量 X 与变量 Y 有相关关系，即 X 的变化也伴随着 Y 的变化；如果 A 与 B 没有显著差异，则说明某一变量 X 与变量 Y 之间没有相关关系或不相关。

需要注意的是，并非每一类社会调查都必须要有研究假设。一般来说，研究者进行探索性调查主要是为了了解客观情况，从中发现问题，因而通常是不带假设地直接到实地进行调查。研究者进行描述性调查的目的是要对现象的一般状态和主要特征进行描述和概括，一般也不需要建立明确的研究假设。而研究者进行解释性调查的目的是要探寻现象之间的因果关系，发现社会现象的一般规律，这类社会调查必须要有较明确的研究假设。

三、调查案例

"A 市社区居民的道德状况研究"的调查方案

（一）调查的课题、目的和意义

道德反映一个民族、一个国家的基本素质，良好的社会道德风尚是民族精神与时代精神的体现，它对于促进整个社会的和谐发展有着十分重要的意义。正因为如此，我国政府历来十分重视公民道德建设,把公民道德建设作为精神文明建设的一个重要内容。2019年10月,中共中央、国务院印发了《新时代公民道德建设实施纲要》,进一步强调"中国特色社会主义进入新时代,加强公民道德建设、提高全社会道德水平,是全面建成小康社会、全面建设社会主义现代化强国的战略任务,是适应社会主要矛盾变化、满足人民对美好生活向往的迫切需要,是促进社会全面进步、人的全面发展的必然要求"。目前,《新时代公民道德建设实施纲要》已颁布一定的时日,这些年来公民道德建设是否产生了明显的成效?社区居民的道德状况有了哪些新的变化?出现了哪些新的问题?公民道德建设还需要如何健全和完善?为了解答上述问题,我们计划在A市开展一项关于社区居民道德状况的抽样调查,希望通过此项社会调查全面了解A市社区居民的基本道德状况、道德品质追求,以及居民对社会道德风尚的基本评价,并在此基础上为政府及社会各方面进一步推进社区思想道德建设,更好地解决A市社区居民道德建设中存在的实际问题,更好地贯彻落实《新时代公民道德建设实施纲要》提供决策参考。

（二）调查的类型

本次社会调查的目的在于对A市社区居民的道德状况进行全面描述,从而为分析和解决A市社区居民道德建设工作中存在的问题、推动社区居民道德建设提供参考。此项社会调查从调查目的的角度来分析,属于描述性调查;从调查性质的角度来分析,更具有应用性价值。同时,本次社会调查的资料收集工作将于202×年10—11月实施完成,调查成果将反映202×年A市社区居民道德的基本状况,本次社会调查从时间维度分析属于横剖调查。

（三）调查的范围、调查对象和分析单位

本次社会调查以现居住于A市市内六区的社区居民为调查总体,研究者在收集资料时所直接询问的对象主要为进入样本中的社区居民,这些社区居民将成为本次社会调查的对象。本次社会调查所要分析和描述的是A市社区居民的道德状况,分析单位是A市社区居民个人,分析侧重微观层次。

（四）调查的研究假设

本次社会调查是关于A市社区居民道德状况的描述性调查,不需要建立研究假设。

（五）调查的内容

本次社会调查的主要内容是关于A市社区居民在道德观念、道德行为等方面的个人特征。

调查的主要内容分为以下四个方面:

(1) A市社区居民的基本状况,涉及居民的性别、年龄、文化程度、职业、婚姻状况、家庭状况等方面的内容。

(2) A市社区居民的家庭伦理道德状况,涉及居民在处理家庭事务和家庭关系、解决家庭矛盾、承担家庭责任、对待家庭问题等方面所体现出的道德观念、道德行为特征。

(3) A市社区居民的职业道德状况,涉及居民在承担岗位职责、遵守岗位纪律、完成工作任务、处理工作关系、对待工作问题等方面所体现出的道德观念、道德行为特征。

(4) A市社区居民的社会公共道德状况,涉及居民在承担公民职责、遵守公共秩序、爱护公共环境、参与公益事业、维护公众利益、关爱困难群体、处理公共问题等方面所体现出的道德观念、道德行为特征。

（六）调查的抽样思路

本次调查以现居住于 A 市市内六区的社区居民为调查总体，采用概率抽样的方法，分别在 A 市的河东区、河西区、河北区、南开区、和平区、红桥区抽取样本，每区抽取样本 800 人，构成样本规模为 4800 人的大样本。

（七）调查资料的收集方法与分析方法

本次社会调查采取问卷法进行资料的收集，运用 SPSS 统计分析软件采取统计描述和统计推论的方法对调查资料进行定量分析。

（八）调查课题组的人员组成及分工

本次调查课题组由 6 人组成，课题组成员的基本情况及其分工参见表 1-2。

表 1-2 课题组成员的基本情况及其分工

姓名	基本分工
王××	负责整个调查工作的组织、管理与监督
邓××	负责调查评估与调查报告的撰写
张××	负责调查员的挑选与培训
赵××	负责设计调查方案、调查问卷与抽样方案
李××	负责探索性调查与调查资料的收集
刘××	负责调查资料的整理与统计分析

本次调查预备挑选、培训调查员 60 人，调查员挑选与培训方案待定。

（九）调查课题组的工作要求

本次社会调查要求所有的参与者本着诚实守信、认真负责的精神，发扬团队精神，协同合作，按照调查工作的基本规则与要求按时完成各阶段的工作任务，以保证整个调查项目顺利实施、圆满结题。

（十）调查地点

本次社会调查实施的地点为 A 市市内六区，实施的具体场所为居民家庭，由调查员入户将调查问卷发送到居民的手中，居民在家中填答并将填答好的调查问卷返还给调查员。

（十一）调查的进度安排与工作计划

本次社会调查从确定调查课题到完成调查报告的起止时间为：202×年 1 月—202×年 4 月，调查过程分为五个阶段，每个阶段的工作计划如下：

1. 第一阶段——选题阶段（202×年 1 月）

调查课题的选择与论证。

2. 第二阶段——准备阶段（202×年 1—9 月）

（1）查阅和收集相关文献资料（202×年 1—2 月）。

（2）拟订详细的调查方案（202×年 3 月）。

(3) 召开第一次课题组成员会议(202×年 4 月)。

会议的主要内容：讨论调查课题的目标、理论框架和主要内容，由课题负责人详细介绍整个调查工作的具体步骤与要求，制订并通过调查课题的具体研究计划及日程表，明确课题组成员的职责及其分工。

(4) 组织实施探索性调查(202×年 5—6 月)。

(5) 召开第二次课题组成员会议(202×年 7 月)。

会议的主要内容：总结交流探索性调查成果，讨论调查课题的操作化，讨论调查问卷设计的思路与分工。

(6) 设计"A 市社区居民的道德状况"的调查问卷和抽样方案(202×年 7—8 月)。

(7) 课题组分别在 A 市市区选择 2 个街道进行调查问卷的试调查，根据试调查的结果进行调查问卷的评估与修改，然后印制成正式的调查问卷(202×年 9 月)。

3. 第三阶段：调查阶段(202×年 8—11 月)

(1) 挑选和培训调查员(202×年 8—9 月)。调查员应以社会学、社会工作等相关专业在校大学生为主，调查员培训必须实行现场实习。

(2) 根据抽样方案抽取调查对象(202×年 9—10 月)。

(3) 调查员分赴各调查点进行问卷调查，收集调查资料(202×年 10—11 月)。

4. 第四阶段：分析阶段(202×年 11—12 月)

(1) 原始调查资料的审核和复查(202×年 11 月)。各调查点必须随机抽取 5% 的个案进行复查。

(2) 调查资料的汇总、编码与录入(202×年 11—12 月)。

(3) 运用 SPSS 统计分析软件对调查资料进行统计分析(202×年 12 月)。

5. 第五阶段：总结阶段(202×年 1—4 月)

(1) 召开第三次课题组成员会议(202×年 1 月)。

会议的主要内容：总结社会调查的情况，评估调查资料的质量，分析并讨论统计处理过程中的难点和问题，确定课题总体研究报告和各专题研究报告的内容及撰写人。

(2) 课题组成员分头撰写各专题研究报告和论文(202×年 1—2 月)。

(3) 课题组成员共同撰写总体研究报告和专著(202×年 3—4 月)。

(十二) 调查经费的使用计划和物质手段

1. 研究经费

A 市社会科学"十×五"规划课题经费：_____元。

2. 经费使用计划

(1) 购买参考资料：_____元。

(2) 文具费、复印费：_____元。

(3) 调查员的培训费：_____元。

(4) 调查员的报酬：_____元。

(5) 交通费、餐饮费：_____元。

(6) 调查对象的礼品费：_____元。

3．物质手段

(1) 电脑、存储设备。

(2) SPSS 统计分析软件。

(3) 采访设备或录音设备。

(4) 复印机、打印机。

四、问题探讨

(1) 什么是调查方案？

(2) 调查方案的设计原则有哪些？

(3) 调查方案的主要内容和设计方法是什么？

(4) 社会调查的类型有哪些？

(5) 社会调查的分析单位有哪些？

(6) 什么是社会调查的研究假设？

五、小结：知识梳理

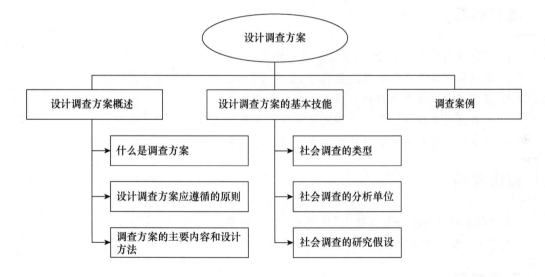

任务四

探索性调查

能力目标

1. 掌握探索性调查的含义、应用和基本任务。
2. 掌握探索性调查的调查方案设计、抽样方法、资料收集方法和资料分析方法。
3. 具备探索性调查的设计和调查方案的撰写能力。
4. 具备运用非概率抽样的方法选择探索性调查样本的能力。
5. 具备运用定性分析的方法对探索性调查的调查资料进行分析的能力。

调查案例

1. "A市社区居委会基本状况"的探索性调查方案。
2. "A市社区居委会基本状况"的探索性调查提纲。

具体任务

1. 讨论探索性调查的调查方案中所涉及的各个项目。
2. 撰写探索性调查的调查方案。
3. 实施探索性调查,收集调查资料。
4. 对调查资料进行定性分析和总结。

实训步骤

1. 确定初步探索性调查的调查对象、主要内容、人员组成及分工、时间进度和经费使用计划。

2. 根据讨论结果,撰写探索性调查的调查方案。

3. 根据调查内容撰写调查提纲。

4. 通过查阅文献、请教专家和实地考察等途径实施探索性调查。

5. 对调查资料进行定性分析和总结。

一、探索性调查概述

(一) 什么是探索性调查

探索性调查是指研究者用来"探测"调查现象或问题的基本状况,以便获得一个大致的轮廓或印象的社会调查类型。它为正式的社会调查工作提供基础并指明方向。

探索性调查通常应用于以下三种情况:

第一,在进行大规模的社会调查之前,研究者通常需要先通过探索性调查对社会调查的问题、内容和项目进行了解、分析和细化,以明确调查的目标、方向和思路。

第二,当调查的问题或现象比较特殊或新颖,已有研究成果较少时,研究者需要先进行一些探索性调查。

第三,当研究者本人对所研究的问题或现象比较生疏、了解较少时,也需要先进行探索性调查,以便对研究内容有一个大体的了解。

(二) 探索性调查的基本任务

研究者进行探索性调查并不是要直接回答调查课题所要解决的问题,而是为正式调查探寻可以选择的方向和道路,其基本任务有以下三个:

第一,探索性调查需要研究者通过查阅前人和他人的研究成果,了解相关问题的研究状况和研究需求,以及与调查课题相关的新情况和新问题,从而为本课题的调查研究选择恰当的起点和重点。

第二,探索性调查需要研究者通过对调查课题相关理论和研究观点的梳理、概括和评价,并通过对与调查课题相关的社会背景和现实状况的初步了解,形成适合于本调查课题的研究视角和研究假设。

第三,探索性调查需要研究者通过对已有研究的研究方法、调查指标及其经验和不足进行总结,并结合课题研究的新情况、新问题,为本调查课题的研究方法和调查指标的设计提供思路。

(三) 探索性调查方案

探索性调查方案的设计是指研究者在进行探索性调查之前,通过对探索性调查的内容、实施时间和地点、抽样方法、资料收集方法、资料分析方法以及参与人员的分工和调查要求等方面的问题进行详细、周密的思考,从而撰写出一份切实可行的探索性调查方案。

探索性调查方案的主要内容及撰写方法如下:

1. 探索性调查的具体内容

探索性调查的具体内容,即研究者陈述社会调查的问题,并说明探索性调查的主要内容。探索性调查主要用来探寻调查现象或问题的基本状况,为正式的社会调查工作提供基础并指明方向。所以,探索性调查不需要研究假设,研究者只需围绕整个社会调查的相关问题,制定探索性调查的内容提纲。

2. 探索性调查的调查对象

探索性调查的对象,即研究者说明探索性调查的范围,也就是界定调查对象所取自的总体,并说明研究者在收集调查资料时所直接询问的对象。探索性调查是正式的社会调查的前期考察,目的是为正式的社会调查开辟道路,所以,探索性调查的范围必须与正式的社会调查的范围相一致,根据整个社会调查的范围、对象和分析单位来确定探索性调查的范围和对象。

3. 探索性调查的抽样思路

探索性调查的抽样思路,即研究者确定调查总体,也就是调查对象所取自的总体,并确定抽样的具体方法和样本规模。探索性调查只是研究者为了获得对调查现象的初步印象,因此,对于样本的代表性并没有较高的要求,其抽样通常可以采用偶遇抽样、判断抽样、定额抽样、雪球抽样等非概率抽样的方法,选取小规模样本进行调查即可。

4. 探索性调查的资料收集方法和资料分析方法

研究者在进行探索性调查时可以通过请教专家、实地考察、查阅文献等途径,运用访谈、观察、文献收集等不同的方法进行资料的收集。探索性调查的资料分析通常采用定性分析的方法,通过对资料进行分类、描述、综合和归纳得到对调查对象的初步印象。研究者可以根据社会调查的内容、对象及调查的时间要求、人力和物力条件等具体情况,选择适当的方法进行调查资料的收集与分析。

5. 探索性调查的人员组成及分工

探索性调查的实施有时需要多人共同合作,在探索性调查设计阶段,研究者需要明确社会调查课题组人员的组成、分工状况和课题组的管理办法,以保证探索性调查的顺利实施。

6. 探索性调查的地点和时间进度

探索性调查的地点和时间进度,即研究者确定探索性调查实施的地点和场所,明确探索性调查的起止时间、调查步骤及各阶段的工作任务,以确保在规定时间内保质保量地完成调查任务。

7. 探索性调查的经费使用计划和物质手段

研究者进行探索性调查需要一定的经费和物质手段,在调查方案设计阶段,研究者要对社会调查所需要的经费、物质手段及其使用有一个大致的考虑和合理的分配,以确保探索性调查的顺利开展。

二、探索性调查的基本技能

(一)探索性调查的样本

探索性调查的目的仅是研究者对调查对象作初步的了解,获得研究的线索并提出假设,不是由样本推论总体,因此,研究者在进行探索性调查时可以采用非概率抽样的方法抽取样本。

非概率抽样不是按照等概率原则,而是根据研究者的主观经验或其他条件进行抽样。由于非概率抽样抽取的样本代表性较小,误差较大,一般很少用于描述性调查或解释性调查。但是,非概率抽样操作方便、省钱省力,在统计上也比概率抽样简单,因而常常被研究者用于探索性调查中。

常用的非概率抽样有偶遇抽样、判断抽样、定额抽样和雪球抽样。

1. 偶遇抽样

偶遇抽样又称方便抽样,是指研究者根据实际情况,以自己方便的形式将偶然遇到或接触到的人选入样本,或者将离得最近、最容易找到的人选入样本。如研究者为了调查居民对社区环境的满意程度,在社区中对随机遇到的居民进行调查;为了了解观众对影片的喜爱程度,对观看完电影的观众进行调查;为了了解超市的服务质量,对进出超市的顾客进行调查等。

2. 判断抽样

判断抽样又称立意抽样,是指研究者根据研究目的和自己的主观分析来选择和确定调查对象。在典型调查和异常案例调查中经常使用判断抽样的方法获取样本。典型调查是研究者将同类事物中具有代表性的单位作为调查对象,如调查学习能力的影响因素,将成绩优异的学生作为典型样本进行调查。异常案例的调查是研究者专找偏离总体平均水平者进行调查,了解是什么使他们发生了偏离,如对经常旷课的学生进行的调查,探讨其经常旷课的原因。

3. 定额抽样

定额抽样又称配额抽样,是指研究者依据调查对象的某种属性或特征,将总体中所有的个体进行分类或分层,并找出各类或各层成员在总体中所占的比例,然后依据这种分类或分层及其成员的比例选择调查对象,从而使样本中的成员在上述各种属性或特征方面的构成及其在样本中的比例与总体相同。如研究者运用定额抽样的方法在某高校抽取100名学生作为样本,假设该校有8000名学生,其中男生占40%、女生占60%,文科学生和理科学生各占50%,大一、大二、大三、大四的学生分别占40%、30%、20%、10%。依据总体的构成和样本规模,研究者可以列出以下定额表(参见表1-3),依据定额表抽选出一个总体的"模拟物"即可。

表1-3 某高校学生抽样定额表

性别	男生(40人)								女生(60人)							
学科	文科(20人)				理科(20人)				文科(30人)				理科(30人)			
年级	一	二	三	四	一	二	三	四	一	二	三	四	一	二	三	四
人数	8人	6人	4人	2人	8人	6人	4人	2人	12人	9人	6人	3人	12人	9人	6人	3人

4. 雪球抽样

雪球抽样是一种特殊的抽样方法,是指研究者在无法了解总体情况的时候,先从总体中找到几个合适的调查对象,然后再通过他们找到其他符合条件的调查对象,这样一步步扩大样本的范围。如研究者要研究退休老人的生活状况,可以在清晨到公园去结识几位进行晨练的老年人,再通过他们结识其朋友,以此类推,不用很久就可以认识一大批的老年朋友。但是,通过这种方法抽取的样本有时会存在较大的偏误,比如,那些不喜欢参加户外活动、不爱去公园、喜欢在家里活动的老年人就很难进入调查样本,而他们往往代表着另一种退休后的生活方式。

在探索性调查的过程中,研究者对调查对象的选择应遵循以下抽样标准:

1. 强度抽样

如果研究者想在较短的时间内对研究问题有一个比较全面的了解,那么应选择信息的密度和强度较高的个案,优先调查那些能够提供较为丰富和密集的信息的个案。

2. 异质性抽样

如果研究者想了解调查对象的差异性分布情况,那么选择的样本要最大限度地覆盖调查对象的各种不同情况,以实现对调查对象异质性特征的对比。

3. 同质性抽样

如果研究者想了解某类具有共同特征的现象或人群的状况,那么应选择一组在所关注的属性特征上比较相似的个案,集中对这类个案的某些共同方面进行深入的调查。

4. 关键个案抽样

如果研究者想将从调查个案中获得的情况推论至其他个案,那么应选择对所研究的问题产生决定性影响的个案进行调查。

5. 可能性抽样

如果研究者想了解调查对象的发展趋势和前景,那么应选择能够代表未来发展方向的个案进行调查。

(二)收集探索性调查资料的途径

研究者进行探索性调查可以通过查阅文献、请教专家和实地考察三种主要途径来实施。在实际工作中,这三种途径可以相互结合、交叉使用,以便获得较为全面的调查资料。

1. 查阅文献

文献是指与调查课题有关的论文、书籍、调研报告,以及各种统计年鉴、资料手册、档案材料等。文献可以为研究者提供丰富的、与调查课题有关的调查资料,可以帮助研究者了解以往的研究成果和与调查课题有关的各种理论、观点、研究方法,以及调查对象的社会历史背景等。

2. 请教专家

专家是指熟悉调查课题的人,如曾经研究过某个专题的社会科学家、政府工作部门的干部、研究人员,所调查地区或部门的主管人员,以及掌握第一手资料的"知情人"等。研究者请教专家可以获得他们对调查课题的意见和建议,了解他们的经验和想法,从而更全面地掌握调查课题的背景、现状、调查对象、调查内容与调查范围等。

3. 实地考察

实地考察是指研究者到调查现场去观察和询问,以增加感性认识,明确调查内容,确定调查方法。研究者通过到实地去了解情况可以发现问题,提出假设,并探索解决问题的途径和方法。

(三)整理、分析探索性调查资料

探索性调查资料的分析通常采用定性分析的方法,对调查资料进行分类、描述、综合和归纳。所谓定性分析,是指研究者对从实地研究中所得到的各种以文字、符号表示的文献资料、观察记录、访谈笔记等定性材料进行整理和分析的过程。

定性资料分析的基本逻辑是归纳法,其主要工作任务就是研究者对观察、访谈所得到的调查资料重新进行研读,并按照基本的社会学范畴或方法对它们进行分类。这种分析大致可以分为以下三个不同的阶段:

第一阶段为初步浏览阶段,即研究者对整个观察记录和访谈笔记等调查资料粗略地浏览一遍,目的是对全部调查资料有所了解,在对原始资料进行各种处理时做到心中有数。

第二阶段为阅读整理阶段,即研究者在初步浏览的基础上进行仔细阅读,边阅读边根据具体内容做标记,以标签的形式标明各种具体的事例、行为、观点的核心内容,并将其归入所属的各种不同主题中,形成更为清晰的内容框架。

第三阶段为分析抽象阶段,即研究者根据不同的标准或从不同的角度仔细审阅和思考资料中所做的各种标记,并从中归纳出解释和说明社会现象的主要观点和结论。

三、调查案例

调查案例1 "A市社区居委会基本状况"的探索性调查方案

(一)探索性调查的主要内容

本次探索性调查的课题是A市社区居委会的基本状况,其主要内容包括:社区居委会管辖社区的基本状况、社区居委会的组织状况、社区居委会的工作状况等。

(二)探索性调查的调查对象

在本次探索性调查中,研究者所要了解的是A市社区居委会的基本状况,调查的分析单位是组织;调查以A市市内六区的社区居委会为调查总体;调查对象主要为进入样本的社区居委会及其工作人员,以及该社区居委会管辖社区内的居民。

(三)探索性调查的抽样思路

在本次探索性调查中,研究者以A市市内六区的社区居委会为调查总体,采用偶遇抽样或判断抽样等非概率抽样的方法,分别在A市的河东区、河西区、河北区、南开区、和平区和红桥区抽取样本,每区抽取5个社区居委会进行调查,构成样本规模为30的小样本。

(四)探索性调查的资料收集方法和资料分析方法

在本次探索性调查中,研究者将深入各社区居委会,运用文献资料收集法、观察法和访谈法,通过查阅文献、访问社区工作者和部分居民,以及在社区居委会的实地观察,了解 A 市社区居委会的基本状况。

在本次探索性社会调查中,研究者将运用定性分析方法,对收集到的调查资料进行整理和分析,对 A 市社区居委会的基本状况进行初步总结。

(五)探索性调查人员的组成、分工及工作要求

本次探索性调查小组由 5 人组成,成员的具体分工如下:

邓××,负责整个探索性调查工作的组织、管理与监督;

王××,负责探索性调查的抽样和调查单位的联络;

赵××,负责探索性调查的方案设计和提纲撰写;

李××,负责探索性调查调查员的培训和调查资料的收集;

刘××,负责探索性调查资料的整理、分析与总结。

本次探索性调查预备培训调查员 30 人,每位调查员深入一个社区居委会实施探索性调查。在调查中,调查员应本着诚实守信、认真负责的精神,发扬团队精神,协同合作,按照调查工作的基本规则与要求按时完成各阶段的工作任务,保证整个调查的顺利实施。

(六)探索性调查的地点

本次探索性调查实施的地点为 A 市的市内六区,实施的具体场所为社区居委会,由调查员深入社区居委会进行实地研究,通过收集文献资料、参与观察、无结构访谈等方式收集有关社区居委会基本状况的调查资料。

(七)探索性调查的进度安排和工作计划

本次探索性调查从准备、实施到完成调查资料的分析和总结的起止时间为:202×年 7—11 月。整个调查过程分为三个阶段,每个阶段的工作计划如下:

1. 第一阶段——准备阶段(202×年 7—8 月)

(1)设计探索性调查方案。

(2)撰写探索性调查提纲。

(3)确定探索性调查的地点,联络调查单位。

(4)挑选和培训调查员。

2. 第二阶段——调查阶段(202×年 8—9 月)

调查员分赴各调查点,运用收集文献资料、参与观察、无结构访谈等方法进行实地研究,收集调查资料。

3. 第三阶段——分析阶段(202×年 9—11 月)

研究者对探索性调查资料进行整理分类和定性分析,并撰写探索性调查总结。

(八)探索性调查的经费使用计划和物质手段

1. 经费使用计划

(1)购买参考资料:_____元。

(2)文具费、复印费:_____元。

(3) 调查员的培训费：_____元。

(4) 调查员的报酬：_____元。

(5) 交通费、餐饮费：_____元。

(6) 调查对象的礼品费：_____元。

2．物质手段

(1) 电脑、存储设备。

(2) 采访设备或录音设备。

(3) 复印机、打印机。

调查案例2 "A市社区居委会基本状况"的探索性调查提纲

一、探索性调查的内容

(一) 社区居委会管辖社区的基本情况

1．社区概况

社区概况包括以下内容：(1) 社区居委会的名称；(2) 区位(位于A市哪个区、哪条街)；(3) 历史沿革的简介(如何时设立,设立至今有何变革等)；(4) 社区的面积；(5) 管辖范围(哪几栋楼或平房,楼房的层数、单元数,平房间数)；(5) 社区内有哪些机构、单位、组织、团体、公共设施或场所,社区居委会与它们有何关系。

2．人口特征

人口特征包括以下内容：(1) 社区内有多少住户；(2) 社区的人口总数；(3) 社区居民的人口结构；(4) 社区居民的年龄结构、性别结构、职业结构、民族结构、教育程度结构；(5) 人口总体素质如何；(6) 是否有外来人口或流动人口,其总数为多少,如何进行管理。

3．社区的典型特征或传统

社区在经济、社会、文化、生活等方面具有哪些传统风格与习惯,形成了哪些典型特征。

(二) 社区居委会组织状况

1．社区居委会的工作人员

社区居委会工作人员的人数,正式编制的人数及其职务,专职工作人员的人数及其职务,兼职工作人员的人数及其职务；社区居委会工作人员的构成与以前相比有何不同、有何特点,社区居委会是通过什么程序或方式招收工作人员的。

社区居委会工作人员的基本状况包括以下内容：

(1) 姓名(只记姓氏即可)；

(2) 性别；

(3) 年龄；

(4) 政治面貌；

(5) 文化程度；

(6) 所学专业；

(7) 职务及其主管工作；

(8) 个人履历（到社区居委会工作之前的工作、学习或其他经历，何时到社区居委会工作）；

(9) 有何专业特长；

(10) 工作情况的基本评价（可以收集一些工作人员的典型事迹）。

2. 社区居委会的组织结构

社区居委会的组织结构为：主任—副主任或委员—居民小组长或楼长。

社区居委会如何利用这种组织结构面向居民开展工作，社区居委会工作人员与居民小组长或楼长的关系（最好举例说明）。

3. 社区居委会的组织方式

社区居委会的组织方式包括以下内容：

(1) 如何进行换届选举，其操作程序如何；

(2) 换届选举的候选人如何产生，通过什么方式选举，最后结果如何产生；

(3) 居民对选举的关注和参与的程度如何，有多少居民参加了投票选举；

(4) 社区居委会工作人员对换届选举的方式有何评价。

4. 社区居委会下设组织机构

社区居委会下设组织机构（社区服务等方面）包括以下内容：

(1) 有哪些机构或团体；

(2) 其组成人员或负责人员的基本情况；

(3) 从事什么工作或开展什么服务项目；

(4) 社区居民对其认可度如何。

(三) 社区居委会的工作状况

1. 社区居委会的工作任务

(1) 社区居委会按照街道布置的任务，在实际工作中开展了哪些工作项目；其具体内容是什么，各项工作占社区居委会全部工作项目的比例（即从工作数量上和时间上衡量的比例）大约是多少；居民的参与度和认可度如何。

(2) 社区居委会自办的服务项目或社区活动有哪些，其具体内容是什么；这些服务项目和社区活动是由谁发起和承担的，是如何开展的；居民的参与度如何、评价如何；服务项目或社区活动是否收费。

2. 社区居委会的工作方式

(1) 社区居委会面向街道的工作方式。

① 社区居委会与街道的人事关系、工作关系、经济关系是怎样的。

② 社区居委会通过什么方式接受街道的工作任务并向街道汇报工作，如何对待街道的工作任务，街道对社区居委会的工作起到什么作用。

(2) 社区居委会内部的工作方式。

① 社区居委会内部工作如何开展。

② 社区居委会通过什么方式进行决策。

③ 社区居委会工作准则及其具体内容有哪些,如何制定,是否修改过,如何修改。

④ 社区居委会是否存在监督机制、奖惩机制及激励机制,其具体内容是什么。

⑤ 社区居委会工作人员的经济收入如何,是否与工作绩效挂钩,薪金由谁支付。

⑥ 社区居委会是否经营社区服务项目,具体内容有哪些。

⑦ 社区居委会如何对社区服务项目进行经营和管理。

⑧ 居民对这些服务项目的认可度和满意度如何。

(3) 社区居委会在工作中与社区服务机构及其他机构、单位、组织、团体的关系。

① 社区内有哪些社区服务机构,它们分别开展什么服务,是否收费。

② 社区居委会与社区服务机构的工作关系如何。

③ 社区居委会与社区内的物业服务企业的关系如何,在工作中如何协调关系。

④ 社区内是否有业主委员会,它们与社区居委会的关系如何。

⑤ 社区内是否存在居民组建的社区社会组织或民间团体,社区居委会与它们的关系如何。

⑥ 社区居委会与其他机构、单位、组织、团体的关系如何。

⑦ 社区居委会在开展工作或活动时,是否曾经获得过社区内的机构、单位及其他组织在物资、人力等方面的资助,有哪些机构、单位和其他组织对社区居委会工作的支持和帮助较大(举例说明)。

(4) 社区居委会面向居民的工作方式。

① 社区居委会面向居民开展过哪些工作,通过什么方式与居民建立联系,社区居委会的哪些工作或活动比较吸引居民积极参与,吸引哪些类型的居民前来参与。

② 近年来社区居委会召开过几次由居民参加的会议,开展过几次由居民参加的活动,其具体时间、主题及内容是什么,有多少居民参加,有哪些类型的居民参加,居民通过什么方式参加,其效果如何。

③ 是否有居民主动为社区居委会工作出谋划策(举例说明),这些居民多为哪种类型的居民,对社区居委会的哪些工作帮助最大。

④ 居民遇到什么问题会主动(或不主动)找到社区居委会,社区居委会对这些问题如何处理,什么情况下能够给予帮助,什么情况下不能给予帮助,不能给予帮助时怎么处理。

⑤ 社区居委会通过什么渠道了解居民对社区居委会工作的反馈,如何对待这些反馈。

(四) 社区居委会所需资源

1. 人力资源

(1) 社区居委会在社区开展工作时所依靠的骨干力量——居民小组长或楼长有多少人,他们如何产生,工作或职责是什么,是否有收入。

(2) 居民小组长或楼长的基本状况如何(如年龄、性别、工作状况、文化程度、政治面貌等)。

(3) 居民小组长或楼长在社区工作中起到哪些作用(最好举例说明)。

(4) 社区居委会管辖的社区内是否有义工或志愿者,有多少人,其人员结构是怎样的(如年龄、性别、文化程度、工作状况、政治面貌等)。

(5) 义工或志愿者主要从事哪些工作。

2. 物资来源

(1) 社区居委会办公所需的物资来源,开展工作与活动所需的资金来源。

(2) 社区居委会是否有创收项目,具体内容有哪些,其收入是否可以自行支配。

(3) 社区居委会是否能自行筹集工作或活动所需的物资,在什么情况下可以自行筹集工作或活动所需的物资,如何自行筹集工作或活动所需的物资,向谁筹集这些物资。

3. 权力资源

社区居委会在开展社区工作中拥有哪些权力,这些权力是通过什么形式获得的。

(五) 社区居委会在开展工作中遇到的困难和问题

社区居委会在工作(面向街道的工作,社区居委会内部工作,涉及其他的机构、单位、组织团体的工作,面向居民的工作等)中经常会遇到哪些困难和问题。

二、探索性调查的方法

(一) 无结构访谈

无结构访谈,即调查员就调查内容采用偶遇抽样、判断抽样等方法对社区居委会工作人员和社区居民进行访谈,并记录访谈的经过和内容。

(二) 收集文献资料

收集文献资料,即在条件允许的前提下,研究者可以请社区居委会工作人员提供与调查内容相关的文献材料。如政府或街道的有关法律法规、制度、规定,社区居委会或街道的工作计划、工作档案、会议记录、文件、制度、工作总结、工作报表等。

(三) 参与观察

参与观察,即研究者参与社区居委会的工作,观察、记录社区居委会工作人员的工作状况。

四、问题探讨

(1) 什么是探索性调查?
(2) 探索性调查的基本任务有哪些?
(3) 如何设计探索性调查方案?
(4) 如何进行探索性调查的抽样?
(5) 探索性调查资料的收集途径有哪些?
(6) 如何进行探索性调查的资料整理与分析?

五、小结：知识梳理

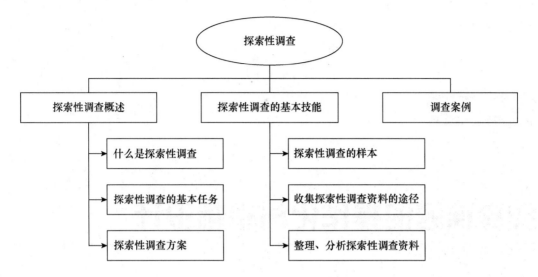

任务五

调查课题的操作化与指标设计

能力目标

1. 掌握社会现象的测量的概念、要素和层次。
2. 掌握社会测量的评估方法。
3. 掌握设计调查指标应遵循的原则。
4. 掌握概念操作化和命题操作化的方法。
5. 具备明确调查课题操作化的指标变量的范围的能力。

调查案例

对大学生"创新能力"的概念操作化。

具体任务

1. 讨论调查课题核心概念的定义范围。
2. 明确界定调查课题的核心概念和命题。
3. 列出调查课题核心概念的维度。
4. 发展测量核心概念的调查指标。
5. 完成调查课题核心概念和命题的操作化。

实训步骤

1. 明确调查目标,确定调查课题核心概念的内容和范围。

2. 讨论并形成调查课题操作化方案,根据该方案进行工作安排。
3. 进行调查课题操作化过程,形成初稿,小组讨论、修改操作化初稿。
4. 课题操作化初稿完善后,确定正式的调查课题操作化内容。
5. 进行实地试应用,检验测量指标可行性。

一、社会现象的测量

调查课题的操作化与指标的设计都是研究者为了实现对调查课题所研究的社会现象进行测量而做的准备工作。通过这项工作,研究者可以将调查课题由抽象概念分解为可直接观察与测量的具体现象,以便在社会现实中收集到准确、可靠的调查资料和信息。

(一)什么是社会测量

社会测量是指研究者依据一定的规则,将所研究的社会现象具有的属性和特征用一组符号或数字表示出来的一种方法。社会测量的目的是对调查对象的属性和特征进行把握。社会测量包括测量对象、测量内容、测量法则以及数字和符号四个不可缺少的要素,分别说明了"测量谁""测量什么""怎么测量"和"如何表示测量结果"四个问题。

1. 测量对象

测量对象即现实社会中所存在的,需要用数字或符号表示出来的分析单位。它既可以是个人,也可以是群体、组织、社区或社会产物。

2. 测量内容

测量内容即测量对象的属性与特征。如果测量对象是个人,那么测量的内容就可以是性别、年龄、职业、行为、态度、价值和观念等。这些属性和特征有些是外显的,如性别、年龄、职业、行为;有些是内隐的,如态度、价值和观念等。

3. 测量法则

测量法则即测量过程中具体的操作规则。如以"出生女婴数量为100时所对应的男婴数"作为测量出生人口性别比的规则。

4. 数字和符号

数字和符号即用来表示测量结果的工具。社会测量结果,有些是可以用数字表示的,如家庭年收入为10万元,个体的年龄为30岁;有些是可以用文字表示的,如性别为男或女,态度为赞成或反对等。这些文字测量结果在进行统计分析时往往会被转换为数字,但这些数字只是一种符号,并没有实际的数学意义。

(二)社会测量的层次

由于社会调查所涉及的社会现象具有不同的属性和特征,所以研究者对社会现象的测量也有不同的类型和层次。美国学者史蒂文斯于1951年创立的测量层次分类法被广泛采用,该分类法将社会测量分为定类测量、定序测量、定距测量和定比测量四个层次。

1. 定类测量

定类测量又称类别测量或定名测量,即研究者对测量对象的属性或特征的类别加以鉴别的一种测量方法。它实质上是一种分类体系。研究者在进行定类测量时需要注意,划分类别时要符合既相互排斥又互补重叠的要求,以保证所测量的每一个社会现象都在分类体系中占据唯一的一个类别,如将性别划分为男性和女性。在实际测量中,研究者有时会用一定的数字或符号代表某个类别,如用"1"代表女性,"2"代表男性。但是,这些数字或符号仅仅是一种标识,不能做加减乘除的数学运算,而只代表等于或不等于(属于或不属于)某一类别。定类测量是社会测量中最简单、最基本的测量类型,其测量水平和测量层次最低。

2. 定序测量

定序测量又称等级测量或顺序测量,是指研究者对测量对象的属性和特征按照某种标准进行排序的一种测量方法。如研究者测量城市规模,可以将其按照特大城市、大城市、中等城市、小城市进行类别排序。定序测量不仅能区分社会现象所属的类别,而且能反映其在高低、大小、先后、强弱等顺序上的差异。它的数学特性比定类测量高一个层次,不仅能区别异同,而且还能确定大于和小于的关系。

3. 定距测量

定距测量又称等距测量或区间测量,是指能够测定测量对象的属性和特征的差别程度的一种测量方法。它除了能够确定社会现象的类别和等级之外,还能进一步确定它们之间的间隔距离和数量差别。如甲的智商为130,乙的智商为110,则可以说甲的智商比乙的智商高20。定距测量不仅能反映社会现象的分类和顺序,而且还能反映社会现象的具体数量,显示其在数量方面的差异,其数学特征是能够进行加减运算。需要注意的是,定距测量中的"0"并不具有数学意义,只不过是一个特定数字,如气温为0℃,并不表示没有温度,而是代表温度达到了冰点。

4. 定比测量

定比测量又称比率测量或比例测量,是指能够测定事物之间的比例、倍数关系的一种测量方法。这种测量方法除了具有前面三种测量方法的特征之外,还具有一个有实际意义的绝对零点。所以,定比测量还能对变量值进行乘除法的运算,是四种测量类型中层次最高的一种类型。如年龄、身高、工资等都具有一个表示没有的绝对零点,因而能够对其进行乘除法的运算,如10岁是5岁的2倍等。

表1-4总结了四种测量层次的数学特性。

表1-4 四种测量层次的数学特性总结[①]

数学特性	测量层次			
	定类测量	定序测量	定距测量	定比测量
分类区分(=,≠)	有	有	有	有
次序区分(>,<)	—	有	有	有
距离区分(+,−)	—	—	有	有
比率区分(×,÷)	—	—	—	有

需要注意的是,四种测量层次是一个由低到高、逐渐上升的关系。测量层次越高,研究

---

① 风笑天. 现代社会调查方法[M]. 5版. 武汉:华中科技大学出版社,2015:85.

者获得的信息越丰富,测量越精确,数学特征也就越丰富,因此,高层次测量具有低层次测量的所有功能,既可以测量低层次测量可以测量的内容,也可以测量低层次测量无法测量的内容,而且高层次测量还可以作为低层次测量来处理。所以,研究者在社会测量中往往遵循"就高不就低"的原则。

（三）对社会测量进行评估的标准

评估社会测量的标准有两个,即信度和效度。

1. 信度

信度即测量的可靠性,是指测量工具能否稳定地测量到研究者要测量的指标的程度,或者说是研究者采用同样的测量方法对同一测量对象重复进行测量时所得结果相一致的程度。如果研究者用同样的测量方法对同一测量对象的几次测量的结果都相同,则说明测量的信度很高,反之则说明测量的信度很低。它体现的是测量结果的一致性或稳定性。

信度的基本类型有再测信度、复本信度和折半信度三种。

（1）再测信度。

研究者对同一测量对象在不同的时间点采用同一种测量工具先后测量两次,根据两次测量的结果计算出相关系数,即为再测信度。再测信度是最普遍、最常用的一种信度检验方法,但再测信度由于要先后进行两次测量,所以可能会受到时间因素的影响,即在两次测量之间发生的事件和活动可能会对测量结果产生影响,从而导致再测信度不能真正地反映两次测量的真实情况。

（2）复本信度。

研究者可以将同一套测量工具设计成两个以上的等价复本,根据同一测量对象同时接受两个复本测量的结果,计算出其相关系数,即为复本信度。复本信度要求测量复本必须在形式、内容等方面完全一致,但在实际中这是很难做到的,研究者只能使复本尽可能地相似。

（3）折半信度。

研究者将测量项目增加一倍,所增加的测量项目与前半部分的测量项目在测量内容上是一致的,将两个部分的测量项目按单双数编号,然后根据同一测量对象在一次测量中得到的结果,计算出单双号两组测量项目测量结果的相关系数,即为折半信度。在社会调查只能实施一次的情况下,研究者通常采用折半信度进行检验。折半信度要求前后两个部分的测量内容要尽可能地相似。

2. 效度

效度即测量的准确性,是指测量工具能否准确地测量到它要测量的指标的程度,或者说是能够准确、真实地测量社会现象属性的程度。当测量所测到的正是研究者使用测量工具所希望测量的社会现象时,这一测量就具有效度,反之则是无效度的测量。

效度的基本类型有表面效度、准则效度和结构效度三种。

（1）表面效度。

表面效度也称内容效度或逻辑效度,即研究者所选择的测量项目是否符合测量目的和测量要求,或者说测量的内容或指标与测量目标之间是否具有适合性和逻辑复合性。如研究者测量学生的语文水平,如果用数学出试卷,效度就会较差,因为实际测量出的是学生的数学水平。

(2) 准则效度。

准则效度也称实用效度或经验效度,即研究者使用一种新的测量方式或测量指标进行测量时,需要将原有的测量方式或测量指标作为准则,比较新的测量方式或测量指标与原测量方式或测量指标对同一社会现象的测量结果的相关程度。准则效度反映了新测量工具的有效性,若新测量结果与原测量结果具有相同的效度,效度系数较高,就说明新的测量方式或测量指标具有准则效度。

(3) 结构效度。

结构效度也称构造效度,即研究者通过利用现有的理论或命题来考察测量的效度。结构效度涉及一个理论的关系结构中其他变量的测量。如研究者设计的测量方法是要测量人们的婚姻满意度,假定测量所依据的已有的理论命题为:人们的婚姻满意度越高,越主动做家务。在测量时,研究者同时测量人们的婚姻满意度和主动承担家务的行为,如果测量结果与理论命题相一致,则测量具有结构效度,否则就不具有结构效度。

3. 信度与效度的关系

信度与效度既相互区别又相互联系。一般来说,缺乏信度的测量肯定也是无效度的测量,即有效度的测量必须是具有信度的测量;但信度高的测量并不意味着测量的效度高,也就是说信度高的测量可能是有效度的,也可能是无效度的。同时,研究者在追求测量信度时,往往会在一定程度上损害或降低测量的效度;反之,如果研究者追求测量的效度,也往往会损害测量的信度。一个好的测量应该同时具备信度与效度,能够将效度和信度有机统一,这样才能保证测量结果是可靠的和有用的。

二、操作化与指标设计

(一) 调查课题的操作化

调查课题的操作化就是研究者把调查课题变成可以测量的概念和可以用经验检验的命题的过程。也就是说,调查课题的操作化主要是概念的操作化与命题的操作化。由于命题是关于一个概念或一组、一系列概念的陈述,所以,调查课题操作化的关键是概念的操作化。

概念的操作化就是研究者将所测量的抽象的概念转化为外在的、可以具体测量的指标的过程。所谓概念,就是人们在主观上对某一类事物属性的反映。概念是对现象的抽象,概念越抽象,其涵盖面就越大,具有一个以上取值的概念也可以称为变量。所谓指标,是指研究者用一组可以观察到的事物表示一个概念或变量。

从特点上来看,概念是抽象的,而指标是具体的;概念是主观的,而指标是客观存在的具体事物;概念只可以想象,而指标可以具体观察和测量。概念、变量和指标三者之间既相互联系又相互区别。

操作化是社会调查由理论到实际、由抽象到具体的桥梁,只有通过操作化,研究者构建的概念和理论才能转换为能够看得见、摸得着的社会现实。

(二) 调查指标的设计应遵循的原则

调查指标的设计必须遵循以下五个原则:

1. 客观性原则

客观性原则,即调查指标的设计必须符合社会客观实际,具有科学依据。

2. 完整性原则

完整性原则,即调查指标的设计必须全面、正确地反映调查对象的整体状况,或者说调查指标的设计既要穷尽所有的可能性,又要避免重复,做到相互排斥。

3. 准确性原则

准确性原则,即调查指标的设计应具有明确的定义和计算方法,以确保指标测量的准确无误。

4. 可能性原则

可能性原则,即调查指标的设计必须考虑实际调查的可能性,不能是调查对象不愿回答或无法准确回答的问题。

5. 简明性原则

简明性原则,即调查指标的设计要简单明了,对于可有可无的调查指标研究者可以删除,调查指标的多少以能够说明问题为宜,并非越多越好。

(三) 调查课题操作化的方法

1. 概念操作化的方法

概念操作化就是研究者把比较抽象的概念转变为在经验层次上可以具体测量的指标。概念操作化的过程主要包括两个方面的工作:一是概念的澄清与界定,二是发展测量指标。

(1) 概念的澄清与界定。

概念的澄清与界定也称概念化过程,即研究者弄清概念的定义范围,并对概念进行明确界定的过程。在这一过程中,研究者首先要弄清楚概念的定义范围,即在对调查课题的核心概念进行明确界定之前,通过查阅字典、文献等方式,了解概念已有的不同定义和界定,形成对概念范围的总体理解和把握。其次,研究者要确定一个定义,即在总结出各种定义中最具共同性的元素后,根据调查课题的需要确定概念的定义。在进行概念定义的选择时,研究者既可以直接从现有的各种定义中确定一个自认为比较科学、确切的定义,也可以在现有定义的基础上自己创造出一个新的定义。研究者可以根据社会调查的具体需要,选择最适合调查目的的定义方式。

(2) 发展测量指标。

发展测量指标也称操作化过程,即研究者列出概念的维度并建立测量指标的过程。在这一过程中,研究者首先要列出概念的维度,即列出某个抽象概念在现实生活中具体表现的各个方面或层面,这是建立概念的测量指标的基础。其次,研究者要发展出概念的测量指标,并对测量指标进行归类和筛选。研究者在选择测量指标时可以寻找和利用前人已有的测量指标,或在其基础上根据调查课题的需要进行一定的修正和补充,也可以根据前期的探索性调查结果自己发展测量指标。

2. 命题操作化的方法

命题操作化就是研究者把比较抽象的理论命题转化为在经验层次上可以直接检验的具

体假设的过程。所谓命题,是指关于几个概念的特征或多个概念之间关系的陈述。所谓假设,是指一种可用经验事实检验的关于有关变量之间关系的尝试性陈述。命题是由抽象概念组成的,而假设是由经验变量构成的。如"父母缺位的儿童幸福感低"就是一个命题,陈述的是"父母缺位"和"儿童幸福感"之间的关系,而"父母陪伴的时间与儿童在幸福量表上的得分相关"则是一个描述"父母陪伴的时间"与"幸福量表上的得分"之间关系的假设。

由于命题是由若干个概念组成的,因此,命题操作化建立在概念操作化的基础上。调查课题的操作化的具体步骤是:第一,研究者根据有关理论提出命题,并将命题中的核心概念进行概念操作化,将其转化为可以直接测量的经验变量;第二,研究者将抽象层次上由概念组成的命题转化为由经验变量组成的具体假设,从而完成命题操作化。

三、调查案例

对大学生"创新能力"的概念操作化[①]

(一) 界定概念

大学生创新能力体现了大学生意识、思维、知识、技术、能力的综合发展,包括创新意识、创新素养、创新思维、创新学习、创新技能等方面。

(二) 列出概念维度和发展指标

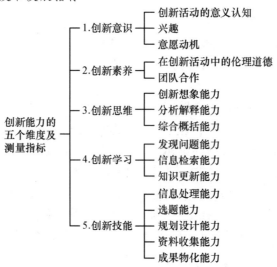

四、问题探讨

(1) 什么是社会测量?
(2) 社会测量的层次有哪些?
(3) 如何进行社会测量的评估?
(4) 什么是测量的信度和效度?

---

① 于莉,崔金海,曹丽莉. 在研究性教学中培养大学生创新能力的实证研究[J]. 当代教育科学,2014(5):28—32.

（5）什么是调查课题的操作化？

（6）调查指标的设计应遵循的原则有哪些？

（7）调查课题操作化的方法是什么？

五、小结：知识梳理

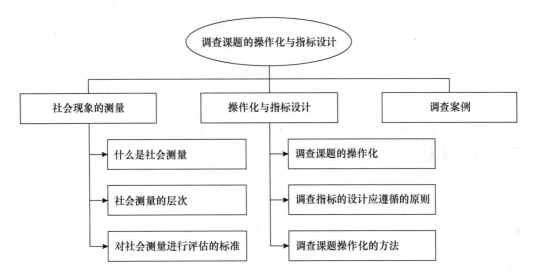

任务六

概率抽样

能力目标

1. 掌握概率抽样的含义、应遵循的原则以及操作步骤。
2. 掌握常用的概率抽样的方法。
3. 具备概率抽样的设计能力。
4. 具备根据调查需要恰当地确定样本规模的能力。
5. 具备运用各种概率抽样的方法实施样本抽样的能力。
6. 具备对样本进行质量评估的能力。

调查案例

"A高校大学生就业意愿的调查"的抽样设计。

具体任务

1. 根据调查课题的需要确定抽样规模、抽样方法。
2. 撰写概率抽样方案。
3. 根据抽样方案抽取样本。
4. 对抽取的样本进行质量评估。

实训步骤

1. 讨论概率抽样的总体、抽样方法、样本规模,确定抽样策略。

2. 根据讨论结果,撰写抽样方案。

3. 根据抽样方案,实施概率抽样,抽取样本。

4. 评估样本的质量。

一、概率抽样概述

（一）什么是概率抽样

抽样是一种选择调查对象的程序和方法,是社会调查的一个重要步骤。作为人们从部分认识整体这一过程的关键环节,抽样的基本作用就是向人们提供一种实现"由部分认识总体"的途径和手段。根据抽取对象的具体方式的不同,抽样可以分为概率抽样和非概率抽样,由于非概率抽样在本项目任务四中已经作了详细的介绍,所以本任务讨论的是概率抽样。

概率抽样又称随机抽样,是指研究者依据概率论的基本原理,按照等概率原则进行的抽样。这种抽样方法可以使总体中的每一个元素都具有相同的概率被抽取并进入样本,因而它能够避免抽样过程中的人为误差,以保证样本的代表性。想要理解概率抽样,我们还必须同时掌握以下几个相互关联的概念。

1. 总体与元素

总体是被研究对象的总和,或者说是构成它的所有元素的集合。元素则是指构成总体的最基本单位。在社会调查中,最常见的总体是由社会中的某些个人组成的,这些个人便是构成总体的元素。如在有关某高校大学毕业生就业情况的社会调查中,该校的每个毕业生都是构成总体的元素,而该校所有的毕业生的集合就是社会调查的总体。

2. 样本

样本是指研究者从总体中按一定的方式抽取出来的一部分元素的集合。如研究者从某高校的大学生总体中按一定的方式抽取出 300 名大学生进行调查,这 300 名大学生就构成该总体的一个样本。

3. 抽样

抽样是指研究者从某个总体中按照一定的方式选择或抽取一部分元素构成样本的过程。如研究者从某高校 8000 名在校大学生所构成的总体中按一定的方式抽取 500 名大学生作为调查样本的过程就是抽样。

4. 抽样单位

抽样单位是指研究者进行一次直接的抽样所使用的基本单位。如研究者从某高校的大学生总体中按一定的方式抽取出 300 名大学生作为样本,其抽样单位就是大学生个体;而如果研究者要从该高校抽取 10 个班的学生作为调查样本时,其抽样单位就是班级。由此可见,抽样单位与构成总体的元素可以是相同的,也可以是不同的。

5. 抽样框

抽样框又称抽样范围,是指研究者进行一次直接抽样时总体中所有抽样单位的名单。如研究者从某高校全体在校学生中直接抽取 300 名大学生作为调查样本,那么该校全体在校大学生的名单就是这次抽样的抽样框。如果研究者要从该校抽取 10 个班的学生作为调查样本,那么这时的抽样框就是该校所有班级的名单。

6. 参数值

参数值又称总体值,是指关于总体中某一变量的综合描述。参数值只有研究者对总体中的每一个元素都进行调查后才能得到。在统计中,最常见的参数值是总体某一变量的平均值,比如某市居民的年平均收入就是关于该市居民这一总体在收入这一变量上的综合描述。

7. 统计值

统计值又称样本值,是指关于样本中某一变量的综合描述。统计值是从样本中计算出来的,它是相应的参数值的估计量。如样本平均值是通过调查样本中的每一个元素而计算出来的,它是总体平均值的估计量。

(二)概率抽样应遵循的原则

概率抽样必须按照等概率原则,依据概率论的基本原理进行抽样,这样可以使总体中的每一个元素都具有相同的概率被抽取并进入样本,从而避免抽样过程中的人为误差,以保证样本的代表性。

概率抽样要求总体中的每一个元素都有同等的机会入选样本,而且任何一个元素的入选与否都与其他元素毫不相关。也就是说,在概率抽样中,每一个元素的抽取都是相互独立的随机事件。正是由于各种随机事件的发生都存在着客观的概率,所以概率抽样能够很好地按总体内在结构中所蕴含的各种随机事件的概率来构成样本,使样本成为总体的缩影,从而保证样本对总体的代表性,使概率抽样可以实现通过对样本的统计值的描述来准确地勾画出总体的面貌,并且对这种勾画的准确程度做出估计。

(三)概率抽样的操作步骤

一般来说,不同的概率抽样方法有不同的操作要求,但它们通常都要经历以下五个步骤。

1. 界定总体

界定总体就是在具体抽样前,研究者首先对从中抽取样本的总体范围与界限做出明确的界定。界定总体是达到良好的抽样效果的前提条件,研究者要想有效地进行抽样,就必须事先了解和掌握总体的结构及各方面的情况,并依据研究目的明确地界定总体的范围。此外,样本必须取自明确界定后的总体,样本中所得的结果才能推广到最初已做出明确界定的总体范围中。

2. 制定抽样框

在进行概率抽样前,研究者需要依据明确界定的总体范围,收集总体中全部抽样单位的名单,并对名单进行统一编号,从而建立供研究者进行概率抽样的抽样框。需要注意的是,如果抽样是分几个阶段、在几个不同的层次上进行时,那么研究者要分别建立起几个不同的抽样框。

3. 决定抽样方法

概率抽样包括多种不同类型的抽样方法,每种不同的抽样方法都有各自的特点和适用范围,对于具有不同调查目的、不同调查范围、不同调查对象和不同客观条件的社会调查来说,研究者所使用的抽样方法也不一样。因此,在具体实施抽样之前,研究者需要依据社会调查的目的、要求,依据各种抽样方法的特点,以及其他相关因素来决定具体采用哪种抽样方法。除了确定抽样方法,研究者还要根据社会调查的要求确定样本的规模以及通过样本进行推论的精确程度。

4. 实际抽取样本

实际抽取样本就是研究者在上述工作的基础上,严格按照所选定的抽样方法,从抽样框中抽取抽样单位,构成调查样本的过程。依据抽样方法的不同,以及研究者是否可以事先得到抽样框等因素,实际抽取样本既可以在实地研究前进行,也可以在研究者到达实地后进行。

如果社会调查的总体规模不是很大,而且研究者很容易找到调查总体的花名册制定抽样框,那么就可以事先从抽样框中抽取样本,然后等其他的准备工作均已做好,在正式开始社会调查时,再按照预先已抽好的样本名单找到调查对象进行调查。

如果社会调查的总体规模较大,而且抽样是研究者采取多阶段的方式进行的,那么研究者就可能要采取边抽样边调查的方式抽取样本。在实地抽取样本时,调查员应直接按预先制定好的操作方式或具体方法执行。如调查员要抽取居民家庭时,往往是先抽取居委会,然后将具体的操作方式确定为"楼房按单元抽,一个单元抽一户;平房按排抽,一排抽一户。这两种抽样都采取简单随机抽样的方法,每个调查员随身带20张写好号码的小纸片装在口袋中,抽到什么号码就调查该号码所对应的家庭"。这样,调查员就可以边抽样边调查了。

5. 评估样本的质量

样本的抽取并不是抽样过程的结束,完整的抽样过程还应包括在样本抽取后对样本进行评估的工作。所谓样本评估,是指研究者对样本的质量、代表性、偏差等进行初步的检验和衡量,其目的是防止由于样本的偏差过大而导致社会调查的失误。

研究者评估样本的质量的基本方法是:将可以得到的反映总体中某些重要特征及其分布的资料与样本中的同类指标的调查资料进行对比。若二者之间的差别很小,则可以认为样本的质量较高,代表性较大;若二者之间的差别十分明显,那么样本的质量就一定不会很高,代表性也不会很大。

二、概率抽样的基本技能

(一) 样本规模

1. 样本规模与抽样误差的关系

样本规模又称样本容量,是指样本所包含的元素的多少。研究者讨论样本规模的大小,主要是为了尽可能减少抽样误差,以保证调查结果的准确性。

抽样误差是用统计值估计参数值时所出现的误差,它是由样本本身的随机性所引起的误差,而不是在记录、填答、汇总等工作中所出现的度量误差。抽样误差是抽样调查中不可避免的误差,但是抽样误差的大小可以在抽样设计中事先进行控制。

抽样误差的大小主要取决于样本规模和总体分布的方差,研究者一般可以通过两种方式来减少抽样误差：

（1）通过增加样本规模降低抽样误差。如在简单随机抽样中,研究者通过扩大样本规模可以降低统计值的波动程度,从而达到降低抽样误差的目的。

（2）通过缩小总体分布的方差降低抽样误差。如在分层抽样中,通过将总体划分为不同的类别或层次,缩小总体的异质性程度或分布的方差,既使总体的不同类别或层次在样本中都有代表,又使抽样误差中不存在层间变差成分,只存在层内变差成分,其效果相当于缩小了总体分布的方差,从而降低了统计值的随机波动程度,提高了统计值估计参数值的精确度。

有关样本规模与抽样误差之间的关系问题,研究者还应该注意以下两个方面：

第一,对于样本规模比较小的样本来说,样本规模小幅度的增加会使精确性显著提升。如当样本规模从 100 个增加到 156 个时(仅仅增加了 56 个个案),抽样误差就由 10％下降到 8％。

第二,对于样本规模比较大的样本来说,同样增加这些个案,却收效甚微,抽样误差没有明显的变化。如研究者想使抽样误差从 2％下降到 1.5％,则需要增加 2000 个个案。因此,社会调查中通常将样本规模限制在 2000 个之内,因为当样本规模超过了这一数量时,花费在增加的样本规模上的人力、物力,相对于所增加的精确性来说,就有些得不偿失。

2. 影响样本规模确定的因素

在社会调查中,样本规模的确定主要受总体的规模,推论的可靠性与精确性,总体的异质性程度,研究者所拥有的经费、人力和时间等因素的影响。

（1）总体的规模。

一般来说,调查总体的规模越大,则要求的样本规模也就越大,这样才能保证调查结果的准确性。但是,当总体的规模大到一定程度时,样本规模的增加并不与总体规模保持同等的增长速度。如图 1-3 所示,在其他相关因素一定的条件下,样本规模的增加速度大大低于总体规模的增加速度,即当总体规模达到一定程度时,样本规模的改变量是很小的。

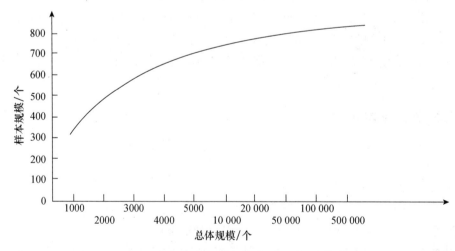

图 1-3　不同的总体规模所需的样本量[①]

注：在 95％的置信度、±3％的置信区间和参数值以 50％的比例均分的条件下。

[①] 林楠.社会研究方法[M].北京：农村读物出版社,1987：182.

(2) 推论的可靠性与精确性。

抽样的目的是要从样本推论总体。在统计分析中,研究者常常用置信度和置信区间来反映推论的可靠性和精确性。置信度又称置信水平,表示参数值落在统计值某一区间的概率。置信度反映的是推论的可靠性程度。一般来说,置信度越高,推论的可靠性就越大。置信区间,即讨论置信度时所谈到的"某一区间",它反映的是在一定的置信度下,统计值与参数值之间的误差范围。误差范围越大,精确性程度越低;反之,误差范围越小,精确性程度越高。因而,置信度反映的是推论的精确性程度。

样本规模的确定往往与通过样本推论总体的可靠性和精确性密切相关。通常,在其他条件一定的情况下,置信度越高,推论的把握性越大,则所要求的样本规模就越大。如99%的置信度所要求的样本规模就比95%的置信度所要求的样本规模要大。此外,在其他条件一定的情况下,置信区间越小,统计值与参数值之间的误差范围越小,则所要求的样本规模就越大。如对一个总数为20 000个的总体,置信度确定为95%时,若置信区间为±5%,则需要377个样本;若置信区间为±4%,则需要583个样本;而置信区间为±1%时,则需要6849个样本,此时的样本规模已相当于总体规模的1/3。

(3) 总体的异质性程度。

一般来说,总体的同质性程度越高,其在各种变量上的分布越集中,波动性越小,同样规模的样本对总体的反映就越准确;总体的异质性程度越高,在各种变量上的分布越分散,波动性越大,同样规模的样本对总体的反映就会越差。因此,研究者要想达到同样的精确性,在同质性程度高的总体中抽样时,所需要的样本规模就小一些;而在异质性程度高的总体中抽样时,所需要的样本规模就大一些。

同时,当选择两种不同回答的成员所占的比例相差较大时,如70%的成员选择甲,30%的成员选择乙,则所需要的样本规模要小一些;而当选择两种不同回答的成员所占的比例相差不大时,如选择甲、乙的比例都为50%左右时,则所需要的样本规模最大。表1-5反映的就是这种差别。

表1-5 根据总体的同质性程度和精确性要求所需要的样本规模①

单位:个

容许的抽样误差(%)	所期望的给予特定回答的总体百分比(%)					
	5/95	10/90	20/80	30/70	40/60	50/50
1	1900	3600	6400	8400	9600	10 000
2	479	900	1600	2100	2400	2500
3	211	400	711	933	1066	1100
4	119	225	400	525	600	625
5	76	144	256	336	370	400
6	—	100	178	233	267	277
7	—	73	131	171	192	204
8	—	—	100	131	150	156
9	—	—	79	104	117	123
10	—	—	—	84	96	100

① DE VAUS D. Surveys in Social Research[M]. London: George Allen & Unwin Ltd, 1986: 65.

(4) 研究者所拥有的经费、人力和时间。

研究者所拥有的经费、人力和时间也会对样本规模的大小产生影响。如果从样本的代表性、抽样的精确性方面考虑,样本规模应该是越大越好。但是,样本规模越大,就意味着社会调查所需要投入的人力、物力和时间越多,调查可能受到的限制和障碍也就越多。因此,从社会调查的可行性、简便性方面考虑,样本规模则是越小越好。因此,研究者所拥有的经费、人力和时间也是确定样本规模时需要考虑的一个重要因素。

一般在进行非正式的或要求不高的社会调查时,只需要达到小型调查类的样本规模,通常样本为100—300个。如果进行正式的社会调查则需要达到中型调查类的样本规模,样本通常为300—1000个。由于这种样本规模兼顾到样本的误差和研究者的资源条件等多方面因素,因此,目前的社会调查实践中多采用这一类的样本规模。在全国性的社会调查项目中,往往需要大型调查类的样本规模,样本一般为1000—3000个。①

3. 样本规模的确定

(1) 大样本规模的最低限度。

统计学上通常以30个为界,将含有30个以上个案的样本称为大样本,将含有30个以下个案的样本称为小样本。当样本符合大样本规模时,无论总体的分布如何,其平均数的抽样分布都将接近于正态分布,从而使许多统计学的公式可以得到运用,也可以用样本的资料对总体进行推论。但是,在实际的社会调查中,30个个案的样本并不能满足研究者的需要。一般来说,社会调查中的样本规模不能少于100个个案。因为,在实际的社会调查中,研究者往往要将样本中的个案按照不同的指标进行分类研究,为了保证每一类别中的样本都能达到统计分析的要求,研究者就必须扩大整个样本的规模。

(2) 样本规模的计算公式。

在简单随机抽样中,推论总体均值的样本规模的计算公式为:

$$n=\frac{t^2\times\sigma^2}{e^2} \tag{1-1}$$

式中,t 为置信度所对应的临界值;

σ 为总体标准差;

e 为抽样误差。

推论总体成数(或百分比)的样本规模的计算公式为:

$$n=\frac{t^2\times p(1-p)}{e^2} \tag{1-2}$$

式中,p 为总体的成数(或百分比);

t 为置信度所对应的临界值;

e 为抽样误差。

在上述计算公式中,t 可以从标准正态分布表中查出;e 是研究者根据需要事先确定的,但是总体的标准差、成数或百分比却往往难以得到。因此,在实际抽样的过程中,研究者往往无法直接运用上述公式计算所需的样本规模,而只能采取变通的办法。

---

① 风笑天. 社会研究方法[M]. 5版. 北京:中国人民大学出版社,2018:149.

例如,研究者利用前人所做的关于同一总体的普查或抽样调查资料来计算或估计总体方差,由此得出推论总体均值的样本规模。

在推论总体成数(或百分比)的样本规模时,由于 $p(1-p)$ 在 $p=0.5$ 时达到最大值,因此,即使研究者不知道 p 值,也可以采取比较保险的办法,取 $p=0.5$,则 $p(1-p)=0.25=1/4$,则 $n=\dfrac{t^2\times p(1-p)}{e^2}=\dfrac{t^2}{4e^2}$,它可以保证样本规模足够大。

表 1-6 是根据上述公式计算出的在 95% 的置信度($t=1.96$)条件下的最小样本规模。(表 1-6 中为了计算简便,取 $t=2$。)

对于复杂抽样,要想达到相同的精度,研究者需要乘以抽样的设计效应(deff)。根据经验,通常取 deff 为 1.8 或取 2,当然也可以取 2.5 等。deff 取的值越大,那么需要的样本规模也就越大。例如,按照表 1-6 所示,5% 的抽样误差所要求的样本规模是 400 个,而取 deff 为 1.8 时的实际样本规模则是 $400\times1.8=720$ 个;取 deff 为 2 时的实际样本规模则是 $400\times2=800$ 个。

表 1-6 95% 置信度下不同抽样误差所需的样本规模①

抽样误差 e/%	样本规模/个	抽样误差 e/%	样本规模/个
1	10 000	6	277
1.5	4500	6.5	237
2	2500	7	204
2.5	1600	7.5	178
3	1100	8	156
3.5	816	8.5	138
4	625	9	123
4.5	494	9.5	110
5	400	10	100
5.5	330		

(二)概率抽样

概率抽样要求样本的抽取具有随机性。所谓随机性,是指总体中的每一个成员都具有同等的被抽中的可能性,或者说,总体中的每一个成员被抽中的概率相等。概率抽样有许多不同的形式,其中常用的概率抽样的方法有以下五种:

1. 简单随机抽样

简单随机抽样又称纯随机抽样,是概率抽样的最基本形式。它是指研究者按等概率原则直接从含有 N 个元素的总体中随机抽取 n 个元素组成样本的一种抽样方法。简单随机抽样的操作方法有抽签法和随机数表法两种。

(1)抽签法。

抽签法就是研究者把总体的每一个元素都编号,将这些号码写在一张张小纸条上,然后放入容器中,搅拌均匀后从中任意抽取,直到抽够预定的样本数量。这样,由抽中的号码所

---

① DE VAUS D. Surveys in Social Research[M]. London: George Allen & Unwin Ltd, 1986: 63.

代表的元素组成的就是一个简单随机样本。这种抽签方法简便易学,但是当总体元素很多时,写号码的工作量就很大,搅拌均匀也不容易,因而这种方法往往在总体元素较少时使用。

(2) 随机数表法。

对于总体元素很多的社会调查,研究者通常采用随机数表来抽样。随机数表也称乱数表,表中的数码和排列都是随机形成的,没有任何规律性。研究者利用随机数表进行抽样的具体步骤是:

① 先获得一份总体所有元素的名单,即抽样框;
② 将总体中所有的元素一一按顺序编号;
③ 根据总体规模是几位数来确定从随机数表中选几位数码;
④ 以总体的规模为标准,对随机数表中的数码逐一进行衡量并决定取舍;
⑤ 根据样本规模的要求选择出足够的数码个数;
⑥ 依据从随机数表中选出的数码,到抽样框中去找出它所对应的元素。

研究者按上述步骤选择出来的元素的集合就是所需要的样本。

例如,某一总体共有 4000 个人(4 位数),需要从中抽取 200 个人作为样本进行调查。首先,研究者要取得一份总体成员的名单;然后对总体中的每个人从 1—4000 进行编号;再根据总体的规模,从随机数表中选择 4 位数,具体的选法是从随机数表中的任意一行和任意一列的某一个 4 位数开始,按照从左到右的顺序(或者从上到下、从下到上的顺序),以 4000 为标准,对随机数表中依次出现的每个 4 位数进行取舍。例如,凡是前四位数小于或等于 4000 的数码就选出来,凡是大于 4000 的数码以及已经选出的数码就不要,直到选够 200 个数码为止(参见表 1-7);最后按照所抽取的数码,从总体名单中找到它们所对应的 200 个成员,这 200 个成员就构成一个随机样本。

表 1-7 随机数表抽样

随机数表中的数码	选用的数码	不选用的原因
7689736494		7689 大于 4000
2753872753	2753	
9758950909		9758 大于 4000
0885744633	0885	
9361094844		9361 大于 4000
3724985756	3729	
1572840603	1572	
……	……	……

2. 系统抽样

系统抽样又称等距抽样或机械抽样,是指研究者把总体的单位进行编号排序后,计算出某种间隔,然后按这一固定的间隔抽取元素的号码来组成样本的一种抽样方法。系统抽样也需要有完整的抽样框,样本的抽取也是直接从总体中抽取元素,而无其他中间环节。

研究者进行系统抽样的操作方法是:

(1) 将总体中的所有元素按一定的顺序排号,编制出抽样框。

(2) 计算抽样间距。其计算方法是用总体规模除以样本规模,即 K(抽样间距)$=N$(总体规模)$/n$(样本规模)。

(3) 在最前面的 K 个元素中,用简单随机抽样的方法抽取一个元素,设其序号为 A。

(4) 自 A 开始,每隔 K 个元素抽取一个元素,则陆续抽取的元素所在位置序号为 A, $A+K$,$A+2K$,$\cdots$,$A+(n-1)K$。

(5) 将这 n 个元素集合起来就构成了该总体的一个样本。

例如,A 大学有 12 000 名学生,采用系统抽样的方法抽取 200 名学生作为样本。研究者先将 12 000 名学生随机编号,制定出抽样框;然后计算抽样间距 $K=12\,000/200=60$;再用简单随机抽样的方法在前 60 名学生中抽出第一名学生,设其序号为 12,则第二名学生的序号为 12+60,即第 72 号学生,第三名学生的序号应是(12+2×60),即为第 132 号学生⋯⋯也就是说,每隔 60 人抽取一个,直至抽足 200 名学生为止。若抽到最后仍不能满足样本所要求的数目时,研究者可以再从头累积抽取。如本例中的 12 000 名学生抽完后还差一名学生,即第 199 号学生的号码是 11 952 号,再加上 60 变为 12 012 号,已超过 12 000,这时从头累加应为第 12 号学生,但第 12 号学生已被抽去,因此,递推选第 13 号学生为第 200 个访问对象。

系统抽样是以总体的随机排列为前提的,如果总体的排列出现有规律分布时就会使系统抽样产生极大的误差,降低了样本的代表性。例如,部队的名单一般是以班为单位排列的,10 个人为一班,第一名为班长,最后一名是副班长。若抽样距离也是 10 人时,则样本均由正、副班长或均由战士组成,就失去了代表性。因此,在使用系统抽样时,研究者一定要仔细考察总体的排列状况和抽样距离,若原有的排列次序有可能导致抽样失败,就应该打乱原有的排列次序或改用其他的抽样方法。

3. 分层抽样

分层抽样又称类型抽样,是指研究者先将总体依照某一种或几种特性分为几个子总体,每个子总体称为一层,然后从每一层中随机抽取一个子样本,最后将这些子样本合在一起作为总体的样本的抽样方法。

研究者进行分层抽样的操作方法是:

(1) 将总体中的所有元素按某种特征或标志(如性别、年龄、职业或地域等)划分成若干类型或层次;

(2) 在各个类型或层次中采用简单随机抽样或系统抽样的方法抽取一个子样本;

(3) 将这些子样本合起来构成总体的样本。

例如,A 企业有 2000 人,研究者欲抽取 100 人进行调查。采用分层抽样时,研究者可以按性别先把总体分为男职工和女职工两大类;然后,采用简单随机抽样或系统抽样的方法,分别抽取 50 名男职工和 50 名女职工;由这 100 名职工所构成的就是一个由分层抽样所得到的样本。此外,研究者也可以按年龄把总体分为青年、中年、老年三层;或同时按年龄和性别分为六层,即青年男工、青年女工、中年男工、中年女工、老年男工、老年女工;还可以按工人、干部、技术人员分层,或者按车间分层等。

在实际运用分层抽样的方法时,研究者需要考虑下列两个问题:

（1）研究者要考虑分层的标准问题。

同一个总体可以按照不同的标准进行分层，研究者选择分层标准的原则如下：

第一，以所要分析和研究的主要变量或相关的变量作为分层的标准，如研究者想要研究居民的消费状况和消费趋向，可以以居民家庭人均收入作为分层标准；

第二，以保证各层内部同质性强、各层之间异质性强、突出总体内在结构的变量作为分层变量，如研究者在工厂进行调查，可以以工作性质作为分层标准，将全厂职工分为干部、工人、技术人员、勤杂人员等几类来进行抽样；

第三，以那些已有明显层次区分的变量作为分层变量，如性别、年龄、文化程度、职业等就经常被用作分层的标准。

（2）研究者要考虑分层的比例问题。

分层抽样中有按比例分层和不按比例分层两种方法。按比例分层抽样，是指研究者按各种类型或层次中的单位数目与总体单位数目之间的比例来抽取子样本的方法。例如，A公司有工人600人，按性别分层则有男工500人、女工100人，两类工人人数的比例为5∶1。若研究者想要抽取60人作样本，按比例的抽样就是根据上述比例，分别从500名男工中随机抽取50人，从100名女工中随机抽取10人。这样，样本中男工、女工之比也为5∶1，样本的性别结构是总体中性别结构的缩影。

但是，有时总体中有的类型或层次的单位数目太少，若按比例分层的方法进行抽样，那么有的层次在样本中的个案太少，不便于了解各个层次的情况，这时往往要采取不按比例抽样的方法。例如，在上例中，研究者可以在500名男工中抽取30人，在100名女工中也抽取30人。这样，样本就能很好地反映出男、女两类工人的一般状况，研究者也能很好地对男、女两类工人的情况进行比较和分析。需要注意的是，采用不按比例分层抽样的方法时，研究者用样本资料推论总体时，需要先对各层的数据资料进行加权处理，使数据资料恢复到总体中各层实际的比例结构，否则就会导致推断的偏误。

4. 整群抽样

整群抽样的抽样单位不是单个的元素，而是成群的元素。整体抽样是指从总体中随机抽取一些小的群体，然后由所抽出的若干个小群体内的所有元素构成调查的样本的抽样方法。

研究者进行整群抽样的操作方法是：

（1）将总体按照某种标准划分为一些子群体，每个子群体作为一个抽样单位，这种小的群体可以是居民家庭、学校中的班级，也可以是工厂中的车间，还可以是城市中的居委会等；

（2）采用简单随机抽样、系统抽样或分层抽样的方法从总体中抽取若干子群体；

（3）将抽出的子群中所有的元素合在一起构成调查样本。

例如，A企业有100个班组，每个班组有职工100人，共有职工10 000人，研究者准备从中抽1000名职工作调查。首先，研究者以班组作为抽样单位，将总体分为100个子群；然后采用简单随机抽样的方法，从100个班组中随机抽取10个班组；将抽取出的这10个班组的全部职工合在一起就构成调查样本。

由于在整群抽样中只选择某几个子群作为整体的代表，如果子群之间的差异显著，且每个子群内的同质性很高,那么在这种情况下,抽取的子样本显然无法代表总体。因此,整群抽样的分群应以群间异质性低、群内异质性高为标准,最大限度地增大各子群中元素的差异性。

5. 多段抽样

多段抽样又称多级抽样或分段抽样,是指研究者按抽样元素的隶属关系或层次关系,把抽样过程分为几个阶段进行的抽样方法。当调查总体的规模特别大或者总体分布的范围特别广时,研究者一般采用多段抽样的方法来抽取样本。

研究者进行多段抽样的操作方法是:

(1) 先用整群抽样的方法从总体中随机抽取若干个大群(组);

(2) 然后再从这几个大群(组)内抽取几个小群(组);

(3) 这样一层层抽取下来,直至抽到最基本的抽样元素为止。

例如,研究者调查 A 市中学生的状况,需要从全市中学生这一总体中抽取样本。研究者可以把抽样过程分为三个阶段进行:第一阶段,以学校为单位抽样,即以全市所有的中学为抽样框,从中随机抽取一部分中学;第二阶段,在抽中的学校里,以班级为单位进行抽样,即从全部班级中抽取若干个班级;第三阶段,再在抽中的班级内抽取学生,构成样本。在上述每个阶段的抽样中,研究者都要采用简单随机抽样、系统抽样或分层抽样的方法进行。

在运用多段抽样方法时,研究者要注意在类别和元素之间保持平衡,或者说要保持合适的比例。例如,假设 B 市共有 30 000 名教师,他们分布在全市 10 个区的 300 所学校中。现在研究者要抽取一个由 1200 名教师组成的样本。如果按照三个阶段抽样的方法,研究者可以有下列各种不同的抽样选择(参见表 1-8)[1]。

表 1-8 各阶段的抽样选择

方案	第一阶段	第二阶段	第三阶段
方案 1	抽 10 个区	抽 4 所学校	每所学校抽 30 名教师
方案 2	抽 2 个区	抽 20 所学校	每所学校抽 30 名教师
方案 3	抽 10 个区	抽 20 所学校	每所学校抽 6 名教师
方案 4	抽 8 个区	抽 15 所学校	每所学校抽 10 名教师
方案 5	抽 5 个区	抽 12 所学校	每所学校抽 20 名教师
方案 6	抽 4 个区	抽 10 所学校	每所学校抽 30 名教师
方案 7	抽 3 个区	抽 10 所学校	每所学校抽 40 名教师
方案 8	抽 2 个区	抽 10 所学校	每所学校抽 60 名教师
方案 9	抽 1 个区	抽 20 所学校	每所学校抽 60 名教师

研究者对于具体抽样方案的选择主要考虑以下两个方面的因素:

第一,各个抽样阶段中的子总体的同质性程度。

同质性程度越高的子总体,研究者所抽取的规模就应相对小一点;反之,则应大一点。例如,如果 B 市的 10 个区中,属于不同区的学校相互之间的差别很大,那么研究者就应该加大第一个阶段的抽样规模(即应采取方案 1);如果区与区之间的学校在总体上差别不大,而

---

[1] 风笑天. 社会研究方法[M]. 5 版. 北京:中国人民大学出版社,2018:134.

每一个区中不同的学校相互之间却差别很大,那么研究者就应该减小第一个阶段的抽样规模,加大第二个阶段的抽样规模(即应采取方案2);如果区与区之间、学校与学校之间的差别都不大,但是每所学校中教师与教师之间的差别很大,那么研究者就应该尽量加大第三个阶段的抽样规模,而相应地减小第一个阶段和第二个阶段的抽样规模(比如采取方案8或方案9)。

第二,考虑研究者所拥有的人力和经费。

一般来说,在其他条件不变的情况下,样本的覆盖面越大,样本的代表性也就越大。因此,如果研究者仅从这方面来考虑,则"大的类别中抽取单元相对较多,而每一单元中抽取元素相对较少"的做法效果较好(即方案3最好,依次递减,方案9最差)。但是,研究者进行抽样时还应从实践的角度来衡量。抽取的区越多,抽取的学校越多,同时也意味着收集资料时研究者要奔波的范围越广、所需要的时间和经费越多,而这往往是研究者最不愿意看到的。所以,如果从这个方面来考虑,则"大的类别中抽取单元相对较少,而每一单元中抽取的元素相对较多"的做法效果较好(即方案9最好,依次递减,方案3最差)。

多段抽样的方法适用于总体范围特别大、对象的层次特别多的社会调查。由于多段抽样不需要总体的全部名单,各阶段的抽样单位数目一般较少,因而抽样比较容易进行。但是,由于每个阶段的抽样都会产生误差,所以这种抽样方法的误差较大。在同等条件下研究者减少多段抽样所产生的误差的方法是:相对增加初始阶段的样本数而适当减少最后阶段的样本数。所以,当研究者的人力和经费允许时,应尽量扩大初始阶段的抽样规模。对于上例来说,研究者就是要尽可能像方案3、方案4、方案5那样去设计。

三、调查案例

"A高校大学生就业意愿的调查"的抽样设计

(一)确定调查总体

调查总体是A高校全体在校本科生。

(二)确定抽样规模

(1)调查总体规模:A高校共有学生10 000人。

(2)调查总体的异质性分析。

A高校共有12个学院,按学科可以分为文科类学院、理工类学院和艺体类学院,每个学院有大一至大四4个年级,各类型学院及班级情况参见表1-9。

表1-9 A高校各类型学院及班级情况

项目	学院类型		
	文科类	理工类	艺体类
学生	3200人	5000人	1800人
学院	4个	5个	3个
大一到大四各年级情况	每个年级5个班(每班40人)	每个年级5个班(每班50人)	每个年级5个班(每班30人)

(3)本次调查准备抽取的样本规模为1000人。

(三) 确定抽样方案

为了确保样本的代表性,研究者计划在各个学院的各个年级均抽取一定数量的样本。调查采用多段抽样方法,具体的抽样过程如下:

(1) 根据 A 高校有 3 类学院,可以作为 3 个层,故实施分层抽样。研究者先计算每个学院抽取学生的比例,具体的计算方法是:

$$X(每个学院抽取人数的比例)=各学院学生的人数÷该校所有的学生人数$$
$$Y(每个学院抽取的人数)=1000X$$

根据 A 高校文科类学院、理科类学院、艺体类学院分别有 3200 人、5000 人、1800 人,则:

X 分别为 0.32、0.5、0.18;

Y 分别为 320 人、500 人、180 人,即文科类学院抽取 320 人,理科类学院抽取 500 人,艺体类学院抽取 180 人。

(2) 按年级采用分层抽样,确定各年级抽取的学生人数。

文科类学院:每个年级抽取的人数=320÷4=80(人)
理科类学院:每个年级抽取的人数=500÷4=125(人)
艺体类学院:每个年级抽取的人数=180÷4=45(人)

(3) 确定各个学院抽取的人数。

文科类共有 4 个学院,每个学院的每个年级抽取的人数=80÷4=20(人);
理科类共有 5 个学院,每个学院的每个年级抽取的人数=125÷5=25(人);
艺体类共有 3 个学院,每个学院的每个年级抽取的人数=45÷3=15(人)。

(四) 实际抽取样本

根据抽样方案,研究者走访 A 高校的各个学院,收集每个学院大一到大四年级的学生名单,分别对各学院每个年级的学生名单进行编号,制作抽样框。

在 4 个文科类学院,研究者采用简单随机抽样的方法,各学院每个年级随机抽取 20 名学生,4 个年级共抽取 80 名学生,这样在 4 个文科类学院共获得 320 个样本。

在 5 个理科类学院,研究者采用简单随机抽样的方法,各学院每个年级随机抽取 25 名学生,4 个年级共抽取 100 名学生,这样在 5 个理科类学院共获得 500 个样本。

在 3 个艺体类学院,研究者采用简单随机抽样的方法,各学院每个年级随机抽取 15 名学生,4 个年级共抽取 60 名学生,这样在 3 个艺体类学院共获得 180 个样本。

研究者将这三类学院抽取的样本进行汇总=320+500+180=1000(人),即得到 1000 名学生样本。

四、问题探讨

(1) 什么是概率抽样?
(2) 样本规模与抽样误差的关系是什么?
(3) 影响样本规模确定的因素有哪些?
(4) 常用的概率抽样的方法有哪些?

五、小结：知识梳理

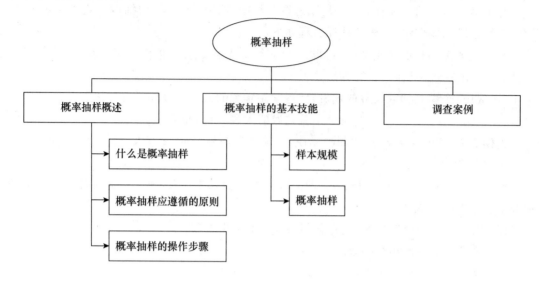

任务七

调查资料的收集

能力目标

1. 掌握自填问卷法和结构访问法。
2. 掌握调查资料收集的方法和技巧。
3. 具备设计调查资料收集方案的能力。
4. 具备运用恰当的方法和技巧收集调查资料的能力。

调查案例

"A市社区居民道德状况调查"的资料收集方案。

具体任务

1. 根据调查需要和调查对象的特征,确定调查资料收集的方法。
2. 撰写调查资料收集方案。
3. 组织调查员的培训。
4. 根据调查资料收集方案,实施调查资料的收集工作。

实训步骤

1. 讨论调查资料收集的方法和步骤。
2. 确定人员分工、时间进度和物资使用计划。
3. 根据讨论结果,撰写调查资料收集方案。

4. 根据调查资料收集方案,运用恰当的方法收集调查资料。

一、调查资料收集的方法

调查资料的收集是社会调查中最复杂、最辛苦,也是最吸引人的工作。调查资料收集工作的质量会直接影响社会调查的结果,同时研究者在调查设计阶段所进行的各种思考、所做出的各种决策、所制订的各种方案都将在实际的调查资料收集过程中得到检验和实施。

社会调查中的资料收集方法主要有两种:一是自填问卷法,二是结构访问法。

(一) 什么是自填问卷法

自填问卷法是指研究者将调查问卷发送或邮寄给调查对象,由调查对象自己阅读和填答,然后再由研究者收回的一种资料收集方法。自填问卷法主要以调查问卷为中介进行资料收集,是社会调查中一种常见的资料收集方法,也是现代社会调查中研究者最常使用的一种资料收集方法。

1. 自填问卷法的优点

(1) 由于自填问卷法使用调查问卷作为资料收集的中介,因此可以在较短的时间内同时对很多调查对象的情况进行调查,具有节省时间、经费和人力的优点。

(2) 自填问卷法可以在研究者不在场的情况下进行,由调查对象独自填答调查问卷,具有较好的匿名性。尤其是在对隐私性和敏感性问题的社会调查中,研究者使用自填问卷法可以大大减少调查对象的心理压力,有利于提高调查资料的客观性和真实性。

(3) 自填问卷法由于采用统一印制的调查问卷进行资料收集,其在问题和答案的内容、形式、次序、表达方式等方面具有完全的一致性,而且调查对象可以在他人不在场的情况下独立进行填答,所以,它在很大程度上排除了在调查过程中由于调查员或其他研究者在场而造成的人为因素的影响,避免了人为原因造成的偏误。

2. 自填问卷法的缺点

(1) 由于自填问卷法在很大程度上依赖于调查对象的合作,如果调查对象对调查不感兴趣、不愿配合,或由于时间、精力等因素的限制而无法完成调查问卷的填答,就会使调查问卷的有效回收率受到影响,从而难以保证达到良好的效果。

(2) 自填问卷法需要调查对象自己阅读与填答,因而对调查对象的文化水平有一定的要求。如果调查对象不具备阅读、理解和填答调查问卷的能力,就无法有效地完成调查问卷的填答,这使得自填问卷法的使用范围受到了限制。

(3) 由于自填问卷法是在研究者不在场的情况下进行的,研究者无法控制调查环境,也无法对调查对象不理解、不清楚的问题进行解释,因而无法避免某些错答、缺答、乱答等情况的发生,往往使调查资料的质量难以得到保证。

(二) 什么是结构访问法

结构访问法又称标准化访问,是指研究者按照事先设计的、具有一定结构的调查问卷采取口头询问的方式,向调查对象提出问题和可供选择的答案,并由研究者根据调查对象的回答来填答问卷的一种资料收集方法。结构访问法是社会调查中另一种常见的资料收集方法,是一种高度控制的访问方法,它在很大程度上依赖于访问问卷,是以面访的形式进行的问卷调查。

1. 结构访问法的优点

(1) 由于结构访问法是研究者与调查对象以直接对话的方式进行的调查,因此,调查对象拒绝合作或半途而废的情况比较少,这使得调查的回答率和成功率大大提高。

(2) 由于结构访问法是研究者与调查对象直接接触,研究者可以对调查对象产生的疑问及时地进行解释和说明,并且可以直接通过调查对象的表情或语气了解其态度,因此,调查资料的真实性和准确性大大提高。

(3) 由于结构访问法主要依靠研究者的口头语言进行调查,对调查对象的文化水平的要求大大降低,从而使其使用范围更加广泛。

2. 结构访问法的缺点

(1) 由于在结构访问的过程中研究者与调查对象会直接互动,可能在主观上彼此之间会相互影响,从而导致调查资料收集上的偏差。

(2) 由于结构访问法的匿名性较差,这一方法不太适合用来收集涉及个人隐私和敏感性问题的调查资料。

(3) 结构访问法由于需要研究者对调查对象逐个进行访谈和记录,相对来说需要花费的时间、人力和经费都比较多,代价比较大,这使调查样本的规模和调查的空间范围受到了较大的限制。

(4) 由于结构访问法的调查资料收集完全依赖研究者,因此,研究者的访问能力和访问技巧对调查资料的质量影响较大,所以结构访问法对研究者的要求更高。

二、调查资料收集的基本技能

各种具体的调查资料收集方法在操作程序上互不相同,各自具有不同的特点,同时也适用于不同的调查对象和不同的调查课题。研究者应该了解和熟悉各种不同的调查资料收集方法,并掌握不同的调查方法的具体操作技能。

(一) 如何操作自填问卷法

自填问卷法可以分为个别发送法、邮寄填答法和集中填答法等具体的操作方法。

1. 个别发送法

个别发送法是自填问卷法中最常使用的一种方法。它的一般做法是:研究者派调查员依据所抽取的样本,将印制好的调查问卷逐个发送到调查对象的手中,并向调查对象说明调查的意义和要求,请他们合作填答,然后约定收取的时间、地点和方式。如双方约定3天后由调查员上门收取,或3天内由调查对象自行投入设在某处的回收箱内等。在有些情况下,如调查的内容不涉及敏感问题或上下级关系时,也可以由某个行政组织代为发放和回收。

个别发送法的操作需要注意以下五个方面:

(1) 见面时,调查员要向调查对象出示身份证明或正式的介绍信,一定要向调查对象表示歉意,如"对不起,打扰了您的工作""对不起,影响了您的休息"等;

（2）调查员应该向调查对象说明调查的目的和内容,简明扼要、意图明确、重点突出;

（3）调查员在向调查对象发放调查问卷时,要说明调查问卷的填答方式、完成时间、回收方式以及保密措施等;

（4）调查员在调查对象的交谈中,要语气诚恳、态度谦逊,以得到调查对象的信任和支持;

（5）调查员与调查对象告别时,要对调查对象的配合表示感谢。

个别发送法具有较多的优点:(1) 比较节省时间、经费和人力;(2) 调查员可以向调查对象进行解释和说明;(3) 可以保证比较高的回收率;(4) 调查具有一定的匿名性;(5) 可以减少调查员所带来的某些偏差;(6) 调查对象有比较充分的时间对调查问卷进行阅读和思考,还可以在方便的时候进行填答。

但是,个别发送法的调查范围受到一定的限制,调查问卷的填答质量不能完全得到保证。不过,总的来说,个别发送法的优点相对多一些,而缺点相对少一些。因此,个别发送法是社会调查中最经常使用的一种调查资料收集方法。

2. 邮寄填答法

邮寄填答法是社会调查中一种比较特殊的调查资料收集方法。它的一般做法是:研究者把印制好的调查问卷装入信封并邮寄给调查对象,待调查对象填答后再将调查问卷寄回调查机构或研究者。给调查对象寄调查问卷时,要同时附上已写好回邮地址和收信人(或收信单位)且贴好足够邮资的信封,以便调查对象将填答好的调查问卷顺利寄回。

研究者通过邮寄填答法的方式来收集调查资料,既可以省掉一大笔调查的费用(这意味着同样多的经费可以用来调查更多的对象),还可以不受空间距离的限制。可以说,邮寄填答法是社会调查中最方便、最便宜、代价最小的一种调查资料收集方法。

但是,邮寄填答法的可行性以及它的实际效果往往很差,因为它有两个突出的弱点。一是邮寄填答法需要有调查对象的地址甚至姓名。然而,对于许多社会调查来说,并不存在一份现成的和完整的包括所有调查总体的姓名、地址和邮政编码的名单,因此,邮寄调查的样本往往无法抽取,调查问卷也不知道该往哪里寄。二是调查问卷的回收率难以保证,有许多的主客观因素会导致调查对象放弃填答调查问卷,这会阻碍调查问卷寄回到研究者的手中。据美国社会学家介绍,邮寄调查的回收率有时只能达到10%,达到50%的回收率就被认为是"足够的"(这个比例在一般的社会调查中往往是较难接受的),而达到70%—80%的回收率就会被认为是相对好的了。

为了尽量提高邮寄填答法调查问卷的回收率和问卷填答质量,研究者应该注意以下四个方面:

（1）调查主办者要尽可能采用比较正式的方式说明自己的身份,取得调查对象的信任,使调查对象确信调查的合法性和价值,从而使调查对象愿意填答并寄回调查问卷。

（2）寄调查问卷的封面信最好单独打印,并用一个小信封单独装封,再与调查问卷以及寄回调查问卷用的空信封一并装入邮寄给调查对象的大信封内。封面信的内容应该简明扼要,语气应该是轻松的,不要用"一定要"的命令式口吻。

（3）寄调查问卷的时间要有所选择,如不要选择大的节日之前或学校复习考试阶段寄给被调查的大学生一份调查问卷。调查对象收到调查问卷后的一段时期(如一周左右)内,应没有比较大的或比较特殊的活动或事件对他们完成调查问卷和寄回调查问卷造成影响。

(4) 调查员可以用跟踪信或提醒电话帮助调查对象提高回答率。一些学者研究表明，没有跟踪，一般调查问卷可达到的回收率为50%—60%，而通过发跟踪信提醒或催促则可达到70%—80%的回收率。

3. 集中填答法

集中填答法的一般做法是：(1) 调查员先将调查对象集中起来，将调查问卷发给调查对象；(2) 由调查员统一讲解调查的主要目的、要求、调查问卷的填答方法等事项；(3) 调查员请调查对象当场填答调查问卷；(4) 调查对象填答完毕后调查员再统一将调查问卷收回。调查员收回调查问卷时可以采用投入调查问卷回收箱的办法，以消除集中填答法给调查对象带来的某些心理顾虑。

集中填答法的操作需要注意以下六个方面：

(1) 研究者要先与相关调查单位的领导建立联系，并争得他们的支持和帮助；

(2) 研究者在把调查对象集中起来之后，要向调查对象表示歉意和感谢，并说明调查员的身份、调查的目的和内容，请调查对象对调查工作予以配合；

(3) 调查员在向调查对象发放调查问卷时，要说明调查问卷的填答方式和要求、完成时间、回收方式和保密措施等；

(4) 如果条件允许，调查员可以让调查对象间隔就座，以免调查对象相互商议或相互影响，从而提高调查问卷的质量；

(5) 在调查问卷的填答过程中，如果调查对象有不理解的问题，在向调查对象解释时，调查员要按照问卷要求和调查员手册上的原则进行说明，不要超越说明范围，更不能根据自己的理解进行解释；

(6) 调查问卷填答结束后，调查员要将调查问卷全部收回，并向调查对象表达谢意。

集中填答法比个别发送法更加节省调查的时间、人力和经费，比邮寄填答法更能保证调查问卷填答的质量和回收率。由于有调查员在现场进行解释和说明，并可以解答调查对象的疑问，因而调查对象错答的现象将大大减少，调查问卷的回收率也会比邮寄填答法更高。但是，很多时候调查对象是很难集中的，而且将众多的调查对象集中在一起有时会形成某种不利于个人表达特定看法的"团体压力"或"相互作用"，从而影响调查问卷回答的真实性。

(二) 如何操作结构访问法

结构访问法可以分为当面访问法和电话访问法等具体的操作方法。

1. 当面访问法

当面访问法的一般做法是：研究者先选择并培训一组调查员，由调查员携带调查问卷分赴各个调查地点，与调查对象进行访问和交谈，并按照调查问卷的格式和要求记录调查对象的各种回答。

当面访问法的操作需要注意以下六个方面：

(1) 见面时，调查员要向调查对象出示身份证明或正式的介绍信，向调查对象表示歉意；

(2) 调查员应向调查对象说明调查目的、调查内容和保密措施等，语言要简明扼要、意

图明确、重点突出,争取得到调查对象的信任和支持;

(3) 调查员在正式开始调查之前,可以先与调查对象简单交谈一些与调查不直接相关的事,以消除调查对象拘束、紧张的心理,拉近与调查对象之间的距离,但交谈时间不宜太长;

(4) 调查员在正式向调查对象提问时,要严格依据调查问卷提出问题,且不能随意改变问题的顺序和提法,也不能随意对问题做出解释,答案的记录也应当完全按调查问卷的要求和规定进行;

(5) 调查员在访谈中,要语气诚恳、态度谦逊、记录认真,同时要尽可能使自己的表情、语气不带有任何倾向性,以避免造成对调查对象的暗示,从而降低调查资料的真实性;

(6) 调查员与调查对象告别时要对他们的配合表示感谢。

当面访问法需要调查员亲自依据调查问卷向调查对象进行提问,并亲自记录调查对象的回答,是一种以口头语言为中介、调查员与调查对象面对面的交流和互动过程,调查员与调查对象之间的相互作用和影响贯穿于调查资料收集过程的始终。因而,当面访问法具有调查回答率较高、调查资料的质量较好、调查对象的适用范围较广的优点。

但是,在当面访问法中,调查员与调查对象之间的互动有时会使访问出现偏差,从而影响了访问的质量和效果。而且,当面访问法的匿名性比较差,对于一些涉及个人隐私的问题或敏感性问题,很多调查对象会感到思想压力较大、顾虑较多,进而直接影响他们回答问题的态度和所提供的答案的真实性与可靠性。此外,当面访问法的费用高、时间长,而且对调查员的要求也很高,这些原因使得当面访问法的使用具有一定的局限性。

2. 电话访问法

电话访问法的一般做法如下。① 研究者先根据调查目的的要求设计并印制好电话访问的调查问卷表,这种调查问卷表要便于快速记录答案。研究者还应准备好专门用来配合电话调查的计算机。② 研究者挑选并培训一组调查员。③ 研究者随机抽取一组电话号码作为调查样本,同时还要留有一组预备号码用于在正式抽中的调查对象不在家或拒绝合作时作为替补。④ 调查员根据调查问卷表的内容询问调查对象,同时记录下他们的回答。目前,各电话调查机构都采用了先进的计算机技术,能够直接在计算机上记录调查对象的回答,并将这些回答转换成数据进行统计分析。

在电话访问中,调查员通常依靠自己的经验来判断调查对象所提供资料的准确性和真实性,因此,电话访问的调查员应具有很强的依靠听觉来分辨情况的能力。此外,在电话访问中,调查员的语调、口气对调查对象的影响作用会大大加强。因此,电话访问法要求调查员在访问中要做到口齿清楚、语气亲切、语调平和。

电话访问法是一种简便易行、省时、省钱的调查资料收集方法,特别是对于内容比较简单的社会调查,电话访问法的效果更好。当调查对象是某些专业人员时,采用电话访问法也往往更为合适。此外,调查员通过专门的电话调查机构进行电话访问也便于对他们进行监督和管理,从而使电话访问的质量得到保证。

但是,电话访问法在调查对象的选取及代表性方面往往存在一定的局限。如果调查总体中每个成员都有一部电话,而且每部电话的号码都集中在一本电话号码簿上,那么抽样将是十分简单的。但是,现实情况是:一方面,电话号码簿上的号码可能无法正好构成研究者所希望的调查总体;另一方面,有许多属于调查总体的号码可能并未出现在电话号码簿上,这使研究者无法调查到他们。因此,在运用电话访问法时,研究者一定要对总体和样本的情况有一个清楚的认识，尽可能做到抽样的科学性。

（三）调查资料收集的要点提示

调查资料收集是社会调查中实践性、操作性很强的一个阶段，无论研究者采用的是自填问卷法，还是结构访问法，在具体的操作过程中都有一些需要注意的细节。

1. 理解调查对象的心理

社会调查是一种需要调查对象积极配合才能完成的社会研究方式。在调查资料收集的过程中，研究者应对调查对象的心理有所认识和理解。对于每个调查对象而言，配合研究者的调查都是要付出时间和精力的，因此，研究者应该对调查对象给予补偿和回报，这种补偿和回报可以是赠送具有一定价值的小礼物以表示心意，也可以是表达对调查对象的信任，或对调查对象提供信息的价值予以充分的肯定。所以，很多时候研究者应向调查对象说明"您是全市居民的代表""您是这方面最有发言权的人""您的参与是重要的""您的回答是有价值的"等，并在调查结束时向调查对象表示真诚的感谢。

2. 注重第一印象

在任何一项社会调查中，研究者都要同调查对象进行接触。由于研究者通常都是作为"陌生人"出现在调查对象的面前，所以同调查对象见面时的"第一印象"十分重要。社会调查能否顺利地进行，在一定的程度上与这种最初的见面和接触有关，因此，研究者要注意以下两个方面：

（1）从外表上，研究者的衣着要简单、大方，仪表要整洁；

（2）在态度上，研究者要礼貌、诚恳，以获得调查对象心理上的认同。

3. 注重开场白

对于任何一个调查对象来说，他们并没有牺牲个人时间来接受社会调查的义务，因此，研究者在与调查对象见面时首先要向他们表示歉意，如"对不起，打扰了"或者"对不起，影响了您的休息"等。除了表示歉意之外，研究者的开场白一定要说好，好的开场白可以消除调查对象的各种疑虑和戒备心理，调动起调查对象的积极性。研究者的开场白要简明扼要、意图明确、重点突出、亲和力强。开场白的内容主要是说明研究者的身份、调查的性质和主要内容，解释怎么抽选到该调查对象，表明不会占用对方太多的时间并表示希望得到对方的支持等。此外，在进行自我介绍的同时，研究者应向调查对象提供证明个人身份的有关证件，这样有助于减少调查对象的疑虑，增加调查的正式性和他们对研究者的信任感。

三、调查案例

"A市社区居民道德状况调查"的资料收集方案

（一）确定资料的收集方法

本次调查资料收集工作在A市市内六区进行，调查抽取样本3600人，每个区调查样本为600人。

本次调查拟采取自填问卷法，为了确保调查获得较高的回收率和较好的填答质量，调查员将采用个别发送调查问卷的方式收集调查资料。

(二)确定调查员的培训和分工

1. 调查员的挑选

本次调查预备挑选调查员60人,以社会学、社会工作专业在校大学生为主,挑选的调查员必须具备以下条件:

(1) 具有诚实、谦虚、耐心、勤奋和认真负责的工作态度;

(2) 对调查工作有一定的兴趣,并具有一定的观察能力、辨别能力和交往能力。

2. 调查员的培训

从202×年3月1日至3月26日进行调查员的培训,具体安排参见表1-10。

表1-10 调查员培训的具体安排

培训项目	培训内容	培训时间	培训人
调查总体介绍	介绍调查内容、调查目的、调查计划、调查方法及其他与调查项目有关的情况	第一周: 3月1日—3月2日	邓××
调查方法培训	介绍、传授基本的和关键的调查访问方法,如如何敲门,如何进行自我介绍,如何取得调查对象的信任,如何尽快与调查对象建立合作关系,如何客观地进行提问,如何记录答案等	第一周: 3月3日—3月5日 第二周: 3月8日—3月9日	李××
调查要求介绍	组织调查员集中学习调查员须知、调查问卷、调查员手册等材料,要逐字、逐条、逐项地说明调查问卷的全部内容、提问方式、填答方法、注意事项等	第二周: 3月10日—3月12日	王××
调查模拟或访问实习	在一个小范围内,让每个调查员都按正式调查的要求和步骤从头到尾实际操作一遍,并进行总结,通过讨论和讲解,解决实习中遇到的问题	第三周: 3月15日—3月19日	张××
调查准备工作	确定调查员的分组和分工,明确监督管理办法及相关规定	第四周: 3月24日—3月26日	赵××

3. 调查员的分工

调查员分成6个小组,每组10人,每个调查组分别负责一个城区的调查资料收集工作,具体分工如下。

第一组:河北区,第二组:河东区,第三组:河西区,第四组:和平区,第五组:南开区,第六组:红桥区。

(三)确定调查资料收集的具体步骤和时间安排

调查资料收集工作分为四个步骤,每个步骤的工作内容、实施时间和负责人的具体安排参见表1-11。

表1-11 调查资料收集工作具体安排

工作项目	工作内容	实施时间	负责人
挑选、培训调查员	挑选调查员60人并进行培训	3月1日—3月26日	张××
联系调查对象	获得各区民政局、街道办事处的许可,配合调查员接触社区居民开展调查工作	4月1日—4月15日	王××

续表

工作项目	工作内容	实施时间	负责人
收集调查资料	调查员准备好介绍信、身份证明,携带调查问卷,按照小组分工,分赴各城区进行调查资料的收集	4月19日—5月20日	李××
监控调查质量	调查小组人员对调查工作进行全面地、及时地监控和把握,每3天召开一次调查员会议,每天听取调查员的工作汇报,定期抽查、审核每天完成的调查问卷,及时总结前一阶段的工作,进一步明确后续任务,鼓励调查员保质保量完成调查任务	4月19日—5月20日	赵××

(四)收集调查资料所需的经费和物质手段

1. 经费

(1)文具费、复印费：_____元。

(2)调查员的培训费：_____元。

(3)调查员的报酬：_____元。

(4)交通费、餐饮费：_____元。

(5)调查对象的礼品费：_____元。

2. 物质手段

(1)电脑、存储设备。

(2)采访设备或录音设备。

(3)复印机、打印机。

四、问题探讨

(1)调查资料收集的方法有哪些？它们各自的优点和缺点是什么？

(2)如何运用自填问卷法收集调查资料？

(3)如何运用结构访问法收集调查资料？

五、小结：知识梳理

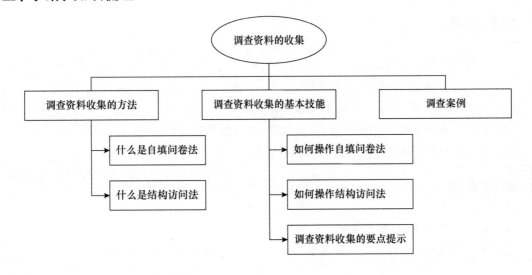

任务八

调查资料的处理与分析

能力目标

1. 掌握调查资料的审核、编码、录入、清理、统计分析的方法。
2. 具备安装 SPSS 统计分析软件的能力。
3. 具备建立数据文件的能力。
4. 具备运用 SPSS 统计分析软件进行调查资料的处理与分析的能力。

调查案例

大学生社团参与状况的调查问卷的编码。

具体任务

1. 对调查资料进行审核。
2. 安装并启动 SPSS 统计分析软件。
3. 制作编码手册,对调查资料进行编码。
4. 根据调查问卷建立数据文件,录入数据,并进行数据清理。
5. 运用 SPSS 统计分析软件对调查资料进行单变量和双变量统计分析。

实训步骤

1. 制作编码手册,对调查资料进行编码。
2. 运用 SPSS 统计分析软件建立数据文件,并根据调查资料录入数据。

3. 将数据文件进行保存和复制,为调查资料的分析做好准备。
4. 运用SPSS统计分析软件进行调查资料的处理与分析。

一、调查资料的处理与分析概述

调查资料的处理就是研究者运用科学的方法对收集到的调查资料进行审核、编码、录入、清理、统计分析等工作。

(一)调查资料的审核

调查资料的审核是指研究者对调查收集到的原始资料进行初步的审查与核实,对于错填的答案进行纠正,对于乱填、空白和严重缺答的调查问卷予以剔除的过程。在调查资料的审核过程中,研究者一要检查调查问卷中是否存在问题,二要对有问题的调查问卷进行处理,如重新向调查对象进行核实或将有问题的调查问卷予以剔除等。

调查资料的审核工作有以下两种方法:

第一种方法是实地审核,即研究者边调查边审核。这种审核是研究者在实施社会调查的过程中,对回收的调查问卷当场进行审核,主要是排查具有明显填答错误或空白和严重缺答的调查问卷,以便及时进行询问核实。研究者当场进行审核能及时对发现的问题进行弥补,但这对研究者本人的能力要求比较高。

第二种方法是在调查资料收集回来之后,进行集中审核或系统审核,即所有的调查员将调查问卷回收后,在集中的时间统一进行审核,并对发现问题的调查问卷进行处理。这种审核是在研究者统一的指导下进行的,审核标准比较一致,审核效果比较好,但比较费时费力,而且由于调查员已离开现场或调查与审核的时间间隔较长,一些个案的重新询问和核实工作无法得到落实。

(二)调查资料的编码

编码就是用数字作为每个问题及其答案的代码。编码可以将一份调查问卷中所涉及的问题及调查对象所选择的答案,由文字表达转化成为数字符号,以便进行量化处理。

编码的方法分为预编码和后编码两种。预编码是指调查问卷的设计者在设计调查问卷时对每个问题的答案都事先指定好编码,并打印在调查问卷上。预编码主要针对封闭式问题,对开放式问题则不适用。后编码是指调查问卷的设计者在调查问卷回收上来以后再对问题及其答案进行的编码,它主要针对开放式问题。

由于社会调查的样本规模通常能达到成百上千个,而每份调查问卷往往又会包括几十个问题,因此,调查问卷的编码任务往往需要由多人共同完成。为了减少编码工作中的误差,保证编码数据的质量,研究者需要编制一份编码手册,统一对调查问卷进行编码。在编码手册中,研究者要将需要编码的项目和问题一一列出,逐一规定它们的代码、宽度、栏码、简要名称、答案赋值方式及其他特殊规定等。整个编码手册的格式要规范统一,指示要明确,且容易理解、便于操作。有了编码手册,不同的调查员就可以按照相同的标准和方法对回收的调查问卷进行编码。

(三)数据的录入与清理

1. 数据的录入

通过编码将调查问卷的问题与答案转化成为数据资料后,就可以进行数据的录入。数据录入的方式主要有以下两种：

第一种是数据录入员直接根据调查问卷上的编码，将调查问卷中的数据输入计算机。数据录入员直接根据调查问卷输入数据可以避免转录中可能出现的差错，但它需要数据录入员不断地翻动调查问卷，录入的速度相对较慢、效率较低。

第二种是数据录入员先根据调查问卷的编码将数据转录到登录表上，然后再录入计算机。这种方式录入方便，录入速度较快，但在将调查问卷上的数据转录到登录表的过程中增加了一次转录的过程，同时也就增加了转录中出现差错的风险。

2. 数据的清理

数据的清理工作主要是在计算机的辅助下，研究者对录入计算机的数据再次进行审核，以降低数据的差错率，提高数据的质量。

数据的清理通常可以采用以下三种方法：

(1) 有效范围清理。

调查问卷中变量的有效编码值都有一定的范围，当数据录入员录入的数据超出了这一范围，研究者就可以肯定这个数据一定是错误的。如性别变量的赋值是1＝男，2＝女，0＝无回答，这就意味着调查对象在这一变量上的编码值只能是0、1、2这三者之一，如果出现超出这个范围的其他的编码值，那么这个数据就肯定是错误的，研究者必须进行检查、核对、纠正。

(2) 逻辑一致性清理。

逻辑一致性清理即研究者依据调查问卷中问题之间存在的某种内在的逻辑关系，检查前后数据之间的合理性。如在对青年夫妇的调查中存在一对相倚问题，其过滤性问题是："你们有孩子吗？"答案为"有（编码值为1）"和"没有（编码值为2）"。后续性问题是"请问你们的孩子今年几岁了？"很明显，对前一个问题的回答为"没有"（即编码值为2）的人，在后一个问题中的回答应该是空白（即为缺省值，用0来表示），如果他们在第二个问题的答案中出现了4、6或9这样的数字，那么这些数据就一定有问题。

(3) 数据质量抽查。

有时，尽管研究者对数据资料进行了有效范围清理和逻辑一致性清理，但仍有一些错误的数据可能无法查出来。如在某个案的数据中，"文化程度"这一变量的答案编码值本应是"2（初中）"，但数据录入员录入数据时却输入为"3（高中或中专）"。由于录入的数据在编码值范围内，而且这一变量也不存在与其他变量之间的逻辑关系，这时数据的错误就无法清理出来。

查出这类输入错误的唯一方法是研究者拿着原始调查问卷逐一进行校对，但由于这种方法的工作量太大，在实际调查中很少有人会这样做。研究者通常采用的方法是通过随机抽样，从全部的调查问卷中抽取部分个案进行校对，并根据校对结果估计和评价全部数据的质量。

(四) 单变量统计分析

统计分析就是研究者运用统计学原理对数据进行综合处理，以揭示数据的数量规律的过程。通过统计分析，研究者可以对调查资料进行简化和描述，对变量之间的关系进行深入分析，并可以通过样本实现对总体的推论。

单变量统计分析可以分为统计描述和统计推论。

1. 单变量的统计描述

统计描述是指研究者对调查资料的属性、特征进行简单概括的过程，其基本方法包括集中量数分析和离散量数分析等。

(1) 集中量数分析。

集中量数分析是指研究者用一个典型值或代表值来反映一组数据的一般水平,或者说反映这组数据向这个典型值集中的过程。

最常见的集中量数有众值、中位值和均值三种。众值(Mode)是一组数据中出现次数最多的变量值,它主要用于测度定类数据的集中趋势,也适用于定类以上层次数据的集中趋势的测度。中位值(Median)是一组数据按从小到大排序后,处于中间位置上的变量值,它主要用于测度定序数据的集中趋势,也适用于定序以上层次数据的集中趋势的测度。均值(Mean)是全部数据的算术平均值,它是集中趋势最主要的测度值,主要适用于定距数据和定比数据,但不适用于定类数据和定序数据。

(2) 离散量数分析。

离散量数分析是指研究者用一个特别的数值来反映一组数据相互之间的离散程度,它可以作为对集中量数的代表性的补充说明。离散量数与集中量数分别从两个不同的侧面描述和揭示了数据的分布情况,共同反映出调查资料分布的全面特征。常见的离散量数统计量有异众比率、极差与四分位差、方差与标准差,它们分别与众值、中位值和均值相对应,用于判定和说明集中量数代表性的大小。

异众比率是指非众值组的频次占总频次的比率,主要用于衡量众值对一组数据的代表性。异众比率越大,说明非众值组的频次占总频次的比率越大,众值的代表性就越差;反之,则说明众值的代表性越好。极差与四分位差可以体现定序变量的分散程度,极差是一组数据的最大值与最小值的差,四分位差是上四分位数与下四分位数的差。方差与标准差可以度量定序以上层次数据的分散程度,方差是各变量值与其均值的离差平方的平均值,标准差是方差的平方根。

2. 单变量的统计推论

统计推论就是研究者根据样本数据对总体的特征进行推论的过程,主要包括区间估计和假设检验等。

参数是总体分布数量规律性的特征值。在实际问题中,总体的参数值通常都是未知的,这就需要研究者通过样本数据所提供的统计值对参数加以推断,这就是参数估计。参数估计可以分为点估计和区间估计两类。

点估计是指研究者利用样本数据对参数值进行估计,由于估计的结果以一个点的数值表示,所以称为参数的点估计。点估计虽然操作简单,但由于研究者并不知道真正的参数,因此,无法了解由样本所计算的点估计值到底与真实值相差多少。为了提高可信程度,研究者可以用一个范围或一个区间来对未知参数进行估计,这种参数估计的方法就称为区间估计。研究者在给出区间估计的同时,还必须指出所给区间包含未知参数的概率是多少。

假设检验是指研究者先对未知参数做出假设,然后抽取样本,利用样本提供的信息对假设的正确性进行判断的过程。假设检验依据的基本原理是概率论中的小概率原理,即小概率事件在一次观察中是不可能出现的,如果在一次观察中出现了小概率事件,那么合理的判断应是否定原有事件具有小概率的说法。

在假设检验中,待检验的假设称为原假设或虚无假设,与原假设对立的假设称为备择假设或研究假设。假设检验的基本思想是:经过抽样获得一组数据,即一个来自总体的随机样本,如果根据样本计算的某个统计量表明在原假设成立的条件下某事件几乎是不可能发生的,那么研究者就拒绝或否定这个原假设,接受备择假设。反之,如果在原假设成立的条件下,根据样本所计算的统计量表明某事件发生的可能性不是很小的话,那么研究者就不能否定原假设。

(五)双变量统计分析

在现实社会中,许多社会现象之间往往是相互联系、相互影响、相互依存的。研究者需要通过对多变量的统计分析来探索和发现这种关系。变量之间的关系可以分为两个变量间的关系和多个变量间的关系。在很多情况下,多个变量间的关系又可以分解成若干两个变量间的关系,因此,对两个变量间关系的分析探讨是社会调查中最基本、最重要的内容之一。

1. 两个变量间的关系

两个变量间的关系可以分为相关关系与因果关系两种。

(1) 相关关系。

相关关系是指当两个变量中的一个变量发生变化时,另一个变量也随之发生变化,反之亦然。对于定序以上层次的变量来说,变量之间的相关关系可以分为正相关与负相关两个方向。两个变量之间具有正相关关系,是指当一个变量的取值增加时,另一个变量的取值也随之增加,反之亦然。两个变量之间具有负相关关系,是指当一个变量的取值增加时,另一个变量的取值反而减少,反之亦然。变量之间相关关系程度的强弱或大小可以用相关关系的强度进行讨论,这种相关关系的强弱程度可以通过统计的方法进行测量和比较。

(2) 因果关系。

因果关系是指当前一个变量发生变化时会引起或导致后一个变量也随之发生变化;但反过来,当后一个变量发生变化时,却不会引起前一个变量发生变化。在这种情况下,我们称前一个变量为自变量(常用 x 表示),称后一个变量为因变量(常用 y 表示)。如果自变量 x 与因变量 y 之间存在因果关系,那么它们之间必定存在相关关系;反之,如果 x、y 这两个变量之间存在相关关系,它们之间却未必存在因果关系。

自变量 x 与因变量 y 之间存在因果关系必须同时满足下列三个条件:

第一,自变量 x 与因变量 y 之间存在着不对称的相关关系,即当自变量 x 发生变化时,因变量 y 也必定随之发生变化;但当因变量 y 发生变化时,自变量 x 并不随之发生变化。

第二,自变量 x 与因变量 y 在发生相关关系的顺序上有先后之别,即先有自变量 x 的变化,后有因变量 y 的变化。

第三,自变量 x 与因变量 y 的关系不是因第三个变量的影响导致的,即自变量 x 与因变量 y 之间的关系不是某种虚假的或表面的关系。

2. 交互分类

交互分类所适用的变量层次是定类变量和定序变量,它是将调查所得的一组数据按照两个不同的变量进行综合的分类,交互分类的结果通常以交互分类表(又称列联表)的形式反映出来。交互分类既可以用来对总体的分布情况和内在结构进行描述,又可以用来进行分组比较,还可以用来解释变量之间的关系。通常,我们用卡方检验分析列联表中的变量之间是否存在相关关系。

表1-12是一个列联表的示例,表中包含了父辈职业变量和子辈职业变量,两个变量的可能取值都为农业、工业和服务业三类。表中的每个数据都反映来自父辈职业变量和子辈职业变量两个方面的信息。列联表综合了两个变量的共同分布,具有对变量进行描述的作

用。另外,它也是对变量关系的一种解释性的分析。

表 1-12 列联表的示例

子辈职业	父辈职业			合计
	农业	工业	服务业	
农业	20	5	5	30
工业	10	30	10	50
服务业	5	5	50	60
合计	35	40	65	140

列联表的优点是直观、资料丰富,研究者不仅可以看到关系的有无,而且还可以了解这种关系的详细结构。但是,列联表无法确切地告诉研究者这种关系的强弱程度如何,因此,还需要研究者计算列联强度以呈现变量关系的强弱程度。

3. 均值比较

均值比较讨论的是一个定类变量和一个定距变量之间的关系。根据定类变量是二分变量还是多分变量,均值比较可以划分为两个样本的均值比较和多个样本的方差分析。两个样本的均值比较,根据对样本的观测是独立观测还是同一样本进行两次观测,又分为独立样本的均值比较和配对样本的均值比较。根据均值比较的结果,研究者可以分析不同类别样本的观测结果是否存在显著差异,分析定类变量对定距变量是否存在显著影响。

(1) 独立样本 T 检验。

独立样本是指从两个总体中分别独立地抽取一个随机样本。独立样本的均值比较用于检验独立样本所来自的两个总体的均值是否相等。

独立样本 T 检验的检验步骤如下:

① 建立假设。

原假设:H_0:$\mu_1 = \mu_2$,即两个总体的均值不存在显著差异。

备择假设:H_1:$\mu_1 \neq \mu_2$,即两个总体的均值存在显著差异。

式中,μ_1、μ_2 分别为总体 1 和总体 2 的均值。

② 构造统计量。

如果两个总体的方差相等,则两个独立样本 T 检验的统计量为:

$$t = \frac{(\overline{X}_1 - \overline{X}_2) - (\mu_1 - \mu_2)}{\sqrt{\frac{1}{n_1} + \frac{1}{n_2}} \sqrt{\frac{(n_1-1)S_1^2 + (n_2-1)S_2^2}{(n_1 + n_2 - 2)}}} \tag{1-3}$$

式中,$\overline{X}_1$ 和 $\overline{X}_2$ 分别为样本 1 和样本 2 的均值,n_1 和 n_2 分别为样本 1 和样本 2 的容量,S_1^2 和 S_2^2 分别为样本 1 和样本 2 的方差。

如果两个总体的方差未知且不相等,则两个独立样本 T 检验的统计量为:

$$t = \frac{(\overline{X}_1 - \overline{X}_2) - (\mu_1 - \mu_2)}{\sqrt{\frac{S_1^2}{n_1} + \frac{S_2^2}{n_2}}} \tag{1-4}$$

由于独立样本均值比较的统计量为 t 值,因此,这种检验被称为独立样本 T 检验。从统计量的构造来看,独立样本 T 检验的结论在很大程度上取决于两个总体的方差是否相等,因此,在进行检验之前,研究者先要对两个总体的方差齐性进行检验,即检验两总体的方差是否存在显著差异,然后根据检验结果决定选择哪一个公式。

③ 计算统计量和对应的 p 值。

在给定的原假设前提下,研究者将原假设值代入统计量公式,得到检验统计量的观测值,并根据 t 分布的分布函数计算出的 p 值。

④ 在给定的显著性水平下,做出统计推论。

研究者对统计量的 p 值与显著性水平进行比较,确定统计量是落入接受域还是拒绝域。如果落入接受域,则接受原假设,认为两总体的均值不存在显著差异;如果落入拒绝域,则拒绝原假设,认为两个总体的均值存在显著差异。

(2) 配对样本 T 检验。

配对样本实际上只有一个样本,但样本中的每个元素都观测两次,设每个元素的两次观测值分别为 X_1 和 X_2,其观测值之差记作 d,$d = X_1 - X_2$。配对样本的均值比较用于检验两次观测的总体均值是否相等。

配对样本 T 检验的检验步骤如下:

① 建立假设。

原假设:$H_0: \mu_1 = \mu_2$,即两次观测的总体均值不存在显著差异。

备择假设:$H_1: \mu_1 \neq \mu_2$,即两次观测的总体均值存在显著差异。

② 构造统计量。

$$t = \frac{\bar{d} - (\mu_1 - \mu_2)}{S/\sqrt{n}} \tag{1-5}$$

式中,$\bar{d}$ 为 d 的平均值,μ_1 和 μ_2 分别为第一次观测和第二次观测的总体均值,S 为 d 的标准差,n 为配对样本的容量。

t 统计量服从自由度为 $n-1$ 的 t 分布。由于配对样本均值比较的统计量为 t 值,因此,这种检验被称为配对样本 T 检验。

③ 计算统计量和对应的 p 值。

在给定的原假设前提下,研究者将原假设值代入统计量公式,得到检验统计量的观测值,以及根据 t 分布的分布函数计算出的 p 值。

④ 在给定的显著性水平下,做出统计推论。

研究者对统计量的 p 值和显著性水平进行比较,确定统计量是落入接受域还是拒绝域。如果落入接受域,则接受原假设,认为两次观测的总体均值不存在显著差异;如果落入拒绝域,则拒绝原假设,认为两次观测的总体均值存在显著差异。

(3) 单因素方差分析。

当自变量为多分定类变量时,总体被分成 3 个以上的类型组,通过单因素方差分析可以比较 3 个以上类型组的总体均值是否具有显著差异。如果各组因变量的均值具有显著差异,则说明分类变量对因变量是有显著影响的。

需要注意的是,单因素方差分析对总体各类型组的方差齐性要求是比较严格的,即要求各类型组的方差不能具有显著差异。因此,研究者在进行方差分析之前,必须进行方差齐性检验,符合方差齐性假定的类型组才能进行方差分析。

方差分析的检验步骤如下:

① 建立假设。

原假设：$H_0: \mu_1 = \mu_2 = \cdots = \mu_k$，即总体中各类型组的均值不存在显著差异。

备择假设：$H_1: \mu_1, \mu_2, \cdots, \mu_k$ 不全相等，即总体中至少有一个类型组的均值与其他组存在显著差异。

② 构造统计量。

$$F = \frac{\text{BSS}/(k-1)}{\text{RSS}/(n-k)} \tag{1-6}$$

式中，BSS 为各类型组的组平均值与样本总平均值的离差平方和，RSS 为各类型组的样本值与组平均值的离差平方和，k 为类型组的组数，n 为样本容量。

F 值服从自由度为 $(k-1, n-k)$ 的 F 分布。

③ 计算统计量和对应的 p 值。

研究者在给定的原假设前提下，计算出统计量的观测值，以及根据 F 分布的分布函数计算出的 p 值。

④ 在给定的显著性水平下，做出统计推论。

研究者比较统计量的 p 值和显著性水平的大小，确定统计量是落入接受域还是拒绝域。如果落入接受域，则接受原假设，认为各类型组的总体均值不存在显著差异；如果落入拒绝域，则拒绝原假设，认为至少有一个类型组的总体均值与其他类型组存在显著差异。

4. 回归分析

回归分析是处理两个及两个以上变量之间非确定性关系的一种统计方法。在使用回归分析时，研究者事先要确定具有相关关系的变量中哪一个为自变量，哪一个为因变量。通常来讲，回归分析中的因变量是随机的变量，而自变量是非随机的变量。回归分析就是用来说明这种依存变化的数学关系，回归分析中最常用、最基础的是一元线性回归分析。

一元线性回归也称直线回归，适用于对两个定距以上层次变量之间关系的分析，是通过为一定数量的样本观测值拟合一条直线 $y = a + bx$ 来研究变量之间关系的方法。这条直线也叫回归直线或回归方程，求回归方程就是研究者利用观测值求出方程中的 a、b 两个参数，a 是回归直线的截距，b 是回归直线的斜率（即回归系数）。

如果回归方程是用样本观测值建立的，则用它来描述总体情况时就需要进行假设检验。这包括回归系数的显著性检验和对回归直线拟合优度的检验。在回归系数的显著性检验中，对截距 a 和回归系数 b 的检验方法都采用 t 检验。对回归直线拟合优度的检验通常采用判定系数 R^2，也就是相关系数的平方，它用来说明因变量的变化中有多少是由自变量的变化引起的。如果 R^2 越接近 1，则说明拟合优度就越好；如果 R^2 为 0，则说明自变量与因变量没有任何关系。

二、运用 SPSS 统计分析软件进行调查资料的处理与分析

当前，在社会调查中，研究者普遍运用 SPSS（Statistical Product and Service Solutions，统计产品与服务解决方案）统计分析软件进行调查资料的处理和分析。SPSS 的基本功能包括数据管理、统计分析、图表分析和输出管理等。

（一）SPSS 统计分析软件的安装与启动

运用 SPSS 统计分析软件进行调查资料的处理与分析，首先需要研究者了解和掌握该

软件的安装与启动,本书以 SPSS 26.0 为例介绍相关内容。

1. SPSS 统计分析软件的安装

(1) 将 SPSS 统计分析软件的光盘插入光驱,显示器的屏幕上会弹出 SPSS 26.0 自动安装界面(如图 1-4 所示)。

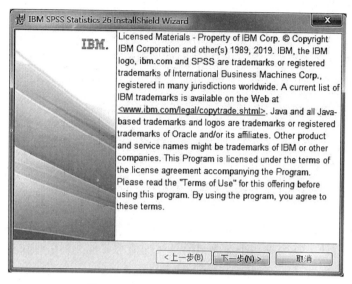

图 1-4　SPSS 26.0 的自动安装界面

(2) 单击"下一步"按钮后,显示"软件许可协议"界面,选择"我接受许可协议中的全部条款"选项(如图 1-5 所示)。

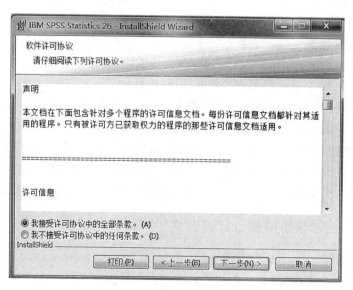

图 1-5　"软件许可协议"界面

（3）安装 IBM SPSS Statistics-Essentials for Python，选择"是"，单击"下一步"按钮（如图 1-6 所示）。

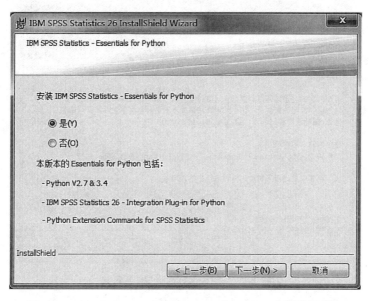

图 1-6　IBM SPSS Statistics-Essentials for Python 安装选择界面

（4）安装 IBM SPSS Statistics-Essentials for Python 后，选择"我接受该许可证协议中的条款"选项，单击"下一步"按钮（如图 1-7 所示）。

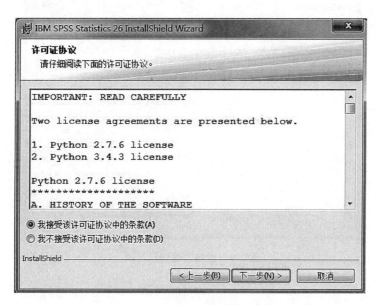

图 1-7　"许可证协议"接受界面

(5) 在"软件许可协议"界面,选择"我接受许可协议中的全部条款"选项(如图1-8所示)。

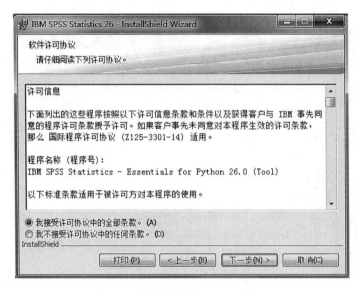

图1-8 "软件许可协议"接受界面

(6) 单击"下一步"按钮后,显示"目的地文件夹"界面,选择文件要安装的位置(如图1-9所示)。

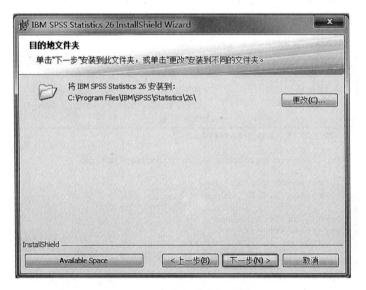

图1-9 安装位置选择界面

(7) 单击"下一步"按钮后,显示"安装程序向导"界面,单击"安装"按钮,开始安装SPSS统计分析软件(如图1-10所示)。

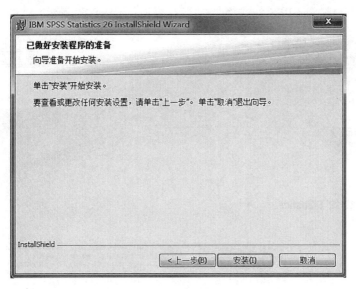

图 1-10 "安装程序向导"界面

2. SPSS 统计分析软件的启动与运行

在桌面单击"开始"菜单,在所有的程序中,选择"IBM SPSS Statistics"后,双击"IBM SPSS Statistics 26"启动 SPSS 统计分析软件(如图 1-11 所示)。

图 1-11 通过"开始"菜单启动程序界面

之后,屏幕上会显示 SPSS 26.0 的启动运行界面(如图 1-12 所示)。

图 1-12　SPSS 26.0 的启动运行界面

(二)运用 SPSS 统计分析软件进行数据处理

运用 SPSS 统计分析软件进行数据处理的第一步就是要建立 SPSS 统计分析的数据文件。SPSS 统计分析的数据文件包括数据文件结构和数据两个部分,建立一个数据文件首先要定义数据文件的结构,也就是对社会调查中的每个变量及其相关的属性进行定义,然后是输入数据。下面以表 1-13 的统计数据为例,运用 SPSS 统计分析软件进行数据处理。

表 1-13 是教学研究小组对 A 区三类学校期末复习效果进行评估的调查数据。研究小组对来自三类不同学校的学生进行抽样调查,在学生复习前进行了模拟考试,获得前测成绩,在学生复习后将其参加期末考试的成绩作为后测成绩,同时研究者还统计了学生的性别分布,原始数据统计如下,研究者将运用 SPSS 统计分析软件录入以下数据。

表 1-13　原始数据统计

学号	学校类型	性别	模拟考试成绩/分	期末考试成绩/分
1	普通校	男	62	67
2	普通校	女	70	78
3	普通校	男	76	77
4	普通校	女	60	75
5	普通校	男	56	66
6	普通校	女	67	68
7	普通校	女	50	56
8	普通校	男	76	67

续表

学号	学校类型	性别	模拟考试成绩/分	期末考试成绩/分
9	普通校	女	78	64
10	普通校	女	65	76
11	区重点	女	67	78
12	区重点	男	56	65
13	区重点	男	63	80
14	区重点	女	73	85
15	区重点	女	62	83
16	区重点	男	74	85
17	区重点	女	79	96
18	区重点	男	66	90
19	区重点	男	58	84
20	区重点	女	68	86
21	市重点	男	68	89
22	市重点	女	65	90
23	市重点	男	70	78
24	市重点	女	78	95
25	市重点	男	67	90
26	市重点	女	73	92
27	市重点	男	69	88
28	市重点	女	76	89
29	市重点	女	68	96
30	市重点	男	79	90

1. 定义数据文件的结构

（1）用户打开 SPSS 统计分析软件，单击左下方的"变量视图"标签，切换到变量定义的界面（如图 1-13 所示）。

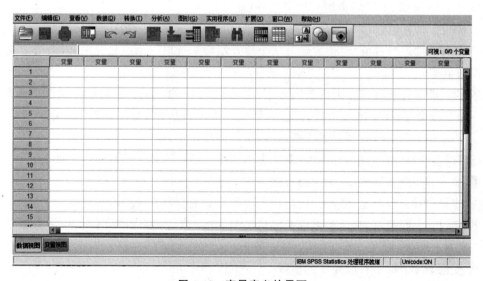

图 1-13 变量定义的界面

(2) 定义变量名。用户单击"名称"栏下第一个单元格,输入要定义的变量名(如图 1-14 所示)。

图 1-14　定义变量名

(3) 定义变量的类型。用户单击"类型"下面单元格中的灰色按钮(如图 1-15 所示),会弹出定义"变量类型"的对话框。

图 1-15　定义变量的类型

如图 1-16 所示,变量的类型有以下九种:

① 数字:即标准数值型。

② 逗号:即逗号数值型,整数部分从个位开始每 3 位以一个逗号分隔,其余的定义方式同标准数值型。

③ 点:即圆点数值型。无论数值大小,均以整数的形式显示,整数部分从个位开始每 3 位以一个圆点分隔;还可定义小数的位置,但小数都显示为"0",且小数点用逗号表示。

④ 科学记数法:即科学记数法型,在数据管理窗口中以指数的形式显示。

⑤ 日期:即日期型,用户可以从系统提供的日期显示形式中选择自己需要的。

⑥ 美元:即美元数值型,是在逗号数值型变量前加上美元符号"$"。

⑦ 定制货币:即自定义货币型,用户可以根据需要自定义数值变量的类型。

⑧ 字符串:即字符型,是非数值型变量类型,它的值是由字符串组成的,字符型变量不能参与运算。

⑨ 受限数字:即带有前导零的整数。

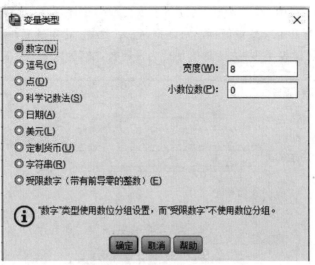

图 1-16 "变量类型"对话框

(4) 定义变量的宽度。"宽度"下方的单元格中所显示的是变量的总宽度,默认值为 8;"小数位数"下方的单元格中显示的是小数的位数,默认值为 2。用户可以根据需要改变其数值(如图 1-17 所示)。

	名称	类型	宽度	小数位数
1	学号	数字	8	0
2	学校类型	数字	8	0
3	性别	数字	8	0
4	模拟考试成绩	数字	8	0
5	期末考试成绩	数字	8	0

图 1-17 定义变量的宽度

(5) 定义变量的标签。用户单击"标签"所在的列与变量所在的行所对应的单元格,可以直接输入变量的标签。在分析结果输出时,系统将输出变量的标签(如图 1-18 所示)。

	名称	类型	宽度	小数位数	标签
1	学号	数字	8	0	学号
2	学校类型	数字	8	0	学校类型
3	性别	数字	8	0	性别
4	模拟考试成绩	数字	8	0	模拟考试成绩
5	期末考试成绩	数字	8	0	期末考试成绩

图 1-18 定义变量的标签

(6) 定义变量值标签。用户单击定义变量对话框中的"标签",在变量所在的行与"标签"所在的列所对应的单元格中会显示一个灰色的按钮,单击此按钮,弹出定义变量值标签的对话框。定义变量值标签时,用户首先单击最上面的空白方框,输入变量的一个值,再把光标移动到第二个空白方框中输入对该值的注释,然后单击"添加"按钮,一个变量值标签就添加到了变量值标签清单当中。

在本例的数据资料中,性别为定类层次,学校类型为定序层次,这两个变量均需要定义变量值标签。用户打开定义变量值标签对话框,定义"性别"的变量值,"0"为女,"1"为男(如图 1-19 所示);定义"学校类型"的变量值,"1"为普通校,"2"为区重点,"3"为市重点。

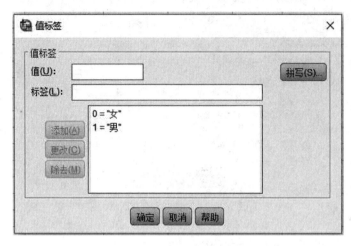

图 1-19　定义变量值标签

（7）定义缺失值。用户在定义变量对话框中单击"缺失"按钮,在变量所在行与该列所对应的单元格中会显示一个灰色按钮,单击该按钮,弹出定义缺失值的对话框(如图 1-20 所示)。

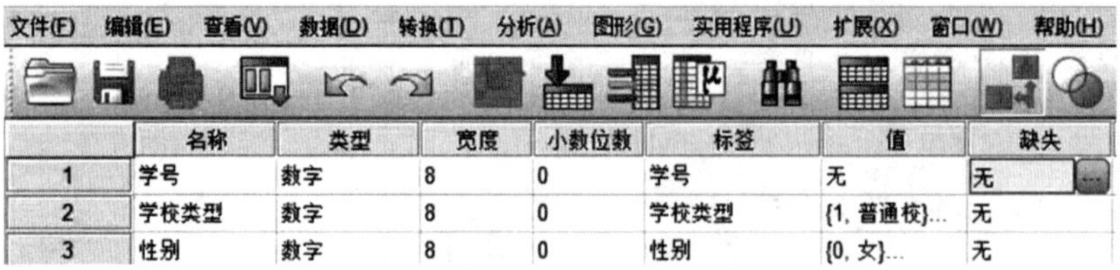

图 1-20　定义缺失值

定义缺失值有三种选择:无有缺失值;离散缺失值,可定义 1—3 个;范围加上一个可选的离散缺失值,可定义缺失值的范围,还可定义另外一个不在这一范围的缺失值。定义完缺失值后,单击"确定"按钮返回(如图 1-21 所示)。

图 1-21　"缺失值"对话框

（8）定义变量的显示宽度。用户在定义变量对话框中，单击“列”按钮，单元格中出现一个向上和一个向下的按钮。单击向上的按钮表示增加变量的显示宽度，单击向下的按钮表示减少变量的显示宽度。本例中，定义变量的显示宽度为默认值 8（如图 1-22 所示）。

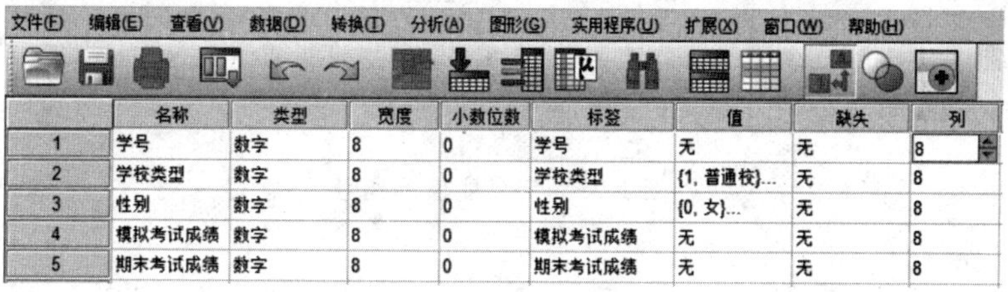

	名称	类型	宽度	小数位数	标签	值	缺失	列
1	学号	数字	8	0	学号	无	无	8
2	学校类型	数字	8	0	学校类型	{1, 普通校}...	无	8
3	性别	数字	8	0	性别	{0, 女}...	无	8
4	模拟考试成绩	数字	8	0	模拟考试成绩	无	无	8
5	期末考试成绩	数字	8	0	期末考试成绩	无	无	8

图 1-22　定义变量的显示宽度

（9）定义变量的对齐方式。定义变量的对齐方式有三种，分别是：左，即左对齐；右，即右对齐；居中，即居中对齐。在定义变量对话框中，用户单击“对齐”按钮，在“对齐”所在的列与变量所在的行所对应的单元格中会出现一个灰色按钮，单击该按钮，在出现的下拉选择框中进行选择。本例中，定义变量对齐方式为右对齐（如图 1-23 所示）。

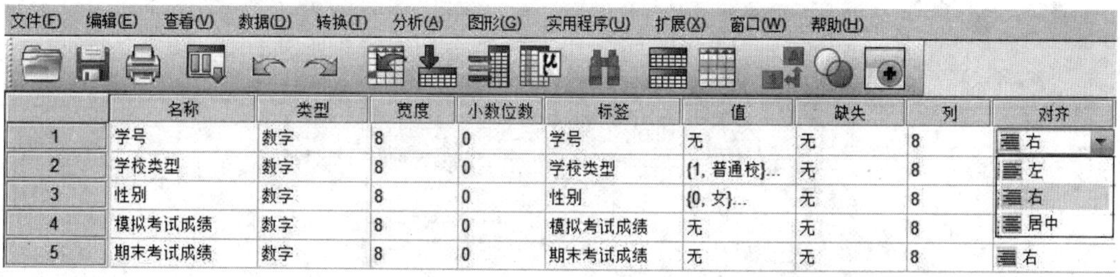

	名称	类型	宽度	小数位数	标签	值	缺失	列	对齐
1	学号	数字	8	0	学号	无	无	8	右
2	学校类型	数字	8	0	学校类型	{1, 普通校}...	无	8	
3	性别	数字	8	0	性别	{0, 女}...	无	8	
4	模拟考试成绩	数字	8	0	模拟考试成绩	无	无	8	
5	期末考试成绩	数字	8	0	期末考试成绩	无	无	8	右

图 1-23　定义变量的对齐方式

（10）定义变量的层次。定义变量层次的度量尺度有三种，分别是：名义，即定类层次；有序，即定序层次；标度，即定距层次或定比层次。在定义变量对话框中，用户单击“测量”按钮，在“测量”所在的列与变量所在的行所对应的单元格中会出现一个灰色按钮，单击该按钮，在出现的下拉选择框中选择适当的度量尺度。本例中，学校类型定义为“有序”；“性别”定义为“名义”；学号、模拟考试成绩和期末考试成绩定义为“标度”（如图 1-24 所示）。

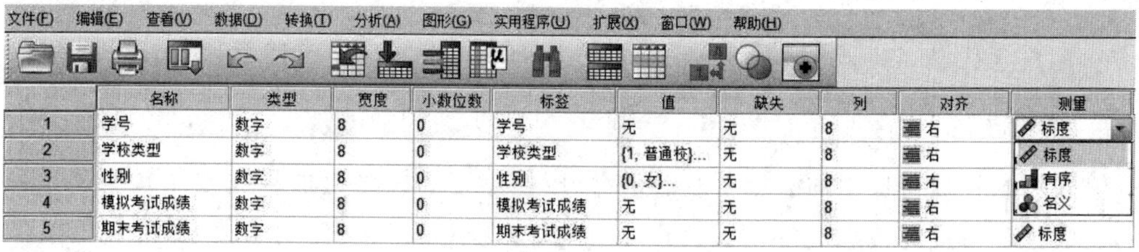

	名称	类型	宽度	小数位数	标签	值	缺失	列	对齐	测量
1	学号	数字	8	0	学号	无	无	8	右	标度
2	学校类型	数字	8	0	学校类型	{1, 普通校}...	无	8	右	
3	性别	数字	8	0	性别	{0, 女}...	无	8	右	
4	模拟考试成绩	数字	8	0	模拟考试成绩	无	无	8	右	
5	期末考试成绩	数字	8	0	期末考试成绩	无	无	8	右	标度

图 1-24　定义变量的层次

（11）定义变量的角色。变量的角色包括“输入”“目标”“两者”“无”“分区”“拆分”，通常选择“输入”（如图 1-25 所示）。

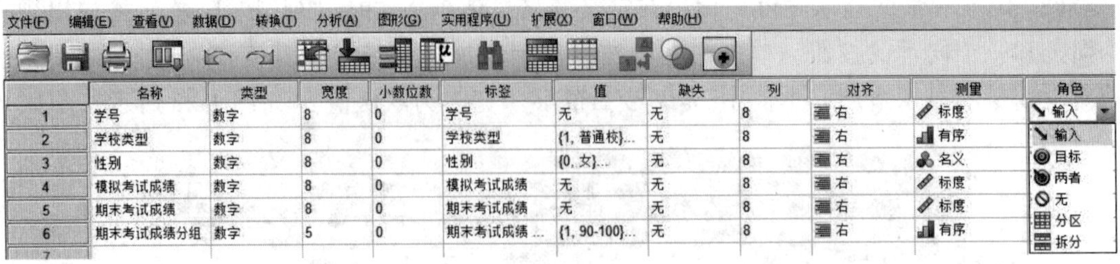

	名称	类型	宽度	小数位数	标签	值	缺失	列	对齐	测量	角色
1	学号	数字	8	0	学号	无	无	8	右	标度	输入
2	学校类型	数字	8	0	学校类型	{1, 普通校}...	无	8	右	有序	
3	性别	数字	8	0	性别	{0, 女}...	无	8	右	名义	
4	模拟考试成绩	数字	8	0	模拟考试成绩	无	无	8	右	标度	
5	期末考试成绩	数字	8	0	期末考试成绩	无	无	8	右	标度	
6	期末考试成绩分组	数字	5	0	期末考试成绩 ...	{1, 90-100}...	无	8	右	有序	
7											

图 1-25　定义变量的角色

2. 录入数据

定义好变量并格式化数据之后,用户即可在数据管理窗口录入原始数据。构成数据管理窗口的主要部分就是电子表格,横向为电子表格的行,纵向为电子表格的列,每一列的列首表示变量名。行与列的交叉处称为单元格,即保存数据的空格。鼠标一旦移入电子表格内即呈"十"字形,这时用户单击鼠标的左键可以激活单元格,被激活的单元格以加粗的边框显示;用户也可以按方向键上下、左右移动来激活单元格。单元格被激活后,用户即可向其中输入新数据或修改已有的数据(如图 1-26 所示)。

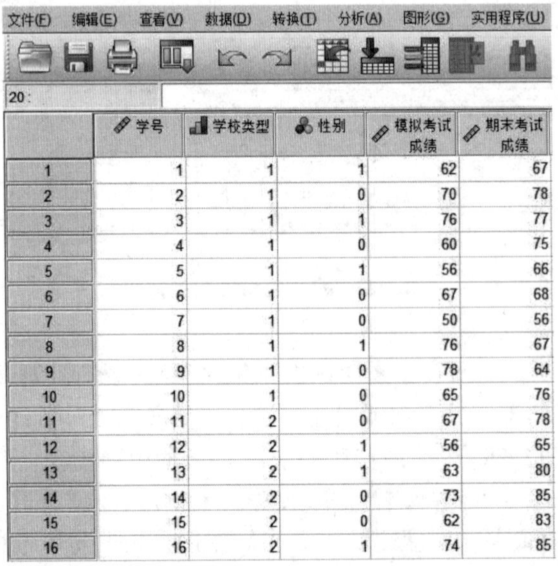

	学号	学校类型	性别	模拟考试成绩	期末考试成绩
1	1	1	1	62	67
2	2	1	0	70	78
3	3	1	1	76	77
4	4	1	0	60	75
5	5	1	1	56	66
6	6	1	0	67	68
7	7	1	0	50	56
8	8	1	1	76	67
9	9	1	0	78	64
10	10	1	0	65	76
11	11	2	0	67	78
12	12	2	1	56	65
13	13	2	1	63	80
14	14	2	0	73	85
15	15	2	0	62	83
16	16	2	1	74	85

图 1-26　录入数据界面

3. 保存数据文件

输入数据管理窗口中的数据要及时保存,以便用于下次再追加数据或作其他统计处理,或转换成其他格式的数据文件供别的软件使用等。保存数据文件的步骤如下:

(1) 选择"文件"菜单中的"保存"或"另存为……" 命令项,或者单击"保存"按钮都会弹出数据文件保存的对话框。

(2) 用户确定查找位置、文件名以及保存类型后单击"保存"按钮,即可保存数据文件。

用户可以通过单击"保存类型"的下拉菜单,选择并确定数据文件的格式。SPSS 统计分析软件当前默认的数据格式为"*.sav"(如图1-27所示)。

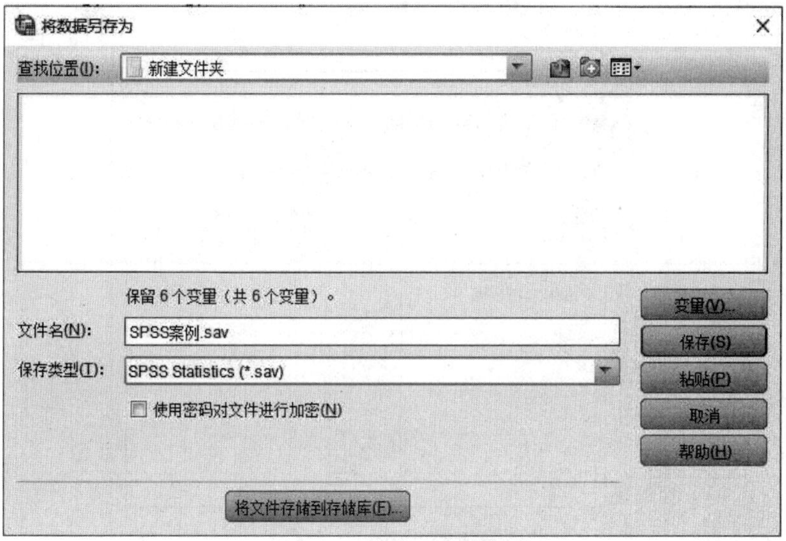

图 1-27 保存数据文件

(三) 运用SPSS统计分析软件进行单变量的统计分析

1. 运用SPSS统计分析软件进行单变量的统计描述

根据表1-13的数据,对期末考试成绩进行单变量的统计描述。研究者运用SPSS统计分析软件进行单变量的统计描述的步骤如下:

(1) 进行可视化分组。

研究者将期末考试成绩划分为[0分,60分)、[60分,70分)、[70分,80分)、[80分,90分)、[90分,100分]5个分数段,生成期末考试成绩分组变量。

① 执行"转换"→"可视分箱"命令(如图1-28所示)。

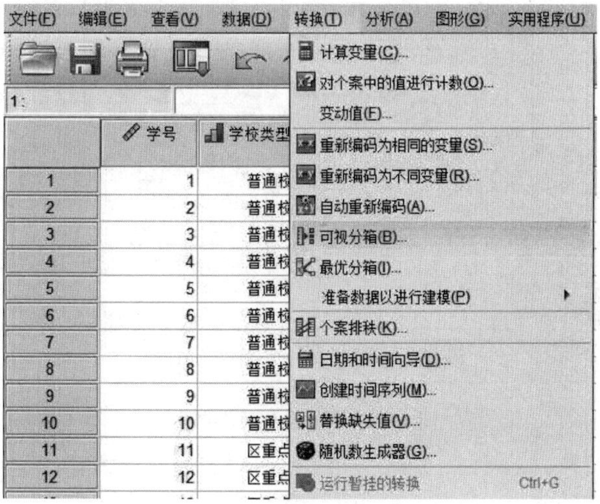

图 1-28 选择"可视分箱"命令

② 在打开的"可视分箱"对话框中,将变量列表中要进行分组处理的变量选入"要分箱的变量"框中,单击"继续"按钮(如图1-29所示)。

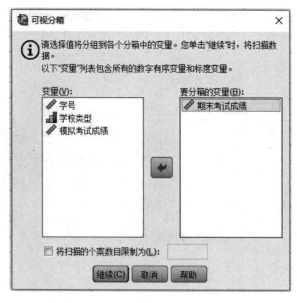

图1-29 选入"期末考试成绩"变量

③ 进入"可视分箱"对话框,在"分箱化变量"的"名称"文本框中输入待生成的分组变量名,并在"标签"文本框中输入变量标签(如图1-30所示)。

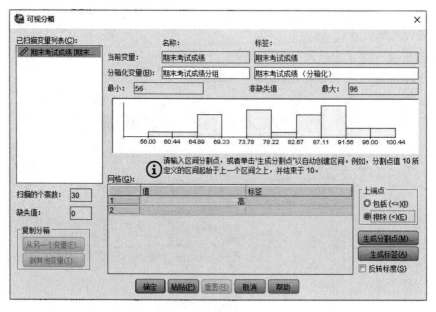

图1-30 "可视分箱"对话框

在"上端点"处,选择"包含(＜＝)",即包括分组点;或者选择"排除(＜)",即不包括分组点。

④ 在"可视分箱"对话框中单击"生成分割点"按钮,进入"生成分割点"对话框,设定分组规则,在"等宽间隔"选项组中可以设定第一个分割点的位置、分割点数、宽度,系统自动显示最后一个分割点位置。此外,研究者也可以选择"基于所扫描个案的相等百分位数"或者"基于所扫描个案的平均值和选定标准差处的分割点"项进行分组(如图 1-31 所示)。

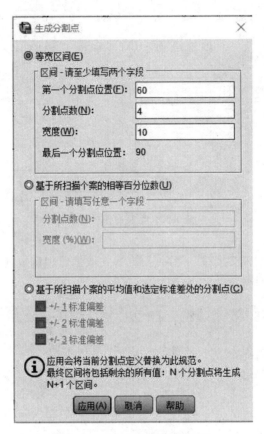

图 1-31 "生成分割点"对话框

之后,单击"应用"按钮回到"可视分箱"对话框中。

⑤ 单击"生成标签"显示分组标签,可以根据统计需要对标签进行编辑。

生成分组变量时,默认将低分组赋值为第 1 组,如果研究者想要将高分组赋值为第 1 组,可以勾选右下角的"反转标度"选项(如图 1-32 所示)。

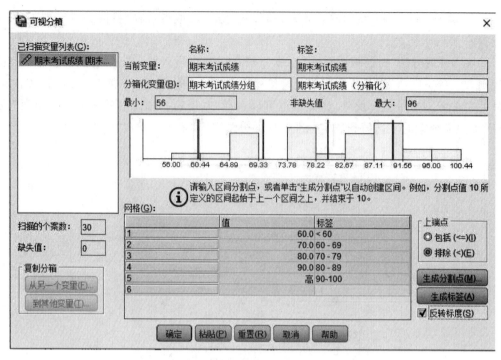

图 1-32 可视分箱的结果

设定完成后,单击"确定"按钮。之后,研究者在数据管理窗口就可以看到新生成的分组变量,并显示变量值所在组的数据(如图 1-33 所示)。

	学号	学校类型	性别	模拟考试成绩	期末考试成绩	期末考试成绩分组
1	1	普通校	男	62	67	60 - 69
2	2	普通校	女	70	78	70 - 79
3	3	普通校	男	76	77	70 - 79
4	4	普通校	女	60	75	70 - 79
5	5	普通校	男	56	66	60 - 69
6	6	普通校	女	67	68	60 - 69
7	7	普通校	女	50	56	< 60
8	8	普通校	男	76	67	60 - 69
9	9	普通校	女	78	64	60 - 69
10	10	普通校	女	65	76	70 - 79
11	11	区重点	女	67	78	70 - 79
12	12	区重点	男	56	65	60 - 69
13	13	区重点	男	63	80	80 - 89
14	14	区重点	女	73	85	80 - 89
15	15	区重点	女	62	83	80 - 89

图 1-33 新生成的分组变量

(2) 制作组距式统计表和统计图。

根据表1-13的数据,制作期末考试成绩的组距式统计表和统计图。

① 执行"分析"→"描述统计"→"频率"命令(如图1-34所示)。

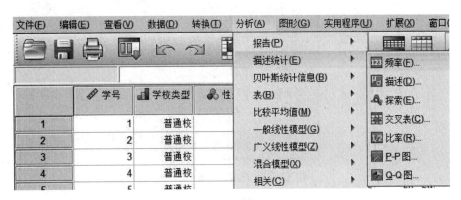

图1-34 选择"频率"命令

② 在弹出的"频率"对话框中,从左侧的变量列表中选择待分析的变量,单击中间的方向按钮,将其添加到"变量"框中(如图1-35所示)。

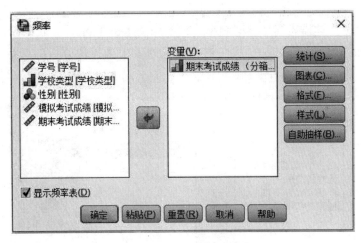

图1-35 "频率"对话框

勾选左下方的"显示频率表"选项,即可生成分析变量的统计表。

③ 单击"频率"对话框右侧的"图表"按钮,可以选择绘制图表的类型,系统默认为"无"。如果想要绘制图表,可以选择"条形图""饼图""直方图"以及"在直方图中显示正态曲线"。

"图表值"选项组中可以选择频率、百分比(如图1-36所示)。

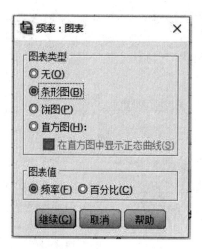

图1-36 "频率：图表"对话框

单击"继续"按钮，回到"频率"对话框。

④ 单击"确定"按钮，在SPSS统计分析软件的结果输出窗口将显示计算结果。

（3）进行单变量的统计描述。

根据表1-13的数据，对期末考试成绩进行趋势分析，制作直方图和曲线图，并进行偏度与峰度分析。

① 执行"分析"→"描述统计"→"频率"命令（如图1-37所示）。

② 在弹出的"频率"对话框中，从左侧的变量列表中选择待分析的变量，单击中间的方向按钮，将其添加到"变量"框中。

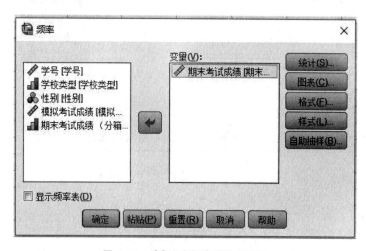

图1-37 选择"分析变量"对话框

③ 单击"统计"按钮，选择要统计的项目：

"百分位值"选项组中，可以选择"四分位数""分割点""百分位数"；

"集中趋势"选项组中，可以选择"平均值""中位数""众数""总和"；

"离散"选项组中,可以选择"标准差"、"方差"、"范围"(即极差)、"最小值"、"最大值"、"标准误差平均值"。

"表示后验分布"选项组中,可以选择"偏度"和"峰度"(如图 1-38 所示)。

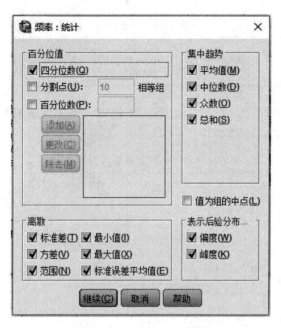

图 1-38 "频率:统计"对话框

单击"继续"按钮,回到"频率"对话框。

④ 单击"频率"对话框右侧的"图表"按钮,在"图表类型"选项组中选择"直方图"和"在直方图中显示正态曲线"(如图 1-39 所示)。

图 1-39 "频率:图表"对话框

单击"继续"按钮,回到"频率"对话框,单击"确定"按钮,在 SPSS 统计分析软件的结果输出窗口将输出计算结果。

(4) SPSS 统计分析软件的运行结果。

根据期末考试成绩分组变量制作组距式统计表,分析结果显示样本规模为30,没有缺失值(参见表1-14)。

表 1-14 样本统计

个案数	有效	30
	缺失	0

表 1-15 显示的是期末考试成绩的组距式统计表。该统计表显示了各组的频次、百分比、有效百分比和累计百分比等数据。

表 1-15 期末考试成绩的组距式统计表

分组/分	频次/次	百分比/%	有效百分比/%	累积百分比/%
90—100	8	26.7	26.7	26.7
80—89	9	30.0	30.0	56.7
70—79	6	20.0	20.0	76.7
60—69	6	20.0	20.0	96.7
<60	1	3.3	3.3	100.0
总计	30	100.0	100.0	

统计结果还显示了期末考试成绩分组的条形图(如图1-40所示)。

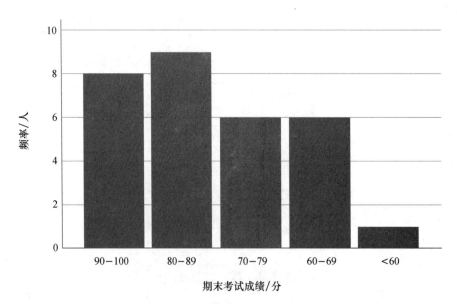

图 1-40 期末考试成绩分组条形图

对"期末考试成绩"变量的统计描述结果如表1-16所示。

统计结果显示,30 名学生期末考试成绩的平均值为 80.77,平均值标准误差为 1.976,中位值为 83.50,众数为 90,标准差为 10.824,方差为 117.151,偏度为 −0.536,峰度为 −0.641,范围(即极差)为 40,最小值为 56,最大值为 96,总和为 2423,Q_{25} 为 73.25,Q_{75} 为 90.00,由此可以得出四分互差 Q 为 16.75。

表 1-16 统计量

期末考试成绩		
平均值		80.77
平均值标准误差		1.976
中位值		83.50
众数		90.00
标准差		10.824
方差		117.151
偏度		−0.536
偏度标准误差		0.427
峰度		−0.641
峰度标准误差		0.833
范围(即极差)		40.00
最小值		56.00
最大值		96.00
总和		2423
百分位数	25	73.25
	50	83.50
	75	90.00

统计结果还显示了期末考试成绩分布的直方图和曲线图(如图 1-41 所示)。

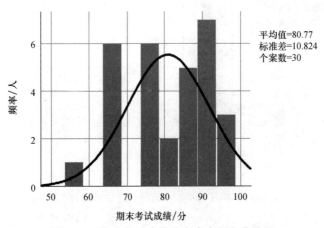

图 1-41 期末考试成绩分布直方图和曲线图

2. 运用 SPSS 统计分析软件进行单样本 T 检验

(1) 进行区间估计。

根据表 1-13 的数据,对期末考试成绩进行区间估计(置信度为 0.95)。

执行"分析"→"比较平均值"→"单样本 T 检验"命令(如图 1-42 所示)。

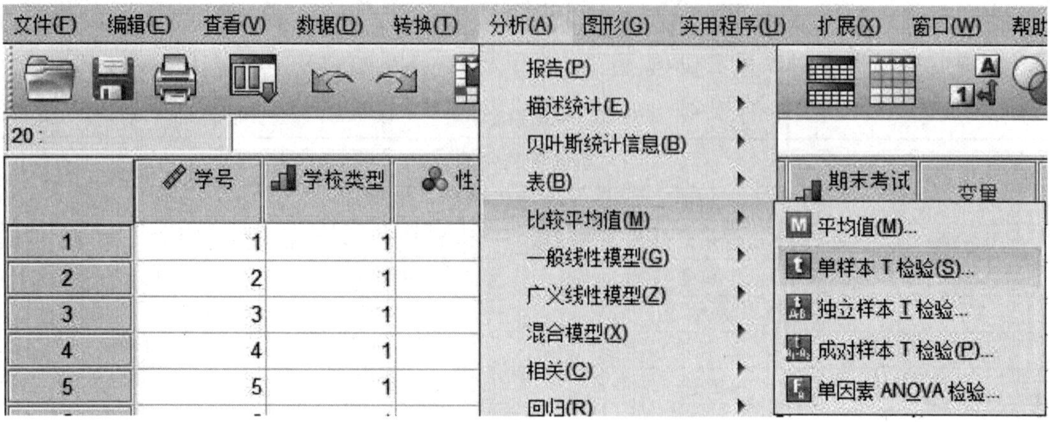

图 1-42 选择"单样本 T 检验"命令

在"单样本 T 检验"对话框中,将"期末考试成绩"变量添加到"检验变量"框中,在"检验值"文本框中输入"0",进行区间估计(如图 1-43 所示)。

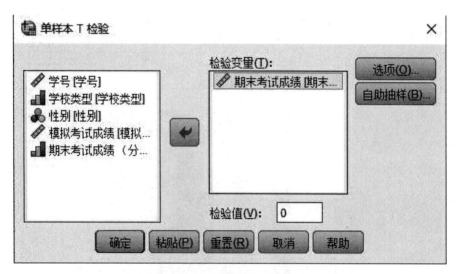

图 1-43 "单样本 T 检验"对话框

单击"选项"按钮,进入"单样本 T 检验:选项"对话框,在"置信区间百分比"文本框中输入置信度为"95％"。在"缺失值"选项组中,选择"按具体分析排除个案"(如图 1-44 所示)。

图 1-44 "单样本 T 检验：选项"对话框

单击"继续"按钮，回到"单样本 T 检验"对话框。单击"确定"按钮，在 SPSS 统计分析软件的结果输出窗口将输出计算结果。

（2）进行假设检验。

根据表 1-13 的数据，对期末考试成绩进行假设检验，参考值模拟考试成绩为 69.97 分，检验期末考试成绩与模拟考试成绩是否有差异（显著性水平设定为 0.05）。

执行"分析"→"比较平均值"→"单样本 T 检验"命令。

在弹出的"单样本 T 检验"对话框中，将"期末考试成绩"变量添加到"检验变量"框中，在"检验值"文本框中输入假设检验值为"69.97"（如图 1-45 所示）。

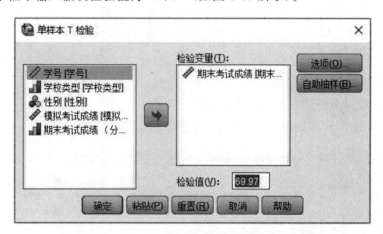

图 1-45 "单样本 T 检验"对话框中输入假设检验值

单击"确定"按钮，在 SPSS 统计分析软件的结果输出窗口将输出计算结果。

（3）结果分析。

① 样本的统计描述。

表 1-17 显示了样本规模为 30，期末考试成绩变量的平均值为 80.77，标准差为 10.824，平均值标准误差为 1.976。

表 1-17 单个样本统计量

变量	N	平均值	标准差	平均值标准误差
期末考试成绩	30	80.77	10.824	1.976

② 区间估计的结果。

表 1-18 显示了区间估计的结果,置信度为 95% 的置信区间为[76.73,84.81]。

表 1-18 单个样本检验(区间估计)

变量	检验值＝0					
	t	自由度	sig.(双侧)	均值差值	差分的 95% 置信区间	
					下限	上限
期末考试成绩	40.871	29	0.000	80.767	76.73	84.81

③ 假设检验的结果。

表 1-19 显示了假设检验的结果,统计量 t 值为 5.464,自由度为 29,样本均值与检验值 69.97 的差为 10.797,双侧检验伴随概率为 0.000,小于显著性水平 0.05,认为期末考试平均成绩与检验值 69.97 有显著差异。

表 1-19 单个样本检验(假设检验)

变量	检验值＝69.97					
	t	自由度	sig.(双侧)	均值差值	差分的 95% 置信区间	
					下限	上限
期末考试成绩	5.464	29	0.000	10.797	6.76	14.84

(四)运用 SPSS 统计分析软件进行双变量的统计分析

1. 运用 SPSS 统计分析软件进行列联表统计分析

根据表 1-13 的数据,选择性别和期末考试成绩分组两个变量,制作交叉列联表,并分析性别与期末考试成绩分组的关系。

运用 SPSS 统计分析软件进行列联表统计分析的步骤如下:

(1)执行"分析"→"描述统计"→"交叉表"命令(如图 1-46 所示)。

图 1-46 选择"交叉表"命令

(2)在弹出的"交叉表"对话框中,选择待分析的两个变量,分别加入"行"和"列"中(如图 1-47 所示)。

可以选择"显示簇状条形图",显示各个变量不同交叉取值下的频数条形图。

可以选择"禁止显示表",取消显示统计表,不勾选此项,则显示交叉统计表。

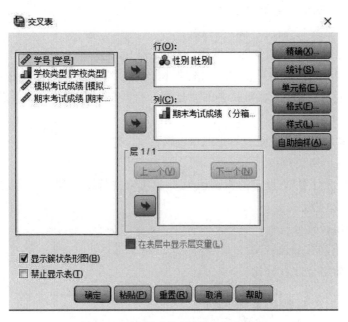

图 1-47 "交叉表"对话框中加入变量

(3) 单击"统计"按钮,弹出"交叉表:统计"对话框(如图 1-48 所示)。

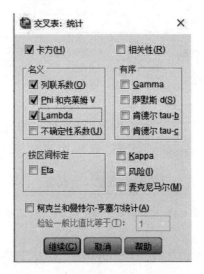

图 1-48 "交叉表:统计"对话框

在"交叉表:统计"对话框中可以选择检验方法,包括:
① "卡方":进行卡方检验。
② "相关性":得到变量的"相关系数"。
"名义"选项组提供定类变量的关联指标,包括:
① "列联系数":输出 C 系数;
② "Phi 和克莱姆 V":输出 ϕ 系数和 V 系数;

③"Lambda"：输出 λ 系数和 τ 系数；

④"不确定性系数"：输出不确定系数。

"有序"选项组提供定序变量的关联指标(此处略)。

(4) 在"交叉表"对话框中单击"单元格"按钮，弹出"交叉表：单元格显示"对话框(如图 1-49 所示)，在此对话框中，可对列联表中需要输出的指标进行定义。其主要内容包括：

① "计数"选项组。

a. "实测"：输出实际观察数；

b. "期望"：输出期望频次；

c. "隐藏较小的计数"：设定的默认值为 5，也可以自行设定较小的计数。

② "百分比"选项组。

a. "行"：输出行百分比；

b. "列"：输出列百分比；

c. "总计"：输出合计百分比。

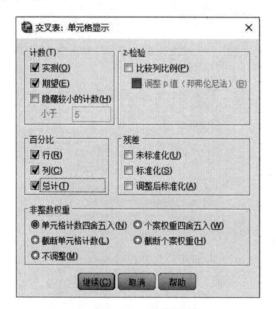

图 1-49 "交叉表：单元格显示"对话框

(5) 在"交叉表"对话框中单击"格式"按钮，弹出"交叉表：表格式"对话框(如图 1-50 所示)。

图 1-50 "交叉表：表格式"对话框

"行顺序"用于确定表格中各行的排列顺序,其中:
① "升序":表示以升序显示各变量值;
② "降序":表示以降序显示各变量值。
单击"继续"按钮,返回到"交叉表"对话框。
(6) 单击"确定"按钮,SPSS统计分析软件即完成列联表分析。
(7) 结果分析。
① 第一部分是案例处理摘要,显示的是样本统计情况。
表1-20显示样本规模为30,没有缺失值。

表1-20 案例处理摘要

变量	个案					
	有效的		缺失		合计	
	N	百分比	N	百分比	N	百分比
性别 * 期末考试成绩分组	30	100.0%	0	0.0%	30	100.0%

② 第二部分显示的是列联表。

表1-21显示的是观测值的列联表,表中白色部分显示的是联合分布的观测频次,灰色部分显示的是边缘分布的观测频次。

表1-21 性别 * 期末考试成绩分组列联表(观测频次)

变量		期末考试成绩分组					总计
		90—100分	80—89分	70—79分	60—69分	<60分	
性别	女	5	4	4	2	1	16
	男	3	5	2	4	0	14
总计		8	9	6	6	1	30

表1-22显示的是期望值的列联表,表中白色部分显示的是联合分布的期望频次,灰色部分显示的是边缘分布的期望频次。

表1-22 性别 * 期末考试成绩分组列联表(期望频次)

变量		期末考试成绩分组					总计
		90—100分	80—89分	70—79分	60—69分	<60分	
性别	女	4.3	4.8	3.2	3.2	0.5	16.0
	男	3.7	4.2	2.8	2.8	0.5	14.0
总计		8.0	9.0	6.0	6.0	1.0	30.0

表1-23显示的是观测频率的列联表,表格中白色部分显示的是联合分布的观测频率,灰色部分显示的是边缘分布的观测频率。

表1-23 性别 * 期末考试成绩分组观测频率的列联表

变量		期末考试成绩分组					总计
		90—100分	80—89分	70—79分	60—69分	<60分	
性别	女	16.7%	13.3%	13.3%	6.7%	3.3%	53.3%
	男	10.0%	16.7%	6.7%	13.3%	0	46.7%
总计		26.7%	30.0%	20.0%	20.0%	3.3%	100.0%

表1-24显示的是控制性别变量,期末考试成绩分组的条件分布的列联表。

表1-24 性别*期末考试成绩分组列联表(占"性别"的百分比)

变量		期末考试成绩分组					总计
		90—100分	80—89分	70—79分	60—69分	<60分	
性别	女	31.3%	25.0%	25.0%	12.5%	6.3%	100.0%
	男	21.4%	35.7%	14.3%	28.6%	0	100.0%
总计		26.7%	30.0%	20.0%	20.0%	3.3%	100.0%

表1-25显示的是控制期末考试成绩分组变量,性别的条件分布的列联表。

表1-25 性别*期末考试成绩分组列联表(占"期末考试成绩分组"的百分比)

变量		期末考试成绩分组					总计
		90—100分	80—89分	70—79分	60—69分	<60分	
性别	女	62.5%	44.4%	66.7%	33.3%	100.0%	53.3%
	男	37.5%	55.6%	33.3%	66.7%	0	46.7%
总计		100.0%	100.0%	100.0%	100.0%	100.0%	100.0%

③ 第三部分为列联表的卡方检验结果。

表1-26显示皮尔逊卡方值为2.824,自由度为4,sig.(双侧)为0.588,大于显著性水平0.05,说明性别与期末成绩分组不具有显著相关性。

表1-26 卡方检验

项目	值	自由度	sig.(双侧)
皮尔逊卡方	2.824[a]	4	0.588
似然比	3.229	4	0.520
线性关联	0.082	1	0.775
有效个案数	30		

a. 10个单元格(100.0%)的期望计数小于5。最小期望计数为0.5。

④ 第四部分为列联强度测量结果,包括对称测量结果和定向测量结果。

表1-27显示ϕ系数为0.307,V系数为0.307,C系数为0.293,sig均大于0.05,说明性别与期末考试成绩分组相关性较弱,且不具有显著性。

表1-27 对称测量

项目		值	sig
名义到名义	Phi	0.307	0.588
	克莱姆V	0.307	0.588
	列联系数	0.293	0.588
有效个案数		30	

表1-28显示当以性别为自变量,以期末考试成绩分组为因变量时,λ系数为0.048,τ系数为0.020,且sig均大于0.05,说明性别与期末考试成绩分组未呈现显著相关性。

表 1-28 定向测量

项目		值	渐近标准误差[a]	近似 T[b]	sig
名义到名义	Lambda 对称	0.114	0.154	0.713	0.476
	性别 因变量	0.214	0.245	0.782	0.434
	期末考试成绩分组 因变量	0.048	0.139	0.334	0.738
	古德曼和克鲁斯卡尔 tau 性别 因变量	0.094	0.089		0.604[c]
	期末考试成绩分组 因变量	0.020	0.027		0.667[c]

a. 未假定原假设。
b. 在假定原假设的情况下使用渐近标准误差。
c. 基于卡方近似值。

⑤ 第五部分显示的是簇状条形图。

图 1-51 显示的是女生和男生按照期末考试成绩分组后各分数段的簇状条形图。

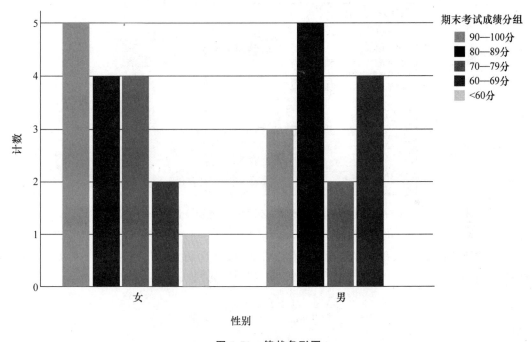

图 1-51　簇状条形图

2. 运用 SPSS 统计分析软件进行均值比较分析

(1) 独立样本 T 检验。

根据表 1-13 的数据,分析男生和女生的期末考试成绩是否具有显著差异。

① 执行"分析"→"比较平均值"→"独立样本 T 检验"命令(如图 1-52 所示)。

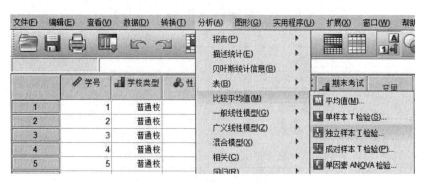

图1-52 选择"独立样本T检验"命令

② 在"独立样本T检验"对话框,将变量列表中的"期末考试成绩"变量添加到"检验变量"框中,将"性别"变量添加到"分组变量"框中(如图1-53所示)。

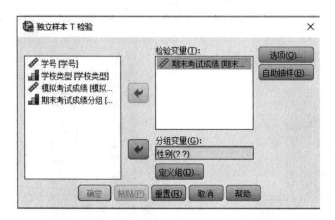

图1-53 "独立样本T检验"对话框输入检验变量和分组变量

③ 单击"定义组"按钮,弹出"定义组"对话框,根据性别变量的值标签(0=女,1=男),选择"使用指定的值",在"组1"中输入"0","组2"中输入"1"(如图1-54所示)。

图1-54 "定义组"对话框

④ 单击"继续"按钮,返回"独立样本T检验"对话框(如图1-55所示)。

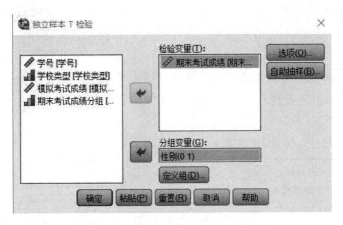

图 1-55 返回"独立样本 T 检验"对话框

⑤ 单击"选项"按钮,进入"独立样本 T 检验:选项"对话框,在"置信区间百分比"文本框中输入置信度为"95%"。在"缺失值"选项组中,选择"按具体分析排出个案"(如图 1-56 所示)。

图 1-56 "独立样本 T 检验:选项"对话框

⑥ 单击"继续"按钮,返回"独立样本 T 检验"对话框,单击"确定"按钮,在 SPSS 统计分析软件的结果输出窗口将输出计算结果。

⑦ 结果分析。

SPSS 统计分析软件输出的第一个表格为"组统计"描述。

表 1-29 显示,期末考试成绩按"性别"分为"女"和"男"两组。其中,女性个案数为 16,期末考试成绩平均值为 81.69,标准差为 11.864,标准误为 2.966;男性个案数为 14,期末考试成绩平均值为 79.71,标准差为 9.833,标准误为 2.628。

表 1-29 组统计

变量	性别	个案数	平均值	标准差	标准误
期末考试成绩	女	16	81.69	11.864	2.966
	男	14	79.71	9.833	2.628

SPSS 统计分析软件输出的第二个表格为独立样本 T 检验结果。

表 1-30 显示,莱文方差等同性检验结果为:F 值等于 0.368,sig 为 0.549,大于显著性

水平 0.05,不能拒绝方差相等的假设,可以认为男生和女生的期末考试成绩方差无显著差异。因此,本次检验应参考的结果是"假定等方差"的 T 检验结果,即第一行的"平均值等同性 T 检验"结果。

从统计结果看,女生期末考试成绩的平均分高于男生 1.973 分,t 统计量为 0.492,sig.(双侧)为 0.627,大于显著性 0.05,说明男生和女生的期末考试成绩的平均分不存在显著差异。

表 1-30 独立样本 T 检验

变量		莱文方差等同性检验		平均值等同性 T 检验						
		F	sig	t	自由度	sig.(双侧)	平均值差值	标准误差差值	差值 95% 置信区间	
									下限	上限
期末考试成绩	假定等方差	0.368	0.549	0.492	28	0.627	1.973	4.014	−6.249	10.195
	不假定等方差			0.498	27.932	0.622	1.973	3.963	−6.145	10.091

(2)配对样本 T 检验。

根据表 1-13 的数据,分析期末考试成绩与模拟考试成绩是否存在显著差异。

① 执行"分析"→"比较平均值"→"成对样本 T 检验"命令(如图 1-57 所示)。

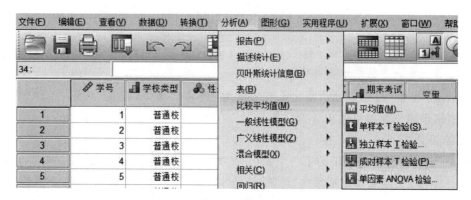

图 1-57 选择"成对样本 T 检验"命令

② 在"成对样本 T 检验"对话框中,从左侧的变量列表中先后选择"模拟考试成绩"变量和"期末考试成绩"变量,分别添加到"配对变量"框中(如图 1-58 所示)。

③ 单击"选项"按钮,进入"成对样本 T 检验:选项"对话框,在"置信区间百分比"文本框中输入置信度为"95%"。在"缺失值"选项组中,选择"按具体分析排除个案"(如图 1-59 所示)。

④ 单击"继续"按钮,返回"成对样本 T 检验"对话框,单击"确定"按钮,在 SPSS 统计分析软件的结果输出窗口将输出计算结果。

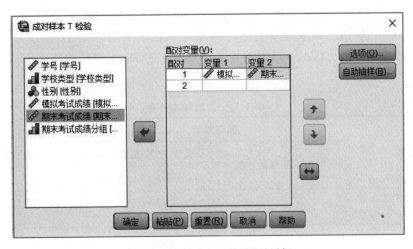

图 1-58 "成对本 T 检验"对话框

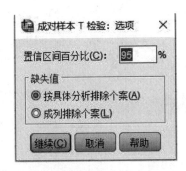

图 1-59 "成对样本 T 检验:选项"对话框

⑤ 结果分析。

SPSS 统计分析软件输出的第一个表格为配对样本统计。

表 1-31 显示,模拟考试成绩平均值为 67.97 分,个案数为 30,标准差为 7.490,标准误为 1.368;期末考试成绩平均值为 80.77 分,个案数为 30,标准差为 10.824,标准误为 1.976。

表 1-31 配对样本统计

	变量	平均值	个案数	标准差	标准误
配对 1	模拟考试成绩	67.97	30	7.490	1.368
	期末考试成绩	80.77	30	10.824	1.976

SPSS 统计分析软件输出的第二个表格为配对样本相关性的结果。

表 1-32 显示,模拟考试成绩和期末考试成绩的相关性为 0.486,sig 为 0.007,小于显著性水平 0.05,说明模拟考试成绩和期末考试成绩呈现显著的中等正相关。

表 1-32 配对样本相关性

	变量	个案数	相关性	sig
配对 1	模拟考试成绩 & 期末考试成绩	30	0.486	0.007

SPSS 统计分析软件输出的第三个表格为配对样本检验的结果。

表 1-33 显示,模拟考试成绩平均分比期末考试成绩平均分低 12.800 分,t 统计量为 -7.212,sig.(双侧)为 0.000,小于显著性水平 0.05,说明期末考试成绩平均分显著高于模拟考试成绩平均分。

表 1-33 配对样本检验

变量		配对差值					t	自由度	sig.(双侧)
		平均值	标准差	标准误	差值 95% 置信区间				
					下限	上限			
配对 1	模拟考试成绩—期末考试成绩	-12.800	9.722	1.775	-16.430	-9.170	-7.212	29	0.000

(3) 方差分析。

根据表 1-13 的数据,分析不同类型学校的期末考试成绩是否具有显著差异。

① 执行"分析"→"比较平均值"→"单因素 ANOVA 检验"命令(如图 1-60 所示)。

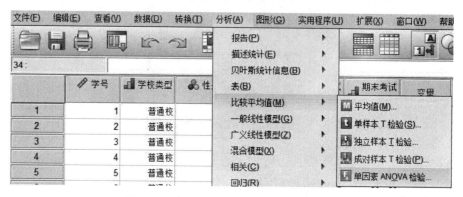

图 1-60 选择"单因素 ANOVA 检验"命令

② 在"单因素 ANOVA 检验"对话框中,从左侧的变量列表中选择"期末考试成绩"变量,将其添加到"因变量列表"框中(如图 1-61 所示)。

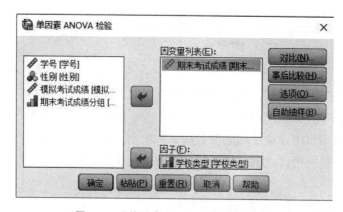

图 1-61 "单因素 ANOVA 检验"对话框

③ 单击"选项"按钮,进入"单因素 ANOVA 检验:选项"对话框,该对话框提供了"统计"选项组、"平均值图"复选框和"缺失值"选项组(如图 1-62 所示)。

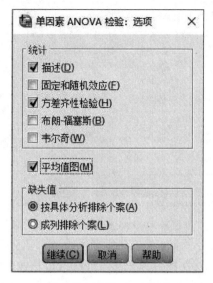

图 1-62 "单因素 ANOVA 检验:选项"对话框

"统计"选项组可以选择需要输出的统计量,包括:

a. 描述:即输出描述统计量,包括样本数量、均值、最大值、最小值、标准差、标准误和各变量 95% 的置信区间。

b. 固定和随机效应:显示固定效应模型的标准差、标准误、95% 的置信区间,以及随机效应模型的标准差、标准误、95% 的置信区间和方差成分间的估计值。

c. 方差齐性检验:表示要求用莱文统计量进行方差一致性检验。方差分析对于等方差的要求比较严格,必须对方差分析的等方差前提进行检验,通过检验才可以进行方差分析。

d. 布朗-福赛斯:表示计算分组均数相等的布朗-福赛斯统计量,当不能把握方差齐性检验假设时,此统计量更具稳健性。

e. 韦尔奇:表示计算分组均数相等的韦尔奇统计量,当不能把握方差齐性检验假设时,此统计量更有优势。

"平均值图"复选框:用于输出均数分布图,即根据各组平均数作图,同时辅助对平均数的趋势判断。

"缺失值"选项组:用于选择缺失值的处理方式。

在"统计"选项组中,选择"描述""方差齐性检验";可勾选"平均值图";在"缺失值"选项组中,选择"按具体分析排除个案",然后单击"继续"按钮,返回到"单因素 ANOVA 检验"对话框。

④ 单击"事后比较"按钮,进入"单因素 ANOVA 检验:事后多重比较"对话框。

"事后多重比较"对话框提供了进行多重比较的方法,包括假定方差相等时多重比较的 14 种方法和假定方差不相等时多重比较的 4 种方法;显著性水平的文本框中可以设定显著性水平(如图 1-63 所示)。

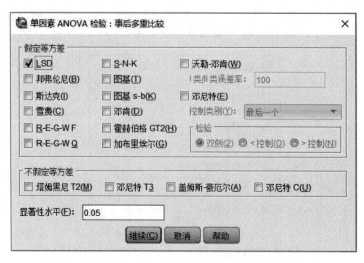

图 1-63 "单因素 ANOVA 检验：事后多重比较"对话框

在"假定等方差"选项组中，选择"LSD"选项进行多重比较，在"显著性水平"文本框中输入"0.05"，然后单击"继续"按钮，返回到"单因素 ANOVA 检验"对话框。单击"确定"按钮，在 SPSS 统计分析软件的结果输出窗口将输出计算结果。

⑤ 结果分析。

SPSS 统计分析软件输出的第一个表格为期末考试成绩变量的统计描述。

表 1-34 显示了普通校、区重点和市重点三类学校的个案数、期末考试成绩的平均值、标准差、标准误、平均值的 95% 置信区间、最小值和最大值的结果。

表 1-34 期末考试成绩变量的统计描述

变量	个案数	平均值	标准差	标准误	平均值的 95% 置信区间		最小值	最大值
					下限	上限		
普通校	10	69.40	6.995	2.212	64.40	74.40	56	78
区重点	10	83.20	8.121	2.568	77.39	89.01	65	96
市重点	10	89.70	4.877	1.542	86.21	93.19	78	96
总计	30	80.77	10.824	1.976	76.73	84.81	56	96

SPSS 统计分析软件输出的第二个表格为方差齐性检验的结果。

表 1-35 显示了方差齐性检验的结果，基于平均值计算的莱文统计量为 1.084，sig 为 0.353，大于显著性水平 0.05，说明各学校期末考试成绩的方差不存在显著差异，数据通过方差齐性检验，可以进行方差分析。

表 1-35 方差齐性检验

变量		莱文统计	自由度 1	自由度 2	sig
期末考试成绩	基于平均值	1.084	2	27	0.353
	基于中位数	0.794	2	27	0.462
	基于中位数并具有调整后自由度	0.794	2	23.186	0.464
	基于剪除后平均值	1.129	2	27	0.338

SPSS 统计分析软件输出的第三个表格是 ANOVA 的结果。

表 1-36 显示方差分析的平方和分解结果,组间平方和为 2149.267,组内平方和为 1248.100,总平方和为 3397.367,F 值为 23.247,sig 为 0.000,小于显著性水平 0.05,说明这三类学校中至少有一类学校的期末考试成绩与其他类型的学校相比,具有显著差异性。

表 1-36 ANOVA

变量	平方和	自由度	均方	F	sig
组间	2149.267	2	1074.633	23.247	0.000
组内	1248.100	27	46.226		
总计	3397.367	29			

SPSS 统计分析软件输出的第四个表格为多重比较的结果。

表 1-37 显示,普通校期末考试成绩低于区重点 13.800 分,sig 为 0.000,小于显著性水平 0.05,说明差异显著;普通校期末考试成绩低于市重点 20.300 分,sig 为 0.000,小于显著性水平 0.05,说明差异显著;区重点期末考试成绩低于市重点 6.500 分,sig 为 0.042,小于显著性水平 0.05,说明差异显著。

表 1-37 多重比较

(I)学校类型	(J)学校类型	平均值差值(I−J)	标准误	sig	95%置信区间	
					下限	上限
普通校	区重点	−13.800*	3.041	0.000	−20.04	−7.56
	市重点	−20.300*	3.041	0.000	−26.54	−14.06
区重点	普通校	13.800*	3.041	0.000	7.56	20.04
	市重点	−6.500*	3.041	0.042	−12.74	−0.26
市重点	普通校	20.300*	3.041	0.000	14.06	26.54
	区重点	6.500*	3.041	0.042	0.26	12.74

*表示平均值差值的显著性水平为 0.05。

SPSS 统计分析软件最后输出的是三类学校期末考试成绩的平均值图(如图 1-64 所示),平均值图显示,普通校期末考试成绩平均分最低,市重点期末考试成绩平均分最高。

(五)运用 SPSS 统计分析软件进行多元线性回归分析

根据表 1-13 的数据,以性别、学校类型、模拟考试成绩为自变量,以期末考试成绩为因变量,建构解释期末考试成绩的多元线性模型。

(1)执行"分析"→"回归"→"线性"命令(如图 1-65 所示)。

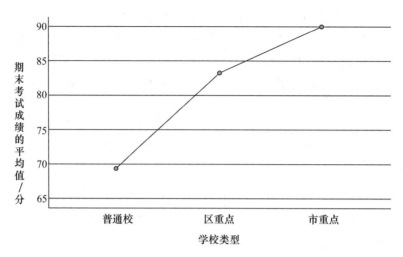

图 1-64 三类学校期末考试成绩的平均值图

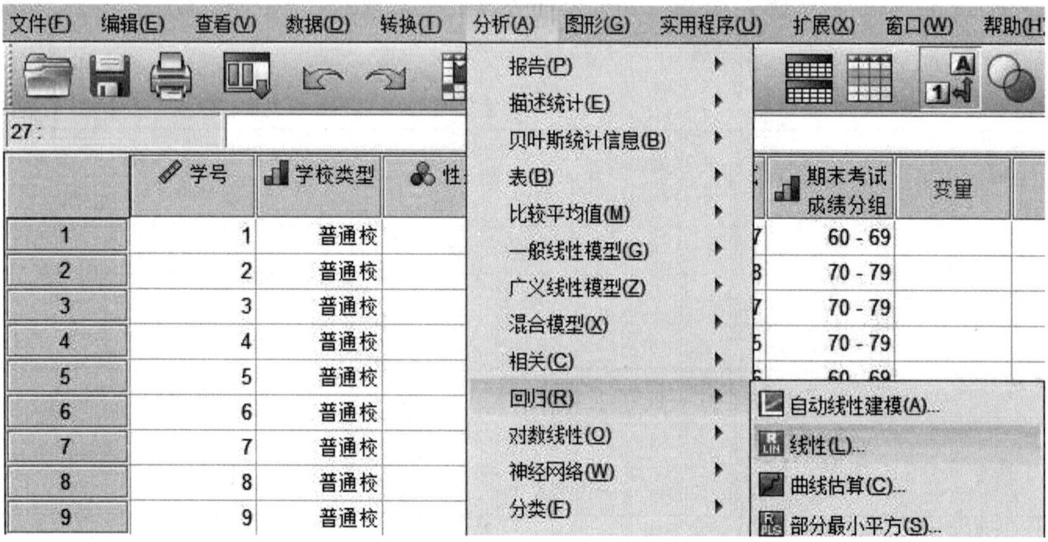

图 1-65 选择"线性"命令

(2) 在"线性回归"对话框中,从左侧的变量列表中选择"期末考试成绩"变量,将其添加到"因变量"框中。选择"性别""学校类型""模拟考试成绩"3 个变量,添加到"自变量"框中(如图 1-66 所示)。

(3) 单击"确定"按钮,即可得到多元线性回归的分析结果。

(4) 结果分析。

SPSS 统计分析软件输出的第一个表格为输入/除去的变量。

表 1-38 显示多元回归方程引入 3 个自变量,分别为模拟考试成绩、性别和学校类型,其引入方法为"输入"。

表 1-38　输入/除去的变量[a]

模型	输入的变量	除去的变量	方法
1	模拟考试成绩,性别,学校类型[b]	.	输入

a. 因变量：期末考试成绩。
b. 已输入所请求的所有变量。

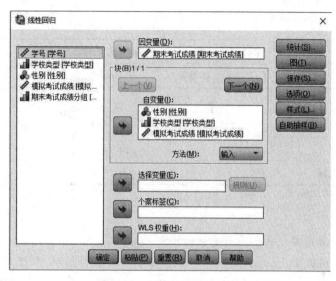

图 1-66　"线性回归"对话框

SPSS 统计分析软件输出的第二个表格为模型摘要。

表 1-39 显示复相关系数为 0.833,多元判定系数(R 方)为 0.693,调整判定系数(调整后 R 方)为 0.658,回归估计的标准误为 6.329。上述结果说明,多元回归模型的拟合优度良好。

表 1-39　模型摘要

模型	R	R 方	调整后 R 方	标准误
1	0.833[a]	0.693	0.658	6.329

a. 预测变量：(常量),模拟考试成绩,性别,学校类型。

SPSS 统计分析软件输出的第三个表格为 ANOVA。

表 1-40 显示回归模型的平方和分解结果为：回归平方和为 2355.936,残差平方和为 1041.431,总计平方和为 3397.367。F 值为 19.606,sig 为 0.000,说明自变量和因变量之间存在线性回归关系。

表 1-40　ANOVA[a]

模型		平方和	自由度	均方	F	sig
1	回归	2355.936	3	785.312	19.606	0.000[b]
	残差	1041.431	26	40.055		
	总计	3397.367	29			

a. 因变量：期末考试成绩。
b. 预测变量：(常量),模拟考试成绩,性别,学校类型。

SPSS 统计分析软件输出的第四个表格为回归分析的系数表。

表 1-41 显示回归常数项为 37.545,性别(x_1)的偏回归系数为 -2.626,标准回归系数为 -0.123,t 检验 sig 为 0.273;学校类型(x_2)的偏回归系数为 9.271,标准回归系数为 0.711,t 检验 sig 为 0.000;模拟考试成绩(x_3)的偏回归系数为 0.381,标准回归系数为 0.264,t 检验 sig 为 0.030。

表 1-41 系数[a]

模型		未标准化系数		标准化系数	t	sig
		B	标准误	Beta		
1	常量	37.545	10.967		3.423	0.002
	性别	-2.626	2.345	-0.123	-1.120	0.273
	学校类型	9.271	1.491	0.711	6.218	0.000
	模拟考试成绩	0.381	0.166	0.264	2.301	0.030

a. 因变量:期末考试成绩。

根据上述结果得到多元回归方程为:$y = 37.545 - 2.626x_1 + 9.271x_2 + 0.381x_3$。

根据以上结果可以看出,性别对期末考试成绩不具有显著影响;学校类型对期末考试成绩具有显著影响,在控制其他变量的情况下,学校类型每提高 1 个等级,期末考试成绩提高 9.271 分;模拟考试成绩对期末考试成绩具有显著影响,在控制其他变量的情况下,模拟考试成绩每提高 1 分,期末考试成绩提高 0.381 分。通过标准回归系数的比较,学校类型的标准回归系数绝对值最大,说明学校类型对期末考试成绩的影响最大。

三、调查案例

大学生社团参与状况的调查问卷的编码[①]

(一)制作编码手册

编码手册的内容如下:

(1) 项目名称,即调查问卷中的问题或有关项目。

(2) 变量名,即调查问卷所实际测量的一个变量,有时一个问题可能包含几个变量。

(3) 含义,即简要指出该变量的内涵,是变量的核心内容的反映。

(4) 宽度,即调查问卷中每个项目或每个问题答案数码的位数。

(5) 栏码,即根据调查问卷中的每个项目的宽度和前后顺序确定的其编码在整个数据排列中的位置。

(6) 答案赋值,即调查问卷中的每一种答案的赋值安排,这一项是编码手册中最主要的内容(参见表 1-42)。

---

① 该编码手册根据项目二任务二中社会调查示例的调查问卷编写,此处只对调查问卷的部分内容进行编码示范。——编者注

表 1-42 大学生社团参与状况的调查问卷的编码手册(节选)

项目名称	变量名	含义	宽度	栏码	答案赋值
问卷编号	ID	个案号	4	1—4	根据调查问卷上的编号填写,假设样本为1000个,则调查问卷的编号为1—1000
问题 A1	A1	性别	1	5	1=男,2=女
问题 A2	A2	学院	2	6—7	假设所调查的高校有20个学院,就给每个学院赋予一个编号,学院编号为1—20。例如:01=文学院,02=法学院,03=管理学院,04=数学学院……
问题 A3	A3	年级	1	8	1=大一,2=大二,3=大三,4=大四
问题 A4	A4	政治面貌	1	9	1=群众,2=团员,3=党员,4=其他
问题 A5	A5	生源地	1	10	1=农村,2=城镇,3=其他
问题 B1	B1	了解社团	1	11	1=不会,2=不知道,3=会
问题 B2—1	B2—1	专业训练型	1	12	0=不选择,1=选择
问题 B2—2	B2—2	政治行政型	1	13	0=不选择,1=选择
问题 B2—3	B2—3	学习研究型	1	14	0=不选择,1=选择
问题 B2—4	B2—4	文化娱乐型	1	15	0=不选择,1=选择
问题 B2—5	B2—5	公益志愿型	1	16	0=不选择,1=选择
问题 B2—6	B2—6	体育健身型	1	17	0=不选择,1=选择
问题 B2—7	B2—7	社会实践型	1	18	0=不选择,1=选择
问题 B2—8	B2—8	其他	1	19	0=不选择,1=选择
问题 B3	B3	参与必要	1	20	1=很不必要,2=基本上没什么必要 3=可有可无,4=有一定必要,5=非常必要
问题 B4—1	B4—1	专业知识和技能	1	21	0=不选择,1=选择
问题 B4—2	B4—2	人际交往能力	1	22	0=不选择,1=选择
问题 B4—3	B4—3	管理能力	1	23	0=不选择,1=选择
问题 B4—4	B4—4	策划能力	1	24	0=不选择,1=选择
问题 B4—5	B4—5	组织能力	1	25	0=不选择,1=选择
问题 B4—6	B4—6	增强自信	1	26	0=不选择,1=选择
问题 B4—7	B4—7	沟通表达能力	1	27	0=不选择,1=选择
问题 B4—8	B4—8	办事能力	1	28	0=不选择,1=选择
问题 B4—9	B4—9	其他	1	29	0=不选择,1=选择

(二)根据编码手册对调查问卷进行编码

有了编码手册,调查员就可以根据相同的标准和方法对回收的调查问卷进行编码(参见表 1-43)。

表 1-43 大学生社团参与状况调查结果的编码(节选)

变量名	调查问卷的问题和答案	编码
ID	问卷编号:100	0100
A1	你的性别:(1)男;(2)女√	2
A2	你所在的学院:文学院	01
A3	你所在的年级:(1)大一;(2)大二√;(3)大三;(4)大四	2

续表

变量名	调查问卷的问题和答案	编码
A4	你的政治面貌：(1) 群众；(2) 团员√；(3) 党员；(4) 其他	2
A5	进入大学前你的所在地：(1) 农村；(2) 城镇√；(3) 其他	2
B1	如果你打算参加大学生社团，你是否会提前了解你想要参加的社团的情况？ (1) 不会√；(2) 不知道；(3) 会√	3
B2－1	专业训练型√	1
B2－2	政治行政型	0
B2－3	学习研究型	0
B2－4	文化娱乐型√	1
B2－5	公益志愿型√	1
B2－6	体育健身型	0
B2－7	社会实践型	0
B2－8	其他	0
B3	你认为参加社团对当今大学生是否必要？ (1) 很不必要；(2) 基本上没什么必要；(3) 可有可无；(4) 有一定必要√；(5) 非常必要	4
B4－1	专业知识和技能	0
B4－2	人际交往能力√	1
B4－3	管理能力√	1
B4－4	策划能力	0
B4－5	组织能力√	1
B4－6	增强自信	0
B4－7	沟通表达能力√	1
B4－8	办事能力√	1
B4－9	其他	0

（三）根据调查问卷编码将数据转录到登录表

表 1-44　大学生社团参与状况的数据登录表（节选）

个案号	变量名												
	ID	A1	A2	A3	A4	A5	B1	B2－1	B2－2	B2－3	B2－4	B2－5	B2－6	B2－7
个案 100	0100	2	01	2	2	2	3	1	0	0	1	1	0	0
……	……	……	……	……	……	……	……	……	……	……	……	……	……	……

个案号	变量名										
	B2－8	B3	B4－1	B4－2	B4－3	B4－4	B4－5	B4－6	B4－7	B4－8	B4－9
个案 100	0	4	0	1	1	0	1	0	1	1	0
……	……	……	……	……	……	……	……	……	……	……	……

四、问题探讨

(1) 什么是调查资料的审核？它的方法是怎样的？

(2) 什么是调查资料的编码？它的方法是怎样的？

(3) 什么是调查资料的录入？它的方法是怎样的？

(4) 什么是调查资料的清理？它的方法是怎样的？

（5）什么是调查资料的统计分析？它的方法是怎样的？

（6）如何运用SPSS统计分析软件进行调查资料的处理与分析？

五、小结：知识梳理

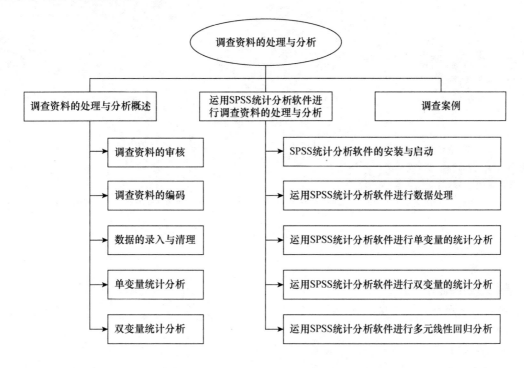

任务九

撰写调查报告

能力目标

1. 掌握调查报告的含义和类型。
2. 掌握撰写调查报告的原则和步骤。
3. 具备撰写调查报告的提纲的能力。
4. 具备根据调查报告的写作格式和要求撰写调查报告的能力。

调查案例

"A市B中学学生对校园冷暴力的认知和应对方式"的调查报告。

具体任务

1. 确定调查报告的类型和主题。
2. 撰写调查报告的提纲。
3. 选择调查资料并撰写调查报告。

实训步骤

1. 讨论调查报告的主题、类型和调查资料的选择。
2. 根据讨论结果,撰写调查报告的提纲。
3. 按照正确的格式和要求撰写调查报告。

一、撰写调查报告概述

社会调查最后的任务就是研究者要把社会调查成果以书面的形式传达给他人,并进行交流,这就是撰写调查报告。调查报告是社会调查成果的集中体现,调查报告撰写得如何将直接影响社会调查成果的交流和这一成果对社会的作用。

(一) 什么是调查报告

调查报告是指以文字、图表等形式表现社会调查成果的一种书面报告。它是对整个社会调查的过程、方法和结果进行的全面总结,其内容包括对于所研究的问题是如何进行调查的,取得了哪些成果,这些成果对于认识和解决这一问题具有哪些理论意义和实际意义等。

(二) 调查报告的作用

调查报告是对社会调查过程和成果的全面总结和书面报告,它既具有较高的学术价值,同时又对社会实践具有指导意义。调查报告的主要作用体现在以下三个方面:

(1) 调查报告通过对分散、零乱的社会调查资料进行整理、分析、概括、归纳,从而以图表、文字的形式揭示社会现象的特征和规律,为人们认识社会现象、解决社会问题提供了条件,为管理者进行科学的决策提供了基础,从而实现了社会调查的价值和目的。

(2) 调查报告是社会调查成果的集中体现,它通过对社会现实的客观分析和对社会现象的本质及其规律的揭示,推动了人们认识的发展,提高了人们发现问题和解释现象的能力。同时,调查报告中产生的经验总结和理论突破对于人类社会的科学理论的丰富和发展也起到了积极的作用。

(3) 调查报告通过对社会现象和社会问题的探讨和分析,具有发现问题、反映情况、总结经验、树立典型等功能,这不仅推动了人们认识能力的发展,而且还对人们的社会实践具有重要的指导意义。

(三) 调查报告的类型及其写作要求

根据主题范围、目的、读者对象、主要功能等方面的不同,调查报告可以分为各种不同的类型,不同类型的调查报告的写作要求也各不相同。

1. 综合性调查报告与专题性调查报告

根据调查报告主题范围的不同,调查报告可以分为综合性调查报告与专题性调查报告。

综合性调查报告主要用于反映某一总体或现象各方面的内容,如要反映某社区的政治、经济、文化、环境、社会结构、社会心理、生活质量等各方面情况时就采用综合性调查报告。

专题性调查报告主要用于针对某一专门问题或特定现象所进行的分析和研究,如专门针对社区的生活质量完成的专题报告。

在写作要求上,综合性调查报告主要是描述性的,篇幅较大,力求全面;专题性调查报告多是解释性的,篇幅较小,针对性强。

2. 应用性调查报告与学术性调查报告

根据目的、读者对象等方面的不同,调查报告可以分为应用性调查报告与学术性调查报告。

应用性调查报告往往以政府决策部门领导、各类实际工作部门人员以及社会中的普通读者为对象,以了解和描述社会现实情况、解决实际社会问题为主要目的。这类调查报告对于各级政府决策部门和各类实际工作部门了解社会情况、分析社会问题、制定社会政策、开展社会工作具有重要的参考作用,对社会舆论的形成和引导也具有较大的影响。

学术性调查报告则主要以专业研究人员为读者对象,着重于对社会现象的理论探讨,即分析各种社会现象之间的相互关系和因果关系,以及通过对实地调查资料的分析或归纳,达到检验理论或建构理论的目的。

在写作要求上,应用性调查报告强调对调查结果的描述、说明和应用,其格式较为自由,语言更加大众化,多采取直观方式进行描述和说明;学术性调查报告往往运用相关理论和概念进行分析和说明,其形式比较固定,格式比较严格,结构更加严谨,语言更加严密。

3. 描述性调查报告与解释性调查报告

根据主要功能的不同,调查报告可以分为描述性调查报告与解释性调查报告。

描述性调查报告通过详细描述调查资料和调查结果,对所调查的现象进行系统、全面的展示。

解释性调查报告主要是用调查所获得的资料来解释和说明某类现象产生的原因,或不同现象相互之间的关系。

在写作要求上,描述性调查报告强调描述的清晰性和全面性,内容广泛、详细,力求给人以整体的认识和了解;解释性调查报告则强调解释的实证性和针对性,内容集中且深入,力求给人以合理、深刻的说明。

(四)调查报告的撰写应遵循的原则

1. 针对性原则

针对性原则,即调查报告要针对社会调查的目的,通过对调查结果的总结,达到对某种理论问题或现实问题的探讨并提出解决方案。调查报告的价值与其是否具有针对性有着直接的关系。此外,在调查报告的撰写过程中,也要注意针对不同的读者对象,在内容上要有所侧重,在形式上要有所选择。

2. 实证性原则

实证性原则,即以经验调查获得的事实资料为依据,通过系统、全面地获取真实、可靠的调查资料(特别是第一手资料)来检验理论、描述现实、解释原因、推导结论。

3. 时效性原则

时效性原则,即调查报告要注重及时地对社会现象和社会问题进行研究,并对人们迫切了解的问题进行解释和说明,从而使其更具有指导作用和社会意义。

(五)撰写调查报告的步骤

研究者撰写调查报告一般可以分为以下六个步骤。

1. 确定调查报告的读者对象

在撰写调查报告时,研究者首先应明确调查报告的读者对象,这是写好调查报告的第一步。由于读者对象不同,所以调查报告的写作方法和写作内容也有很大的不同。一般来说,专业工作者对概念、理论和研究步骤都较为熟悉,希望调查报告写得精练、准确、严谨;政府部门的工作人员对于调查报告中那些对现有政策和管理提出改进意见的资料更感兴趣,希望自己读到的调查报告能多提供解决问题的方法;而一般的群众群体内部的兴趣差异较大,更喜欢看具体生动、通俗易懂的调查报告。

2. 确定调查报告的主题

调查报告的主题就是调查报告所要表达的中心问题,它是整个调查报告的灵魂。研究者确定明确且适当的主题,是整个调查报告撰写过程顺利开展的前提。研究者确定调查报告的主题时,一要考虑社会的实际需要,二要考虑题目的新颖性,三要考虑主客观条件。调查报告主题的确定,能够使调查报告的目标明确,写作时研究者可以对调查资料进行合理的取舍。

3. 拟定写作提纲

主题确立之后,研究者需要进一步构思好调查报告的整体框架,并拟定具体的写作提纲,从而理清思路,明确调查报告的内容和总体结构,以便为写好调查报告打好基础。

4. 选择调查资料

一项社会调查所收集的调查资料往往都与调查主题有关,但不一定都与调查报告的主题紧密相连。因此,研究者在撰写调查报告之前需要对所收集的调查资料进行选择。这种选择一要符合调查报告的写作提纲的范围和要求;二要坚持精练、典型、全面的原则。调查报告所用的资料可以是从社会调查中得到的各种数据、表格、事例等客观资料,也可以是通过对客观资料的分析、综合、概括所形成的观点、认识、建议等主观资料。

5. 撰写调查报告的初稿

在确定好调查报告的主题、拟定好写作提纲、选择好材料以后,研究者就可以开始动笔撰写调查报告的初稿。调查报告的撰写通常要紧紧围绕研究者所确定的主题来展开,并且在整体思想、体系结构、内容形式、行文风格等方面保持前后一致。在写作时,研究者要随时检查、判断和鉴别材料是否齐全、数据是否准确、论据是否充分、结论是否恰当,发现问题要及时纠正,从而在写作中增进认识、深化主题。

6. 修改调查报告

写完调查报告的初稿后,研究者还要对每个部分反复地进行阅读、审查和推敲,认真地修改每一个细节,使调查报告的内容不断地得到丰富和完善。研究者对于调查报告中使用的数据资料要再次和原始资料进行核实,以确保数据的可靠性。修改调查报告时,研究者要注意审查调查报告的中心是否明确、运用的材料是否丰富、结构是否紧密等。

二、调查报告的撰写方法

(一)如何撰写调查报告

一般来说,调查报告的撰写在结构上可以分为标题、导言、正文和结尾四个部分,其具体的撰写方法如下:

1. 标题

调查报告的标题应具有生动性、明确性和针对性,以吸引读者的阅读兴趣。

调查报告标题的撰写形式主要有以下四种:

(1) 陈述式的标题。

陈述式的标题,即研究者以陈述的语气直接将调查的对象或问题表达出来,用调查对象和调查的主要问题做标题,如"关于大学生就业问题的调查"。

(2) 判断式的标题。

判断式的标题,即研究者以结论式的判断做标题,这种标题往往就是社会调查的结论或评价,如"家庭养老面临挑战"。

(3) 提问式的标题。

提问式的标题,即研究者以一个问题作为标题,而调查报告的内容就是对这个问题的回答。这种标题容易吸引读者的阅读兴趣,因此,常在调查报告中使用,如"当今青年在追求什么"。

(4) 双标题。

双标题,即两个标题,一个主标题和一个副标题。在这种形式的标题中,主标题多以提问式和结论式表达,而副标题则以陈述式表达,如"他们也有爱的权利——××市老年人婚姻问题调查"。

2. 导言

导言是调查报告的第一个部分,主要介绍整个社会调查的有关背景,如调查的目的、内容、对象、时间、地点、方法等。

调查报告导言的撰写方式主要有以下三种:

(1) 主旨直述法。

主旨直述法,即研究者直接点出调查报告的主题,将调查的目的、内容、对象、范围等陈述出来。

(2) 提问设悬法。

提问设悬法,即研究者先描述某种社会现象或某个社会问题,然后提出有关这种社会现象或社会问题产生的原因、造成的影响等,最后介绍社会调查的基本情况。

(3) 结论先行法。

结论先行法,即研究者在描述现象、提出问题的同时,直接写出结论,然后再在调查报告的主体部分详细地进行论证。

3. 正文

正文是调查报告的主体内容,大概占整个篇幅的70%—80%。正文是对调查的基本情况、主要观点的阐述,所以研究者对这部分内容必须在结构上进行精心的构思。

调查报告正文的撰写方式主要有以下三种:

(1) 纵向结构式。

纵向结构式,即研究者按照时间的先后来组织和安排正文,以突出某一社会现象或社会问题的发展过程,或者反映社会现象或社会问题在不同时期的变化与差别。

(2) 横向结构式。

横向结构式,即研究者主要依照调查内容来安排正文,以突出某一社会现象或社会问题的各个方面的内容。

(3) 纵横结合式。

纵横结合式,即研究者将上述两种撰写方式相结合,以一种撰写方式为主,这种方式常用于研究者撰写较大规模的社会调查的调查报告中,以便于反映比较复杂的内容。纵横结合式的结构既有利于研究者按照历史轨迹清楚地交代问题的来龙去脉,又有利于其按问题的性质、类别展开深入的论述。

4. 结尾

结尾的中心内容是总结社会调查的过程和主要结果,陈述调查结论,并提出政策或工作方面的建议。结尾部分在写作上要语言精练、陈述明确。

调查报告常见的结尾有以下四种:

(1) 概括式结尾。

概括式结尾,即研究者概括地提出调查报告的结论及其主要观点。

(2) 建议式结尾。

建议式结尾,即研究者针对研究的问题提出解决问题的办法和政策建议。

(3) 展望式结尾。

展望式结尾,即研究者根据社会调查的调查对象的发展趋势和因果关系,对调查对象的未来发展做出预测。

(4) 启发式结尾。

启发式结尾,即研究者根据调查对象的发展状况提出引人深思的问题,引导读者对该问题做出进一步的思考。

(二) 撰写调查报告的注意事项

研究者在撰写调查报告时要注意以下事项:

1. 行文要则

(1) 使用简单、平实的语言写作。调查报告强调的是客观性、准确性、严密性、简洁性,所以,研究者在行文时应该尽量使用简单、平实的语言,以简单明了、科学严谨为标准,清楚明确地陈述调查结果。

(2) 研究者陈述事实力求客观,避免使用主观或感情色彩较浓的语句。在叙述中,研究者最好使用第三人称或非人称代词,尽量不使用第一人称。

(3) 在行文时,研究者应以一种向读者报告的语气撰写调查报告,而不要表现出力图说服读者同意某个观点或看法的倾向,更不能把自己的观点或看法强加于人。

2. 引用与注释

调查报告的引用主要有两种方式:一是引用别人的原话、原文,此时研究者要对引用的内容加引号表示,并标注出处;二是援引别人的观点和结论,此时研究者只需标注出处即可。

对于调查报告中引用他人的资料,以及某些不易理解的内容或概念,研究者常常通过加注释来进行说明。注释的形式主要有以下三种:

(1) 夹注,即直接在所引的资料之后用括号将其来源或有关说明括起来,对引文进行注释或提示;

(2) 脚注,即在所引的资料处只注明注释号,如在该资料后的右上角标明①、[1]等,然后在该页的最下端,用小一号的字体分别说明引文的著作者、出处、时间等情况,或做出有关的解释;

(3) 尾注,即将所有的脚注都移到调查报告的结尾处一并排出,并以"注释"作为标题。

三、调查案例

"A市B中学学生对校园冷暴力的认知和应对方式"的调查报告

(一) 导言

目前,校园暴力在各大中小学校园中时有发生,随着我国教育制度的改革和标准化管理的不断发展,校园中针对身体的、有形的暴力行为在逐步减少,校园暴力变得更加隐蔽,并向冷暴力的方向发展。冷暴力作为校园暴力的一种表现形式,与传统的肢体暴力相比更加不易察觉,对未成年人造成的心理伤害极大。校园冷暴力的高发阶段在中学时期,中学生的身心发育还不健全,虽然有自己的思考和价值观,但还是有些孩子气,容易拉帮结派形成小群体,做出虽不触及身体,但在心灵上造成创伤的行为。冷暴力具有隐蔽性强的特点,容易被忽视,但实际上是具有很大的伤害性和消极影响的。

调查组于202×年3—4月在A市B中学进行了问卷调查,通过整群抽样,在B中学选择了2个班,共计100个样本作为调查对象,其中男生占49%、女生占51%。调查组通过问卷调查了解中学生对校园冷暴力的认知,是否意识到校园冷暴力的存在,在遭遇校园冷暴力时是如何应对的,从中发现存在的问题,提出促进中学生正确认识和应对校园冷暴力的对策、建议,对于保护未成年人的身心健康,营造良好的学习环境具有现实意义。

(二) 正文

1. 中学生对校园冷暴力的认知

(1) 中学生对校园冷暴力的了解程度。

在进行问卷调查的100名中学生中,有59%的中学生认为自己之前对校园冷暴力有过了解,23%的中学生仅仅听说过,15%的中学生表示不清楚,3%的中学生表示完全不了解校园冷暴力(参见表1-45)。

表1-45 对校园冷暴力的了解程度

你是否了解校园冷暴力	人数	频率
非常了解	20人	20%
比较了解	39人	39%
听说过	23人	23%
不清楚	15人	15%
完全不了解	3人	3%

大部分中学生对校园冷暴力有一些认识,但还有少部分中学生不了解校园冷暴力,即使在认为自己了解校园冷暴力的中学生之中,他们的认知情况也是参差不齐的。

(2)中学生对校园冷暴力表现形式的认知。

在校园冷暴力的表现形式的界定方面,调查结果显示绝大部分中学生认为以下三个选项的情形属于校园冷暴力:一是讽刺、辱骂、嘲笑等通过言语和肢体动作表现出的行为(比如同学之间、师生之间具有人身攻击成分的言论等);二是孤立、排斥、冷淡、疏远等形式的行为(比如同学之间拉帮结派,形成一个小群体孤立他人);三是教师对班级中成绩较差的学生态度冷漠甚至区别对待(见表1-46)。

表1-46 校园冷暴力的表现形式

你认为哪些是校园冷暴力的表现形式	是		否	
	人数	频率	人数	频率
讽刺、辱骂、嘲笑等通过言语和肢体动作表现出的行为	95人	95%	5人	5%
孤立、排斥、冷淡、疏远等形式的行为	99人	99%	1人	1%
教师对班级中成绩较差的学生态度冷漠甚至区别对待	86人	86%	14人	14%
教师批评学生	15人	15%	85人	85%
同学之间互相取外号	22人	22%	78人	78%
在网络上说其他同学的坏话	48人	48%	52人	52%
同学之间因为琐事而大打出手	0人	0%	100人	100%
合计	365人	52.14%	335人	47.86%

所有人都认为"同学之间因为琐事而大打出手"这个选项不属于校园冷暴力,说明中学生能够区分传统的校园暴力和校园冷暴力,对校园冷暴力的概念有一个基本的认知。在"教师批评学生""同学之间互相取外号"和"在网络上说其他同学的坏话"这三个选项上,有超过半数的学生认为不属于校园冷暴力,也有部分学生认为属于校园冷暴力,说明在哪些情形属于校园冷暴力这个问题上,中学生之间的认知并不统一,界定的标准并不清晰。但绝大部分中学生能够识别出最基本的校园冷暴力的表现形式,如被排斥、疏远、嘲讽、孤立、辱骂等非肢体暴力。

2. 中学生对校园冷暴力发生状况的认知

(1)中学生是否经历过校园冷暴力。

调查结果显示,42%的中学生认为在班级中自己或周围的同学经历过校园冷暴力,剩下58%的中学生则表示从未经历过校园冷暴力(参见表1-47)。

表1-47 经历校园冷暴力的情况

你或周围的同学是否经历过校园冷暴力	人数	频率
是	42人	42%
否	58人	58%

由此可见,在中学校园中存在冷暴力的现象,并且发生在某些中学生的身上,校园冷暴力在中学生中并不少见,这说明校园冷暴力是一个不容忽视的问题。

(2) 是否具有校园冷暴力发生倾向。

在校园冷暴力发生倾向上,26%的中学生觉得自己有可能会成为校园冷暴力的施暴者,36%的中学生觉得自己不会成为施暴者,38%的中学生不确定自己是否会成为施暴者(参见表1-48)。

表1-48 校园冷暴力发生倾向

你是否有可能成为施暴者	人数	频率
会	26人	26%
不会	36人	36%
不确定	38人	38%

调查结果显示,某些中学生会选择使用校园冷暴力来解决问题,具有进一步成为施暴者的倾向。坚决认为自己没有校园冷暴力倾向的中学生仅有36%,并且谁也无法保证那些"不确定自己是否会成为施暴者"的中学生会不会演变成施暴者。具有校园冷暴力倾向就意味着有很大的可能会去实施冷暴力,说明当前预防校园冷暴力的形势仍然严峻,值得引起重视,要从根本上去除中学生实施冷暴力的心理。

(3) 校园冷暴力发生的时期。

在校园冷暴力发生的时期方面,学生们认为从小学、初中、高中到大学阶段都会有校园冷暴力的发生。具体来说,有35%的中学生认为校园冷暴力的多发时期在高中,31%的中学生认为初中是多发时期,24%的中学生认为大学是多发时期,10%的中学生认为小学是多发时期(参见表1-49)。

表1-49 校园冷暴力的多发时期

你认为哪个时期是校园冷暴力的多发时期	人数	频率
小学	10人	10%
初中	31人	31%
高中	35人	35%
大学	24人	24%

由表1-49我们可以看出,大部分中学生认为校园冷暴力的多发时期在初中和高中阶段,而这个阶段也正是中学生身心成长的关键期,一旦出问题将可能影响其一生,值得引起广泛关注。从小学一直到大学都有人认为会发生校园冷暴力,这说明校园冷暴力会贯穿学生的整个学生生涯,已经成为各阶段学生不可避免的问题,在初中和高中阶段尤其突出。

(4) 校园冷暴力发生的频率。

对于当前校园冷暴力发生频率的调查结果显示,有16%的中学生表示校园冷暴力经常发生,38%的中学生表示校园冷暴力现象偶尔发生,15%的中学生认为校园冷暴力现象从未发生,另有31%的中学生表示不清楚校园冷暴力发生的频率(参见表1-50)。

表 1-50 校园冷暴力发生的频率

你认为校园冷暴力发生的频率如何	计分	人数	频率
经常发生	1	16人	16%
偶尔发生	2	38人	38%
不清楚	3	31人	31%
从未发生	4	15人	15%
平均值	2.45		

总体来看,在日常校园生活中冷暴力发生的频率并不高,以偶尔发生为主,但平均值为2.45,说明校园冷暴力发生的程度处于中等水平,校园冷暴力现象一直存在,需要引起各方的重视,力图杜绝校园冷暴力现象的发生。

3. 中学生对校园冷暴力后果的认知

(1) 校园冷暴力对个体产生的影响。

调查结果显示,绝大部分中学生认为经历校园冷暴力会对人产生消极影响:59%的中学生认为在经历校园冷暴力以后会使得成绩下滑,产生负面情绪;47%的中学生认为经历校园冷暴力以后会使性格变得孤僻,人际关系紧张;54%的中学生认为经历校园冷暴力以后会使人处于不良的心理状态,日常表现消极;19%的中学生不清楚校园冷暴力会对人产生何种影响;12%的中学生表示经历校园冷暴力后可能会使自己产生好的转变,实现自我改变;11%的中学生表示经历校园冷暴力后对人不会产生影响(参见表1-51)。

表 1-51 校园冷暴力对个体产生的影响

你认为经历校园冷暴力会对人产生何种影响	人数	频率
成绩下滑,产生负面情绪	59人	59%
性格变得孤僻,人际关系紧张	47人	47%
处于不良的心理状态,日常表现消极	54人	54%
不清楚	19人	19%
可能产生好的转变,实现自我改变	12人	12%
没有影响	11人	11%

由此可见,大部分中学生能够认识到校园冷暴力对人造成的危害和消极影响,但还有部分中学生没有意识到校园冷暴力带来的影响,甚至有些中学生会觉得自己本身有问题,去改正自己,对于校园冷暴力的影响认知出现偏差。

(2) 受校园冷暴力影响的个体。

对于哪一方受到校园冷暴力的影响较大的回答中,有7%的中学生认为施暴方受到的影响大,67%的中学生认为受暴方受到的影响大,26%的中学生认为对双方都会有影响,没有中学生认为校园冷暴力对施暴方和受暴方都不会产生影响(参见表1-52)。

表 1-52 受校园冷暴力影响的个体

你认为校园冷暴力中哪一方受到的影响较大	人数	频率
施暴方受到的影响大	7人	7%
受暴方受到的影响大	67人	67%

续表

你认为校园冷暴力中哪一方受到的影响较大	人数	频率
双方都有影响	26人	26%
没有什么影响	0人	0%

对于受校园冷暴力影响的个体这个问题,中学生都意识到冷暴力所具有的影响。但也应看到,部分中学生过于看重对受暴方的影响,一定程度上忽视了对施暴方产生的影响,可能使施暴方出现更严重的问题。

(3)校园冷暴力产生的危害。

调查结果显示,有42%的中学生认为校园冷暴力具有极大的伤害性和消极性,会造成心灵创伤。22%的中学生认为校园冷暴力具有较大的伤害性,伤害较为严重。18%的中学生认为会产生影响,但只是暂时的。然而,也有7%的中学生持无所谓的态度,认为不用在意校园冷暴力的危害(参见表1-53)。

表1-53 校园冷暴力产生的危害

你认为校园冷暴力的危害如何	计分	人数	频率
具有极大的伤害性和消极性,造成心灵创伤	1	42人	42%
具有较大的伤害性,伤害较为严重	2	22人	22%
会产生影响,但只是暂时的	3	18人	18%
不清楚	4	11人	11%
无所谓,不用在意	5	7人	7%
平均值		2.19	

校园冷暴力影响的平均值为2.19,可见危害还是较为严重的,绝大部分中学生能够意识到校园冷暴力行为带来的危害,并且对这些危害持高度警惕的态度。但仍有部分中学生没有意识到校园冷暴力的危害性,认为其危害只是暂时的,事情早晚会过去,甚至毫不在意,对校园冷暴力的危害缺乏正确的认知。

4. 中学生对校园冷暴力的态度

调查结果显示,有32%的中学生无法忍受校园冷暴力,对校园冷暴力深恶痛绝,坚决抵制校园冷暴力。21%的中学生不能接受校园冷暴力,但可能无能为力。13%的中学生持消极逃避、得过且过的态度。18%的中学生持无所谓的态度,认为不用太在意。其余的中学生中分别持可以接受校园冷暴力的态度和其他态度(参见表1-54)。

表1-54 对校园冷暴力的态度

你对校园冷暴力持怎样的态度	人数	频率
无法忍受,深恶痛绝,坚决抵制	32人	32%
不能接受,但可能无能为力	21人	21%
消极逃避,得过且过	13人	13%
无所谓,不用太在意	18人	18%
可以接受	8人	8%
其他	8人	8%

由此我们可以看出,很多中学生不能正确地对待校园冷暴力问题,逃避、不在意的大有人在。甚至有的中学生认为可以接受校园冷暴力,完全背离了正确的方向。长此以往,中学生对于冷暴力的态度将出现更多偏差,而且态度也会影响他们的行为,直接导致中学生在面对校园冷暴力时变得麻木和异常。

5. 中学生对校园冷暴力的应对方式

(1) 自身遭遇校园冷暴力的应对方式。

校园冷暴力的应对方式是指中学生面对校园冷暴力时的认知和采用的行为方式,也可以称作应对策略。问卷调查结果显示:有38%的中学生表示如果遭受校园冷暴力会积极反抗,通过自己的努力来试图解决问题;15%的中学生表示会选择以暴制暴,也用冷暴力的方式回击施暴的人;11%的中学生表示会向家长或老师寻求帮助;15%的中学生表示向施暴方妥协,以求息事宁人;12%的中学生表示会选择逃避,默默忍受。另有9%的中学生表示自己不清楚怎么应对,没有什么解决办法(参见表1-55)。

表1-55 自身遭遇校园冷暴力的应对方式

你会如何应对校园冷暴力	人数	频率
积极反抗,通过自己的努力来试图解决问题	38人	38%
以暴制暴,也用冷暴力的方式回击施暴的人	15人	15%
向家长或老师寻求帮助	11人	11%
向施暴方妥协,以求息事宁人	15人	15%
选择逃避,默默忍受	12人	12%
其他	9人	9%

在校园冷暴力的应对方式上,大部分中学生会选择反抗,通过自己的努力来解决问题。但通过进一步的访谈得知,在尝试沟通无果或反抗无效后,有的中学生会选择不予理睬,自己做自己的事,或者选择逃避,尝试去换一个环境,问题并没有得到有效解决,最后只是被动地承受着。有的中学生表示会选择以暴制暴,也用冷暴力的方式回击施暴的人,这种应对方式使得双方受到的影响和危害更加严重,不能有效地解决问题。这体现出中学生在校园冷暴力的应对方式上还存在问题,中学生不知道如何正确地对待和解决校园冷暴力问题,没有掌握有效的应对方式。

(2) 周围同学遭遇校园冷暴力的应对方式。

问卷调查结果显示,有21%的中学生表示如果周围的同学遭遇校园冷暴力,自己会选择挺身而出,及时制止,帮助受伤害的同学;15%的中学生表示自己会立刻去向老师或家长寻求帮助;39%的中学生表示自己会做一名围观群众,看看但不作为;19%的中学生表示与自己无关,赶快离开(参见表1-56)。

表1-56 周围同学遭遇校园冷暴力的应对方式

如果周围的同学正在遭受冷暴力,你会选择怎么做	人数	频率
挺身而出,及时制止,帮助受伤害的同学	21人	21%
立刻去向老师或家长寻求帮助	15人	15%
做一名围观群众,看看但不作为	39人	39%
与我无关,赶快离开	19人	19%
其他	6人	6%

在周围的同学遭遇校园冷暴力时,大部分的中学生会选择视而不见,但在自己遭遇校园冷暴力时会想办法应对,这种对比显示出有的中学生缺乏应有的正义感和责任感,更有甚者宁愿围观也不会出手帮助同学,这体现出在面对其他同学遭遇校园冷暴力时,许多中学生没有出手帮助的意愿,也缺乏合理应对的方法。

(三)总结与讨论

通过问卷调查可以发现,大部分中学生对校园冷暴力有所认知,但认知程度参差不齐,而且有部分中学生并不了解校园冷暴力,很多中学生对校园冷暴力的界定标准并不清晰,甚至有些中学生会选择用冷暴力的方式解决问题。从调查结果来看,校园冷暴力在中学生中并不少见,从小学阶段开始就有校园冷暴力的出现,初中和高中尤为突出。一些中学生并没有意识到校园冷暴力对自己和他人带来的影响和危害,在发生校园冷暴力的情况下大多数人采取无所谓和逃避的消极态度,并且对如何应对校园冷暴力缺乏有效的方法,多采用旁观或视而不见的方式,缺乏应有的正义感和责任感。上述问题需要引起全社会的重视,并从以下四个方面做出努力,以促进中学生形成对校园冷暴力的正确认知,掌握有效的应对方式:

1. 学生层面

学生是校园冷暴力事件的主体,改进中学生对校园冷暴力的认知和应对方式首先要从中学生自身着手:

第一,中学生要加强学习,提高自身素质,增强对校园冷暴力的认识与关注程度,正确地认知和应对校园冷暴力,提高责任感和正义感,捍卫自己的尊严。

第二,中学生要通过提高自身的修养和整体素质,培养正确向上的价值观,建构良好的人际关系,保持积极健康的心理状态。中学生要学会尊重同学,尽量包容存在的个体差异,出现问题要及时沟通。

第三,学生要多与教师和家长沟通,采取正确的方式疏导消极情绪,消除冷暴力的心理和倾向,坚决不对任何人使用冷暴力。

第四,中学生在遇到校园冷暴力问题时要积极应对,不能消极逃避,要与家长和老师进行沟通,共同努力解决校园冷暴力问题。

2. 学校层面

中学生的大部分时间是在学校度过的,学校也是发生校园冷暴力的主要场所,改进中学生对校园冷暴力的认知和应对方式,学校的作用也是必不可少的。

第一,学校的管理者和教师要提高对校园冷暴力的关注程度,增强对校园冷暴力的重视和理解,不能只关注学生的学习,而忽视了其他方面。

第二,学校的管理者和教师应加强关于校园冷暴力的教育和引导,使学生提高认知水平,学会正确应对校园冷暴力。比如,学校可以开设讲座课程、设置心理辅导员为中学生提供心理疏导,加大关于校园冷暴力的宣传力度等,通过积极的教育和引导促进中学生对校园冷暴力的正确认知。学校要对中学生开展全面的素质教育,不能单纯地强调学习成绩,要想办法减轻学生的压力和负担,实现学生的全面发展。

第三,教师应充分了解自己的班级,关心学生,及时发现校园冷暴力问题。一旦发现问题,教师要及时制止并用科学的方法进行处理。

第四,学校要增强与家长之间的沟通。学校与家长之间要建立互动反馈机制,加深对中学生的了解和动态监控,进行共同教育。

第五,学校应建立、健全相关预防和管理机制,在校园中进行宣传,使中学生意识到校园冷暴力的危害以及实施校园冷暴力会受到的惩罚。学校应注重校园文化的建设,开展主题班会和校会,创建良好的学习氛围和学习风气,让中学生在良好的环境中成长。

3. 家庭层面

家庭对中学生认识和应对校园冷暴力具有不容忽视的作用,改进中学生对校园冷暴力的认知和应对方式也要从家庭着手:

第一,家长应学会使用科学合理的教育方式来教育孩子,经常与孩子进行沟通,关注孩子在日常的学习和生活中的表现,而不只是单纯关注学习成绩。

第二,家长要加强与学校之间的沟通,积极配合学校,实现共同教育。

第三,家长要通过学习增进对校园冷暴力的了解和关注程度,对孩子进行相应的引导和教育。

第四,家庭环境对人的塑造作用十分强大,家长应以身作则,拒绝在家庭中使用冷暴力,要坚持正确的价值观,为孩子树立一个好的榜样,并为孩子创造一个和谐、积极的家庭生活氛围。

4. 社会层面

中学生生活在社会中,也一直观察着社会,社会风气会影响中学生的认知,改进中学生对校园冷暴力的认知和应对方式要从社会着手:

第一,大众传媒和社会舆论应该加强对校园冷暴力的关注程度,加大舆论宣传力度,使人们知道校园冷暴力问题的存在及其危害,通过宣传对校园冷暴力进行预防和干预,呼吁全社会共同抵制校园冷暴力。

第二,要净化文化环境,避免在大众传媒中出现校园冷暴力的情节,以防被学生模仿,成为学生处理问题的错误方式。要倡导学生合理地使用网络,注意网络公德,遵守网络文明公约,不过度沉迷网络,注重日常的沟通。

第三,通过全社会的共同努力建立起对校园冷暴力的预防和监督机制,建立、健全相关法律法规,体现出社会和国家对校园冷暴力问题的重视。要营造良好的社会环境,净化社会风气,弘扬正能量,营造和谐的社会氛围。

四、问题探讨

(1) 什么是调查报告?

(2) 调查报告有哪些类型?

(3) 撰写调查报告的原则是什么?

(4) 撰写调查报告的步骤有哪些?

(5) 如何撰写应用性调查报告?

(6) 如何撰写学术性调查报告?

五、小结：知识梳理

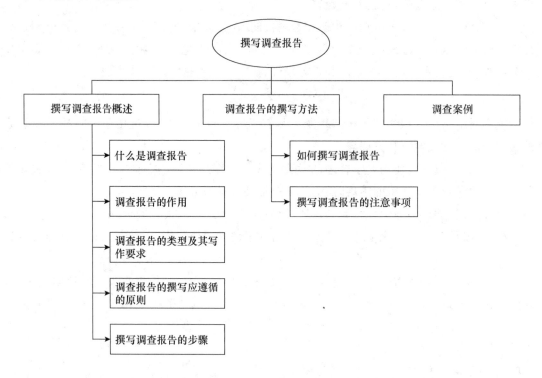

社会调查的操作实践

项目二

　　社会调查方法的学习和把握重点在于实际的操作和运用,本书的项目二为"社会调查的操作实践",着重介绍从调查方法、调查范围和应用领域三个不同角度划分的社会调查的类型及其操作方法。

　　随着抽样手段和问卷技术的发展,现代社会调查越来越多地使用以调查问卷为工具的调查方法。但是,在实际的社会调查中,问卷调查和抽样调查并不是唯一的调查方式,研究者常常交叉使用或辅助使用其他的调查方式。因此,项目二对社会调查的操作实践的介绍,采用了广义的社会调查界定,即将社会调查界定为所有运用经验方法和手段,从社会现实中收集调查资料,并对其进行描述和解释的自觉的认识活动。这样,社会调查的类型就得到了扩展,可以从以下几个角度进行划分:

　　第一,根据调查资料的收集方法的不同,社会调查可以分为文献调查、问卷调查、量表调查、观察调查和访谈调查等五种调查类型。它们既可以作为独立的调查类型,也可以在同一项社会调查中结合使用。例如,在社会调查中,问卷调查和量表调查通常居于主体地位,而文献调查、观察调查和访谈调查则往往在探索性调查阶段和补充性调查中使用。

　　第二,根据社会调查对象的选取范围和选取方法的不同,社会调查可以分为普遍调查、抽样调查、典型调查和个案调查等四种调查类型,这四种调查类型在社会调查中既可以彼此独立,也可以相互结合。例如,在社会调查中,普遍调查和抽样调查通常是主要的调查方式,而典型调查和个案调查则经常出现在探索性调查阶段或补充性调查中。

　　第三,根据社会调查的应用领域的不同,社会调查可以分为行政统计调查、生活状况调查、社会问题调查、市场调查、民意调查和评估调查等不同类型。本书从社会调查领域中选择了四个与社会工作、社区管理领域的关系较为密切的专题调查进行介绍,它们分别是民意调查、社区调查、家庭调查和评估调查。

任务一

文献调查

能力目标

1. 掌握文献与文献调查的含义。
2. 掌握文献调查的应用范围。
3. 掌握文献的收集、整理和摘录的方法。
4. 具备撰写文献综述的能力。

调查案例

"我国城郊农民的空间迁移与社会流动研究"的文献综述。

具体任务

1. 明确调查主题。
2. 收集文献资料。
3. 阅读文献资料。
4. 摘录文献信息。
5. 撰写文献综述。

实训步骤

1. 请你选择一个自己感兴趣的调查课题,收集与该调查课题相关的文献资料。
2. 请你对收集到的文献资料进行整理和摘录。

3. 请你根据调查课题撰写一篇文献综述。

一、文献调查概述

所有的社会调查都是在吸收他人有关文献资料的基础上才能有效地开展,因此,文献法不仅是社会调查中最基本的研究方式之一,而且还是各种社会调查中都会使用到的一种资料收集方法。在进入信息社会的今天,文献法所具有的跨越时空的限制、实现信息共享的特点使其在现代社会调查中具有越来越重要的地位。

(一) 什么是文献

文献是指人们使用一定的技术手段建立起来的存储与传递信息的载体。文献通常具备三个基本要素,即一定的信息内容、一定的物质载体和一定的记录方式。当前,随着社会和科技的发展,信息传播的内容、载体和方式越来越多样化,出现了用文字、图像、符号、音频、视频等多种方式记录人类信息的不同物质载体,所有的这些信息形式都可以被称为文献。

(二) 文献的类型

根据不同的标准,文献可以划分为不同的类型。

按照文献编辑出版的形式不同,文献可以分为图书、期刊、报纸、科研报告、会议文件、学位论文、档案、统计资料、内部资料等。

按照文献的记录方式的不同,文献可以分为:(1)用文字记载的文字文献,如报纸、杂志、书籍、档案资料、日记、信件等;(2)用数据、表格等形式记载的数字文献,如统计报表、统计年鉴等;(3)用图像记载的图像文献,如电影、电视、录像、照片、动画、图片等;(4)用声音记载的有声文献,如唱片、录音磁带等。

按照文献来源的不同,文献可以分为:(1)个人文献,如个人的日记、自传、回忆录、笔记、信件等;(2)官方文献,如政府机构的法律、法规、文件、记录、统计、计划、报告、信函、档案等;(3)社会组织文献,如各种企事业单位、社会团体的规章制度、统计报表、总结、记录、信函等;(4)大众传播文献,如报纸、杂志、书籍、电影、电视、广播、网络等。

按照对文献内容的加工程度的不同,文献可以分为:(1)原始文献,即由亲身经历某事件的人所写的资料,如个人的日记、信件,官方记录、报告、计划等;(2)二次文献,即研究者利用别人的原始文献所编写或产生的新的文献资料,如根据当事人的回忆录、自传等撰写的人物传记,利用统计数据撰写的研究报告等。

按照文献载体形式和记录手段的不同,文献可以分为:(1)手工型文献,即用手工刻、铸、写成的文献,如在甲骨、青铜器、竹片、锦帛等载体上刻写的文献,在纸上书写的手稿、信件、日记、原始资料等;(2)印刷型文献,即将资料内容印在纸张等载体之上的文献,印刷的手段包括石印、油印、胶印、铅印、复印等;(3)微缩型文献,即利用光学技术把文献的体积缩小,固化到感光材料或其他载体上作为记录手段的文献;(4)机读型文献,即以磁带、磁盘为载体,以磁性存储技术为记录手段的文献;(5)声像型文献,即运用录音、录像和摄影技术直接记录声音和图像的文献形式。

(三) 什么是文献调查

文献调查是指运用文献法开展的调查,具体来说,就是研究者根据一定的调查目的,收集相关的文献资料,从中摘取有用的信息并进行整理分析的社会调查方式。

文献调查具有以下四个特征:

1. 不受时空限制

研究者使用文献调查可以对几十年前,甚至几百年、几千年前的文献资料进行收集和分析,还可以对不同国家和地区的文献资料进行收集和分析,具有超越时空的特点。

2. 无反应性问题

由于文献调查是研究者通过文献对社会现象进行研究,因此,在调查过程中不会出现调查对象的"掩饰""行为改变"等反应性问题。文献是一种相对稳定的存在物,不会因研究者的不同或研究者的主观倾向而发生改变。

3. 效率高、花费少

由于文献一般集中存放在档案馆、图书馆、研究中心等地,研究者可以随时查询、摘录,因此,文献调查的资料收集可以节省一定的人力、经费和时间,特别是网络技术的发展更加提高了文献收集的效率。

4. 文献调查具有局限性

文献调查也具有局限性,具体表现为:首先,文献调查缺乏具体性、直观性和生动性,这是文献调查的最大局限性;其次,文献资料不能随意获得,因为很多文献是不公开的,或者有些文献(特别是历史文献)常常因年代久远而支离破碎,所以研究者往往难以全部获得自己所需的文献;再次,文献的可靠性难以评估,任何文献的内容都会受到时代、社会条件、作者个人倾向等因素的制约而导致其存在不可靠的内容,但研究者很难对此做出准确的评估;最后,由于文献都是对已发生的社会现象的记录,滞后于现实,因此难以反映最新的、正在发生的社会现实。

(四)文献调查的应用范围

1. 文献调查在确定调查课题中的运用

在确定调查课题时,研究者通常需要通过查阅与同类问题相关的文献,了解已有研究的内容和成果,特别要关注当前理论工作者和实务工作者是否在该问题领域中存在盲点、误区、研究空白,或迫切需要解决的新问题、需要运用的新视角等,从而更加有的放矢地确定自己的调查课题,以避免社会调查的盲目性和重复性。

2. 文献调查在调查设计中的运用

通过查阅文献,研究者可以充分了解与调查课题相关的各种方针、政策、法律、法规,以明确调查工作的指导思想,确保调查过程的顺利进行。通过查阅论文、专著及其他科研成果,研究者可以了解与调查课题相关的理论观点和研究方法,以及社会环境和社会条件的变迁,从而为调查方案的设计、调查假设的提出、调查方法的确定、调查思路的确定等提供参考和借鉴。

3. 文献调查在探索性调查中的运用

在探索性调查中,研究者经常通过查阅档案、登记表和其他文献来了解调查对象的基本情况及其所处环境的政治、经济、文化、历史、地理、风俗习惯等方面的状况,从而形成对调查对象的初步印象。

4. 文献调查在历史性题材的调查研究中的运用

由于文献调查具有深度回顾的功能,可以帮助研究者了解和研究那些难以接触或者无法接触到的调查对象和问题,因此,在对调查对象的历史沿革、掌故、变化等问题的调查时,特别是在历史性题材的调查研究中会经常通过文献调查来收集调查资料。

二、文献调查的操作

(一) 文献的收集应遵循的原则

文献浩如烟海,研究者不能漫无目的地查阅。在文献的收集过程中,研究者要注意遵循以下四个基本原则:

1. 知识具有相关性

研究者收集文献时一定要围绕调查主题,注重文献内容的针对性,涉及的知识应当有助于研究者开展调查。研究者应根据调查主题,对相关文献进行筛选,保留对调查有用的内容。

2. 信息具有可靠性

研究者在收集文献后,必须对收集到的文献进行可靠性鉴别,否则会影响社会调查的信度。研究者通常可以通过同类、同年代的其他文献的比较进行真伪鉴别。一般来说,原始文献比二次文献更具有可靠性,因此,研究者查找文献的最初出处也是提高文献的权威性与可靠性的有效方法。

3. 形式与内容具有丰富性

研究者收集文献既要有针对性,又要尽可能丰富、全面。从形式上来说,研究者既要收集文字资料,也要收集统计数据、图片、图表等类型的文献资料;既要收集图书、报刊文献,也要收集影视、广播、网络等类型的文献资料;既要收集正规的公开出版物,也要收集档案文件等内部资料。从内容上来说,研究者收集的文献,既要有历史的,也要有现代的;既要有正面的,也要有负面的;既要有典型的,也要有综合的。

4. 时序上的连续性和时间上的及时性

研究者在收集文献时,一方面要尽可能使收集到的文献在时序上具有连续性,以全面展现调查对象的发展、变化;另一方面要收集到与调查课题有关的各种新资料和新信息,以提高调查的时效性和实用性。

(二) 文献收集的方式

在社会调查的过程中,研究者通常需要收集以下三种最主要的文献,而这三种文献的收集方式又存在一定的差别。

1. 相关著作的查询

相关著作的查询主要依据图书分类法在图书馆进行查找。一般来说,图书馆中都会有专门的计算机检索工具,研究者可以通过"书名""作者""主题词""索书号"等进行检索和查询。

2. 相关论文的查询

相关论文的查询主要是通过文献检索的方式进行查找。对于英文论文,研究者可以先从社会科学引文索引(Social Sciences Citation Index,SSCI)上开始查找,这一索引收录了全世界最重要的英文社会科学期刊上所发表的论文题目。此外,各社会科学的专业学科还有专门的索引或具有类似索引功能的专门的论文摘要期刊。对于中文论文,研究者可以通过中国知网(China National Knowledge Infrastructure,CNKI)进行查找,该网站收录了国内绝大部分学术期刊发表的论文,大部分期刊论文的收入时间起点为1994年。研究者登录中国知网后,可以在搜索栏选择作者、篇名、主题、关键词等多种方式进行搜索,查找研究者所需要的论文,也可以查阅论文的内容摘要。同时,中国知网还提供了论文的原文文件,研究者可以在线阅读或下载阅读。

研究者在计算机上查找论文时,要明确想要查阅的论文属于哪个研究领域或者探究的是哪个研究主题,通过录入"主题"或"关键词"的搜索方式找到感兴趣的论文;此外,研究者还可以通过"发表时间""文献来源""作者""作者单位"等不同的条件设置,更精准地查找到自己想要获得的论文。

3. 其他相关文献的查询

有的研究者在进行调查研究时还需要收集诸如统计资料、统计年鉴、资料手册、档案材料等其他类型的文献。在这类文献资料中,有些公开发布的资料可以通过专业机构的网站或公开发布的文献进行查找;有些则属于内部资料的文献,需要到相关机构向专业人员咨询或索取。

(三)文献的整理和摘录

研究者收集文献的目的是摘录与调查课题有关的信息,文献的整理和摘录一般经历以下四个阶段:

1. 浏览

浏览,即研究者普遍、粗略地将收集到的文献翻阅一遍,以获得对文献的初步认识。研究者浏览文献的速度要快,并且要抓住要点,掌握文献的主要观点和大致内容,并对文献信息的价值做出初步判断。

2. 筛选

筛选,即研究者在广泛浏览文献的基础上,根据调查课题的需要,将文献分为必用、可用、备用和不用几个基本部分,使文献的数量由多到少,质量由粗到精。筛选时,研究者可以考虑下列三个方面的因素:

(1)文献中所研究的变量、所涉及的主要内容、所使用的样本类型、所依据的理论框架与自己的课题越相似越好,相似的方面越多越好;

(2)文献发表时间越近越好,从理论上来说,这些研究应该已经吸收了比其更早一些的研究成果;

(3) 文献的作者在该领域中的学术影响越具有权威性越好。

3. 阅读

阅读,即研究者对筛选出的文献进行耐心、细致和高效的阅读。阅读文献,特别是阅读相关研究成果时,研究者需要特别关注以下四个问题：

(1) 研究的理论框架和研究背景,注意了解各个不同研究的出发点和目标；

(2) 研究的方法,包括研究对象、研究方式、抽样设计、样本特征、资料分析方法等；

(3) 研究的主要结果,包括提出的观点、做出的推论等；

(4) 研究者要有自己对该研究的评价,这种评价既要关注该研究的特点和独到之处,又要关注该研究所存在的主要不足。

4. 记录

记录,即研究者将文献阅读中自己认为有用的信息及时地摘录下来,以备进一步研究时使用。记录的方法主要有以下五种：

(1) 标记。

标记是指研究者在文献上做记号,将重点内容标识出来。

(2) 眉批。

眉批是指研究者在文献的"书眉"或"地脚"上记下简单的批注、评论、心得、体会等。

(3) 抄录。

抄录是指研究者将文献中有用的信息抄录下来,这种抄录既可以是一字不差地全文抄录或复印,也可以是有选择地将有价值的信息摘录或转述出来。需要注意的是,这种摘录和转述,研究者一定要注明原文的出处,以便查找。同时,研究者不要随意打乱原文的结构和逻辑顺序,也不要随意改变原意。

(4) 提纲。

提纲是指研究者用简单、概括的语句和条目将文献的内容要点依次记录下来,以便于掌握文献的整体结构和主要内容。

(5) 札记。

札记是指研究者将阅读文献后的心得、感想、评论、意见等集中记录下来,这是一种带有初步研究性质的高级记录形式。

三、调查案例

"我国城郊农民的空间迁移与社会流动研究"的文献综述

(一) 文献的收集、阅读和摘录

研究者收集了中西方各学科领域有关农民的空间迁移与社会流动的文献,并进行了阅读、整理、分析和评论。研究者查阅了西方学者在20世纪60年代至90年代和21世纪初对人口空间迁移与社会流动问题的研究成果,以及国内学者对20世纪末以来我国农业转移人口大规模的空间迁移与社会流动现象开展研究的相关文献。研究文献主要分布在社会学、经济学、教育学、政治学、管理学、心理学以及交叉学科等领域。

(二)对已有研究文献的综述

1. 社会流动的理论范式与实证研究

西方社会流动理论发展已经进入较为成熟的阶段,其基本理论范式可以划分为现代化逻辑和社会—政治逻辑(李路路,朱斌,2015)。前者认为现代化的发展将会促进社会流动的增加,社会结构也会更加开放(Blau & Duncan,1967;Treiman,1970);后者则认为社会流动会受到政治制度、社会利益、意识形态等因素的影响。Featherman(1975)提出 FJH 假设,认为工业社会虽然能够提升社会流动率,但这种流动源于社会职业结构的变动,现代社会中代际继承优势的持续性仍然是显著的。

社会流动的实证研究大多从三个视角出发。经济学领域的研究者大多关注收入的代际流动。20世纪七八十年代以来,西方学者建构了解释各国代际流动差异的理论框架(Solon,2002)并对统计数据进行了完善(Grawe,2004)。国内学者对代际收入流动的研究发现,中国存在较高的代际收入弹性(王海港,2005;方鸣,应瑞瑶,2010),职业机会的不平等阻碍了收入的代际流动(邸玉娜,2014)。

教育学领域的研究者深入分析了教育对代际流动的影响。西方学者对非裔美国人社会流动的研究发现,高等教育对其地位的提升具有重要意义,并决定其代际流动的能力(Hard-away,2009)。我国学者认为,这种情况也适用于中国的低收入家庭。但大量的研究表明,由于教育机会的不平等,教育虽然对提高代际流动具有重要作用,但并没有带来代际流动的增加,反而导致代际流动的固化(王处辉,朱焱龙,2015;马瑜,王琪延,2015)。

社会学领域更注重对代际流动的综合分析。Blau 和 Duncan(1967)提出了代际流动的"地位获得模型",分析了教育和家庭与代际流动的关系。后来的研究者借助"流动表分析"(Hauser,1980)发现,不同的国家、不同的历史时期,社会流动的模式不尽相同(Erikson & Goldthorpe,1992),其中重要的影响因素是教育体制和劳动力市场结构的不同。我国学者李力行和周广肃(2014)从收入、职业、教育和政治身份四个角度分析我国社会代际流动状况,得出收入、教育和职业代际传递趋势增强,政治身份代际传递趋势减弱的结论。杨建华和张秀梅(2012)考察了浙江省社会流动状况,发现职业流动与社会流动都呈现底层以水平流动为主、上层以"精英再生产"为主的特征。

2. 社会流动的模式与影响因素研究

对于社会流动的影响因素,西方研究者从三个层面进行了分析(李煜,2009)。从结构变迁角度来看,研究者指出由于产业和职业结构的变迁以及专业化的发展,特别是技术先进的新产业部门更倾向按照"成就"而非"出身"分配社会资源,社会成员得到了更多的向上流动的机会,而教育在社会流动中的作用也日益突出(Erikson & Goldthorpe,1992);从社会分层结构角度来看,激励假设认为社会不平等导致资源向社会上层集中,从而激励个体争夺向上流动的机会,社会流动也随之增加;资源假设则认为社会不平等导致父代对子女的社会资源的投入具有差异性,使得子代社会流动减少和阶层壁垒增高(Torche,2005);从政治因素来看,研究者认为一个国家的政治历史文化,特别是社会政策影响下的制度设计决定了社会流动状况(Coser & Parkin,1971),改变社会不平等的政策会削弱代际传承的联系(Heath,1981)。

我国学者李煜(2009)通过梳理西方研究成果提出代际流动的三种模式,并利用 Blau 和 Duncan 的路径分析模型进行了比较,认为自由竞争模式中,个人的天赋才智、能力和努力是导致代际流动的唯一因素;家庭地位继承模式中,子女的家庭背景通过教育直接或间接实现代际传承;国家庇护模式中,国家政策成为影响社会流动的主导因素。李煜认为,当前中国社会中上层精英阶层和社会底层多表现为家庭地位继承的流动模式;大量中间阶层则受益于市场化带来的开放性,拥有更多的流动机会。

3. 地理流动与社会流动

将地理流动与社会流动联系起来被视为社会流动研究的新的发展领域(Flippen,2013),Blau 和 Duncan(1967)曾对地理流动与社会流动的关系进行了分析,但总体上对两者关系的探讨成果较少。我国学者王宁(2014)指出,一个国家是由许多具有边界性的地方社会构成的,每个地方社会也有核心区与边缘区的区分,由于在自然、社会、经济、政治和文化条件上的不均衡,产生了地方之间的分层与不平等。因此,人口的空间流动也是一种以地方为中介的社会流动,从低等级地方流向高等级地方,就可以为个人和子女的发展带来更多的生活机遇。李春玲(2007)也指出,我国农民工的地理流动大多流向沿海地区,其助推的动力正是为了获得更高的经济收入。

4. 我国农民社会流动研究

近年来,学术界对当代中国农民代际流动的研究开始起步,胡现岭(2013)对河南村庄的调查发现,农村青年向上的社会流动虽有所加快,但流动渠道日趋狭窄,只有升学流动方式在持续增加,经商、打工等其他流动方式趋于停滞或萎缩。许二梅(2013)指出,由于农民阶层的组织资源、文化资源、经济资源的有限性,其子女在升学和就业中处于劣势地位,通过自致性渠道实现向上的社会流动越来越困难。刘林平和沈宫阁(2014)指出,外出打工是农民社会流动的重要途径,但户籍区隔和拆分型劳动力再生产模式导致农民工人力资本、社会资本的极度匮乏,农民工实现代际的向上流动机会不大。符平和唐有财(2009)对新生代农民工社会流动的研究发现,新生代农民工为了获得更好的工作机会,不断地更换工作地点和打工工种,但频繁流动并未实现他们向上的代内流动,而是呈现出倒"U"型的发展轨迹,即流动次数达到特定值后,反而呈现向下的流动趋势。

(三)对已有研究的文献的评论

综上所述,国内外关于社会流动的研究大多从收入、职业和教育三个层面对人们的社会经济地位进行考察,认为现代社会提供了更多的社会流动机会,但同时也出现了阶层再生产的特征。从社会流动的影响因素来看,研究者从宏观的社会结构和社会政策因素、微观的家庭背景和个人因素等方面进行了分析,并建构了社会流动的理论模型,也有研究者开始关注地理流动对于社会流动的影响,尝试探讨两者的关系。研究者对我国农民社会流动的研究还存在以下不足:

第一,以往的研究者对社会流动的研究大多关注一个国家或地区社会流动的整体特征和趋势,较少关注某个特定群体的社会流动状况。在特定的社会环境中,由于各个社会群体所拥有的社会流动条件和资源不同,其社会流动会呈现出不同于其他社会群体的独特性。吴晓刚(2007)指出,由于独特的户籍制度和城乡二元化体制,我国城市居民与农村居民具有不同的社会流动模式。随着城郊社会的城镇化转型和城乡制度壁垒的逐渐弱化,大量的农民由空间迁移带动的非农化流动为研究者提供了考察农民社会流动现象的时机。

第二,已有的研究大多提出农民向上的社会流动具有渠道窄、机会少的特征,但并未构建我国农民社会流动的解释模型,也未对农民空间迁移和社会流动的关系进行探讨。本研究借鉴空间分层理论,认为城郊农民的空间迁移对其社会流动产生直接影响,城郊农民从村落社区到城镇社区、从乡村到中心城市的迁移是城郊农民获得社会流动机会的根源。

第三,以往的研究者从宏观的制度层面和微观的家庭、个人层面对社会流动的影响因素进行了分析,提出在特定的政策指导下的社会制度、家庭背景、个体特征是社会流动的影响因素,但没有关注中观的社区层面对城郊农民社会流动的影响。城郊农民所属村镇的地理位置、集体经济状况、安置补偿制度等社区因素同样对城郊农民的社会流动具有重要的影响。研究者有必要从宏观的政策层面、中观的社区层面、微观的家庭和个人层面提取中介变量,完成对城郊农民空间迁移与社会流动关系的解释模型建构。

(四)参考文献

[1] 邸玉娜.代际流动、教育收益与机会平等:基于微观调查数据的研究[J].经济科学,2014(1).

[2] 方鸣,应瑞瑶.中国农村居民代际收入流动性研究[J].南京农业大学学报(社会科学版),2010,10(2).

[3] 符平,唐有财.倒"U"型轨迹与新生代农民工的社会流动:新生代农民工的流动史研究[J].浙江社会科学,2009(12).

[4] 胡现岭.农村青年社会流动方式之变迁(1978—2010):以对河南省22个村庄的调查为中心[J].中国青年研究,2013(10).

[5] 李春玲.城乡移民与社会流动[J].江苏社会科学,2007(2).

[6] 李力行,周广肃.代际传递、社会流动性及其变化趋势:来自收入、职业、教育、政治身份的多角度分析[J].浙江社会科学,2014(5).

[7] 李路路,朱斌.当代中国的代际流动模式及其变迁[J].中国社会科学,2015(5).

[8] 李煜.代际流动的模式:理论理想型与中国现实[J].社会,2009(6).

[9] 刘林平,沈宫阁."贫二代"现象及其发生机制实证分析[J].人民论坛,2014(2).

[10] 马瑜,王琪延.教育对代际流动的影响效应分析[J].现代管理科学,2015(11).

[11] 王处辉,朱焱龙.高等教育获得与代际流动:机制、变迁及现实[J].中南大学学报(社会科学版),2015,21(2).

[12] 王海港.中国居民收入分配的代际流动[J].经济科学,2005(2).

[13] 王宁.地方分层、人才流动与城市人才吸引力:"地理流动与社会流动"理论探究之二[J].同济大学学报(社会科学版),2014,25(6).

[14] 吴晓刚.中国的户籍制度与代际职业流动[J].社会学研究,2007(6).

[15] 许二梅.农民子女社会流动问题探析[J].人民论坛,2013(18).

[16] 杨建华,张秀梅.浙江社会流动调查报告[J].浙江社会科学,2012(7).

[17] BLAU P M,DUNCAN O D. The American Occupational Structure[M]. New

York:Wiley,1967.

[18] COSER L A,PARKIN F. Class Inequality and Political Order[M]. New York: Praeger,1971.

[19] ERIKSON R,GOLDTHORPE J H. The Constant Flux:A Study of Class Mobility in Industrial Societies[M]. Oxford:Clarendon Press,1992.

[20] FEATHERMAN D L, JONES F L,HAUSER R M. Assumptions of Social Mobility Research in the United States:The Case of occupational Status[J]. Social Science Research,1975(4).

[21] FLIPPEN C. Relative Deprivation and Internal Migration in the United States:A Comparison of Black and White Men[J]. American Journal of Sociology,2013(5).

[22] GRAWE N. Reconsidering the Use of Nonlinearities in Intergenerational Earnings Mobility as a Test of Credit Constraints[J]. Journal of Human Resources,2004(3).

[23] HARDAWAY C R. MCLOYD V C. Escaping Poverty and Securing middle Class Status:How Race and Socioeconomic Status Shape Mobility Prospects for African Americans during the Transition to Adulthood [J]. Journal of Youth and Adolescence, 2009(2).

[24] HAUSER R M. Some Exploratory Methods for Modeling Mobility Tables and Other Cross-Classified Data[J]. Sociological methodology,1980(11).

[25] HEATH A F. Social Mobility[M]. London:Fontana,1981.

[26] SOLON G. Cross-Country Differences in Intergenerational Earnings Mobility[J]. The Journal of Economic Perspectives,2002(3).

[27] TORCHE F. Unequal but Fluid:Social Mobility in Chile in Comparative Perspective[J]. American Sociological Review,2005(70).

[28] TREIMAN D J. Industrialization and Social Stratification[J]. Sociological Inquiry, 1970 (2).

四、问题探讨

(1) 文献的含义是什么？

(2) 文献有哪些类型？

(3) 文献调查的含义是什么？

(4) 文献调查具有哪些特征？

(5) 文献调查的应用范围是什么？

(6) 文献收集应遵循哪些原则？

(7) 如何进行文献的收集？

(8) 如何进行文献的整理和摘录？

五、小结：知识梳理

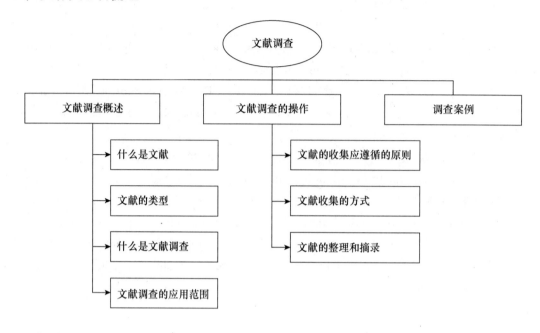

任务二

问卷调查

能力目标

1. 掌握调查问卷与问卷调查的含义。
2. 掌握调查问卷的基本结构。
3. 具备设计问题和答案的能力。
4. 掌握问卷设计的原则和步骤。

调查案例

大学生社团参与状况的问卷调查

具体任务

1. 明确调查主题。
2. 设计调查问卷。
3. 试用和修改调查问卷。
4. 实施问卷调查。

实训步骤

1. 选择一个你感兴趣的调查课题,围绕调查课题设计一份调查问卷。
2. 请你使用自己所设计的调查问卷开展一次问卷调查。

一、问卷调查概述

(一) 什么是调查问卷

调查问卷是社会调查中研究者用来收集调查资料的一种工具，它可以通过测量人们的行为、态度和社会特征，获得有关社会现象和社会行为的各种调查资料。在形式上，调查问卷是一份精心设计的调查问题表格。

根据在社会调查中的使用方法，调查问卷可以分为以下两种不同的类型：

一是自填式问卷，即由调查员发送或邮寄给调查对象，由调查对象自行填写的调查问卷。

二是访问式问卷，即由调查员按照调查问卷的内容，向调查对象提问，并根据调查对象的回答填写的调查问卷。

这两种类型的调查问卷在设计程序、设计原则、内容与结构等方面都有相同或相似之处，只是在使用方法上有一定的差别。

(二) 什么是问卷调查

问卷调查是指研究者使用问卷法进行的调查。具体来说就是研究者以事先设计好的调查问卷为工具，通过调查对象对调查问卷中的问题的回答了解情况、征询意见的一种社会调查。

问卷调查具有以下五个方面的特征：

第一，由于问卷调查是通过统一设计的调查问卷向调查对象收集调查资料，因此其调查的范围和规模较大，如果采用邮寄调查问卷的方法，甚至可以把调查问卷发送到全国各地进行相关问题的调查。

第二，由于问卷调查大多采用封闭式问题进行调查，研究者可以将调查资料转化成数据输入计算机，并通过统计分析软件进行量化分析和研究，因此，问卷调查是一种切实可行的大容量、高效率的定量调查方法。

第三，由于问卷调查是按照统一的调查问卷的内容进行的调查，调查对象回答问题的时间、次序、方式基本相同，问题和答案的表达方式也完全一致，因此，问卷调查可以在一定程度上避免由于人为原因造成的主观偏差。

第四，由于问卷调查可以在调查过程中实现研究者与调查对象之间以调查问卷为中介的非面对面的"对话"，因此具有较好的匿名性，调查对象可以在无外界干扰的情况下独立地回答调查问卷中的问题，这特别有利于一些带有隐私性和敏感性问题的调查。

第五，由于问卷调查常常以调查问卷替代调查员的专访，可以实现在较短的时间内对较多人的调查，因此，问卷调查具有较高的效率，可以节约大量的人力、财力和时间。

二、问卷调查的设计

问卷调查最主要的技术有两个，一个是设计调查问卷，另一个是以调查问卷为工具收集调查资料，后者已在本书项目一"社会调查的操作程序"的任务七"调查资料的收集"中作了详细介绍，在此将重点介绍如何设计调查问卷。

（一）调查问卷的基本结构

一般来说，一份完整的调查问卷在结构上应具有以下六个部分的内容。

1. 题目

一个明确的题目可以使调查对象迅速了解研究者的意图，理解填答调查问卷的意义，在激发起他们填答兴趣的同时，也能够唤起他们的责任感。

2. 封面信

封面信是一封致调查对象的短信，其作用在于向调查对象介绍和说明研究者的身份、调查的大致内容、调查的目的、调查对象的选取方法和对调查结果保密的措施等。封面信的语言要简明、中肯，篇幅宜小不宜大，短短两三百个字最好。封面信在问卷调查的过程中有着特殊的作用，封面信的质量往往决定了调查对象能否接受调查。此外，封面信的结尾处一定要真诚地感谢调查对象的合作与帮助。

3. 指导语

指导语是用来指导调查对象填答调查问卷的各种解释和说明。有些调查问卷的填答方法比较简单，可以在封面信中用一两句话说明，如"请根据你的实际情况在合适的答案号码上画圈或者在空白处直接填写"；有些调查问卷的填答方法较为复杂，研究者可以将指导语放在封面信之后集中说明，并标有"填表说明"的字样，其作用是对填表的方法、要求、注意事项等作一个总的说明。另外，有些指导语分散在某些较复杂的调查问题后，对填答要求、填答方法进行说明。

指导语是否清晰地表达出调查问卷的填答要求，是影响调查问卷能否获取有效信息的重要因素。指导语主要有以下五种类型：

（1）关于选出的答案如何做记号的说明。在设计调查问卷时，答案前通常设有圆括号"（ ）"或方框"□"，调查对象应在所选择的答案前的圆括号或方框中做记号。如果在答案前不留空间，一般要求调查对象圈出他所要选择的答案的序号。例如：

请你在下列几种情况中选出符合自己实际情况的选项，并在（ ）中画"√"。

（2）关于选择答案数量的说明，这种指导语一般写在问题的后面。例如：

请你在下列几种情况中选出符合自己实际情况的选项（有几项选几项）。

（3）关于填写答案要求的说明。例如：

在回答中选择"其他"一项作为答案时，请你在后面的_____中用简短的文字注明实际情况。

（4）关于答案适用于哪些调查对象的说明。调查问卷中有的问题可能并不是普遍适用的，而只适用于某一类人。当这类问题出现时可以说明由特定的一类人填写，其他的人则跳过这些问题。例如：

以下第4页中的第30题至第35题由已婚者填写。

（5）关于问题（或答案）内容的说明，即对问题（或答案）中有关词义的解释。例如：

你是否将孩子送至幼儿园？（"孩子"指3—6岁的儿童）

4. 问题和答案

问题和答案是调查问卷的主体，也是问卷设计的主要内容。调查问卷中的问题从形式上可以分为开放式问题与封闭式问题两大类。

开放式问题是指只提出问题,不提供答案,而由调查对象根据自己的情况自由填答的问题,例如:

你最喜欢看哪类电视节目?

开放式问题允许调查对象充分自由地发表自己的意见,因而可以得到较为丰富、生动的调查资料。但这些调查资料难以编码并进行统计分析,并且对调查对象的知识水平和文字表达能力有一定的要求,调查对象填答所花费的时间和精力较多,还可能产生一些无用的调查资料。

封闭式问题是指在提出问题的同时还给出若干个备选答案,要求调查对象根据自己的实际情况进行选择。例如:

请选择你最喜欢观看的电视节目的类型?(1)新闻节目;(2)体育节目;(3)文艺节目;(4)其他节目。

封闭式问题填答方便,省时省力,调查资料易于进行统计分析,但是由于封闭式问题的答案范围和表达形式是被限定的,容易使调查资料失去自发性和表现力,所以调查对象回答中的一些偏误也不易被发现。

一般来说,在探索性调查中研究者常常使用由开放式问题构成的调查问卷;而在大规模的正式调查中,研究者则主要采用由封闭式问题构成的调查问卷。

5. 编码和其他资料

所谓编码,是指研究者赋予每一个问题及其答案一个数字作为它的代码,以便将调查对象的回答转换成数字,输入计算机进行处理和定量分析。编码既可以采取预编码,即在问卷设计的同时就完成编码;也可以采取后编码,即等调查完成后再进行编码。在实际的社会调查中,研究者大多采用预编码,因此,预编码也就成了调查问卷的一个部分。编码一般放在调查问卷每一页的最右边,有时还可以用一条竖线将它与问题和答案部分分开。

下面就是编码的一个例子:

(1) 您的年龄:_____岁　　　　　　　　1—2 _____

(2) 您的性别:① 男　□　　　　　　　　3 _____
　　　　　　② 女　□

(3) 您的文化程度:① 小学以下　　□　　4 _____
　　　　　　　　② 初中　　　　□
　　　　　　　　③ 高中或中专　□
　　　　　　　　④ 大专以上　　□

(4) 您每月的收入为多少?_____元　　 5—9 _____

对于第一个问题来说,一般人们的年龄在100岁以内(即一般为两位数),故编码中给出2栏,序号为1—2(对于极个别大于99岁的人可以记为99岁)。第二个、第三个问题的答案都是一位数,故分别只给1栏。第四个问题的答案往往处于100 000元之内(即一般不大于五位数),故给5栏。

除了编码外,有些调查问卷还需要写明调查员的姓名、调查日期、审核员的姓名、调查对象的居住地等有关调查资料。

（二）问卷设计应遵循的原则

设计一份科学的调查问卷是做好问卷调查的关键，因此，研究者在问卷设计中需要遵循以下原则：

1. 目的性原则

目的性原则，是指问卷设计必须紧紧围绕所研究的问题和所要测量的变量，使调查问卷的内容既不遗漏必需的调查资料，又不包含无关的资料。

2. 简明性原则

简明性原则，是指问卷设计必须注意调查问卷的简单明了，以使调查对象能够在较短的时间内完成调查问卷。如果调查问卷的内容过于繁杂、冗长，不仅会给调查对象带来麻烦，而且还会影响调查的质量。

3. 适合性原则

适合性原则，是指问卷设计必须考虑调查对象的能力和条件，针对不同群体设计出与其相适应的调查问卷，以减少其在问卷填答中的障碍。对于隐私性问题和敏感性问题，研究者要注意问题表达的方式，以减少调查对象在心理上和思想上可能产生的顾虑。

（三）问卷设计的步骤

1. 探索性工作

探索性工作即在设计调查问卷的具体内容之前，研究者先要熟悉和了解一些有关调查问题的基本情况，以便对各种问题的提法和调查对象可能的回答有一个初步的认识。探索性工作主要采用无结构访谈，研究者自然地与各种调查对象进行交谈，并留心观察他们的特征、行为和态度，达到对调查对象的了解和熟悉，从而避免在设计调查问卷时出现含糊的问题，也可以避免设计出不符合客观实际的答案。

2. 设计调查问卷的初稿

经过了探索性工作后，研究者就可以开始设计调查问卷的初稿，其具体做法有以下两种：

（1）卡片法。

卡片法的具体操作有以下六个步骤：

第一，研究者根据探索性工作所得到的初步认识设计问题，把每一个问题写在一张卡片上；

第二，研究者根据卡片上问题的主要内容，将卡片分成若干类，即把询问相同事物的卡片放在一起；

第三，在每一类卡片中，研究者按照合适的询问顺序对卡片进行排序；

第四，根据调查问卷整体的逻辑结构排列出各类卡片的前后顺序；

第五，根据调查对象阅读和填答调查问卷是否方便等角度，反复检查问题的前后顺序和连贯性，对不当之处逐一进行调整和补充；

第六,把调整好的卡片依次写到纸上,形成调查问卷的初稿。

(2) 框图法。

框图法的具体操作有以下四个步骤:

第一,研究者根据研究假设和调查资料等相关内容,在纸上画出调查问卷的各个部分和前后顺序的框图;

第二,研究者具体地写出每个部分的问题和答案,并安排好这些问题的顺序;

第三,研究者根据调查对象阅读和填写调查问卷是否方便等,对所有的问题进行检查、调整和补充;

第四,研究者将调整后的结果重新抄写在另一张纸上,形成调查问卷的初稿。

综上所述,卡片法是从具体问题开始,然后到部分,最后到整体;而框图法则是先从总体结构开始,然后到部分,最后到具体问题。卡片法容易着手进行,尤其是在研究者调整问题的前后顺序和修改问题方面十分方便;但卡片法的缺点是过于分散,研究者难以从整体上进行安排、调整和修改,从这一方面看,框图法则更有优势。

为了吸取两者的长处,研究者可以将两种方式结合进行:首先,根据调查内容的结构,画出调查问卷总体的各个部分及其前后顺序;其次,为每个部分的内容编写一个个具体的问题,写在数张小卡片上;最后,调整问题之间的顺序,并将整理好的卡片打印出来,形成调查问卷的初稿。

3. 试用调查问卷的初稿

调查问卷的初稿设计出来之后,研究者必须进行试用以发现其中存在的问题。研究者试用调查问卷的初稿的具体方法有以下两种:

(1) 客观检验法。

客观检验法,即研究者将调查问卷的初稿打印若干份(一般在 30—100 份),然后采取非随机抽样的方法选取一个小样本,用这些调查问卷的初稿进行调查。最后,研究者通过检查和分析试调查的结果,从中发现问题并进行修改。

研究者检查和分析的内容包括:

① 回收率。

如果调查问卷的回收率较低(如低于 60%)或者收回的废卷较多(即有效回收率较低),则说明调查问卷在设计上可能存在较大的问题。

② 填答错误。

如果出现较多的填答错误,即答非所问,则可能是调查对象对问题的含义不理解或产生误解,需要研究者仔细地检查问题的用语是否准确、清晰,含义是否明确、具体;如果出现较多的填答方式的错误,则可能是问题的形式过于复杂、指导语不明确等原因所致。

③ 填答不完全。

如果调查问卷中某几个问题调查对象普遍未回答,研究者就要仔细检查这些问题,分析出大部分调查对象未回答的原因,然后进行改进。如果出现从某个问题开始,后面部分的问题调查对象都未回答,则研究者要仔细检查中断部分的问题,并分析其原因,进行改进。

(2) 主观评价法。

主观评价法,即研究者将设计好的调查问卷的初稿复印若干份(3—10 份),分别送给该研究领域的专家、研究人员和典型的调查对象,请他们阅读和分析调查问卷的初稿,并根据他们的经验和认识对调查问卷进行评价,指出其中存在的问题,并提出改进意见。

4. 定稿并印制调查问卷

研究者根据上述方法找出调查问卷的初稿中所存在的问题后,对其逐一进行分析和修改,最后定稿。在对修改后的调查问卷进行印制的过程中,研究者同样要注意版面安排是否适当,文字符号是否准确,以免影响最终的调查结果。只有经过了试用和修改,并对校样反复检查后,研究者才能把调查问卷送去印刷,并用于正式的社会调查中。

(四) 如何设计问题和答案

1. 问题的形式

(1) 填空式问题。

填空式问题,即在问题后画一条短横线,让调查对象直接在空白处填写。填空式问题一般只用于那些对调查对象来说既容易回答又容易填写的问题。例如:

请问您家有几口人? _____口人

(2) 是否式问题。

是否式问题,即问题的答案只有"是"和"不是"(或其他肯定形式和否定形式)两种,调查对象根据自己的情况选择其一。这种问题形式是民意调查问卷中用得最多的一种,其优点是答案简单、明确,可以严格地把调查对象分成两类不同的群体;其缺点是研究者对于有些问题所得到的信息量太小,不能了解和分析调查对象对某个问题存在的不同态度的层次。例如:

您是共青团员吗?(　　) ① 是;② 不是

(3) 多项单选式问题。

多项单选式问题,即给出至少两个答案,调查对象根据自己的情况选择其一,这是各种调查问卷中采用得最多的一种问题形式。例如:

您的文化程度是(　　)。

① 小学及以下;② 初中;③ 高中或中专;④ 大专及以上

(4) 多项限选式问题。

多项限选式问题,即在列举的多个答案中,调查对象根据自己的情况选择其中的几项。例如:

您最喜欢看哪类电视节目?(　　)(至少选两项)

① 新闻节目;② 电视剧;③ 体育节目;④ 广告节目;⑤ 其他(请写明)_____

(5) 多项排序式问题。

多项排序式问题,即问题的答案涉及一定顺序或轻重缓急时,要求调查对象对所列举出的答案进行排序。例如:

您认为自己所居住的城市目前存在哪些问题?(请按照严重程度进行排序,将序号填写在横线上)_____

① 交通拥挤;② 空气污染;③ 治安较差;④ 规划管理落后;⑤ 居民素质不高

（6）矩阵式问题。

矩阵式问题，即将同一类型的若干个问题集中在一起构成的问题表达方式。例如：

你觉得下列现象在你们学校是否严重？（请在每一行适当的方框内画"√"）

	很严重	比较严重	不太严重	不严重	不知道
① 迟到	□	□	□	□	□
② 早退	□	□	□	□	□
③ 请假	□	□	□	□	□
④ 旷课	□	□	□	□	□

（7）表格式问题。

表格式问题，即将矩阵式问题用表格的方式表达出来，其形式与矩阵式问题十分相似。例如：

你觉得下列现象在你们学校是否严重？（请在每一行适当的格中画"√"）

现象	选项				
	很严重	比较严重	不太严重	不严重	不知道
迟到					
早退					
请假					
旷课					

（8）相倚问题。

相倚问题，即在前后两个（或多个）相连的问题中，调查对象是否应当回答后一个（或后几个）问题，要由他对前一个问题的回答结果来决定。前一个问题称作过滤性问题，后一个问题则称作相倚问题。例如：

请问你有孩子吗？① 有_____ → 请问你有几个孩子？_____ 个

② 没有

2. 答案的设计

由于调查问卷主要由封闭式问题构成，而答案又是封闭式问题中非常重要的一部分，因此，答案设计是问卷设计的重要内容，也是直接影响调查成功与否的重要因素。答案的设计，一要与所提的问题协调一致，二要注意做到使答案具有穷尽性和互斥性。

所谓答案的穷尽性，是指答案包括了所有可能的情况，也就是说对于任何一个调查对象来说，在问题的答案中总有一个是符合他的情况的。例如：

您的性别是（　　）。① 男性；② 女性

如果有某位调查对象的情况不包括在某个问题所列的答案中，那么这个问题的答案就一定不是穷尽的，或者说是有所遗漏的。有时，为了防止答案的遗漏，研究者也可以在选项中设置一个"其他"选项，以便当调查对象的情况在表中没有列出时，能够单独写出自己的答案。但是，如果一项调查结果中，选择"其他"一栏的调查对象的人数相当多，则说明调查问卷中所列答案的分类是不恰当的，即有些比较重要的答案类别没有单独列出。

所谓答案的互斥性，是指答案相互之间不能交叉重叠或相互包含，即对于每位调查对象来说,只能有一个答案适合他的情况。如果一位调查对象可以同时选择某一个问题的两个或更多的答案,那么这个问题的答案就一定不是互斥的。例如:

您的职业是什么?(请在合适的答案号码上画"√")

① 工人;② 农民;③ 干部;④ 商业人员;⑤ 医生;⑥ 售货员;⑦ 专业人员;⑧ 教师;⑨ 其他

在这个问题的答案中,商业人员与售货员、专业人员与教师和医生都是相互包含或交叉的,因此,该答案的设计没有满足互斥性。

3. 问题的语言和提问方式

语言是编制调查问卷的基本材料,在问卷设计中一定要注意语言的运用。问题表述是否清楚,表达是否明确到位,这些将直接影响调查对象回答问题的质量。同样,提问方式不同,所产生的效果也会有很大的区别。因此,研究者在调查问卷中语言的使用和提问的方式要注意以下六个方面:

第一,要准确地表述问题,即问题要准确地表达调查的内容,一个句子只讨论一个概念或事件。

第二,要清晰地表述问题,即问题用语力求简洁,不能复杂、含糊,要易于理解,不令调查对象产生歧义。

第三,要客观地表述问题,即问题的表述要尽量使用中性词,不要带有倾向性、诱导性和暗示性,要避免出现"大多数人认为""专家发现""政府号召"等用语,同时要避免在问题中包含具有价值倾向的引导。

第四,要简单地表述问题,即表述问题尽量使用通俗的词语,而不使用专有名词和专业术语,要考虑调查对象的特征,要用浅显易懂的语言表述问题,要避免使用超过调查对象理解能力的词语。

第五,问题与答案要协调,即要避免答非所问、答案不全、答案内容重复交叉等现象的出现。

第六,不要直接询问敏感性问题,即当调查内容涉及隐私性或敏感性问题时,最好使用委婉的语言,采取间接询问的方式,以减少调查问卷的拒答率。

4. 问题的数量与次序

(1) 问题的数量。

一份调查问卷应包含多少个问题并没有统一的要求,问卷设计者可以根据调查的需要和具备的资源条件来决定。一般来说,问卷设计应兼顾到调查对象,如果问题太多,容易引起调查对象心理上的厌倦情绪和畏难心理,从而影响填答的质量,所以,问题的数量通常应限制在调查对象可以在20分钟内完成调查问卷为宜,最长不要超过30分钟。当然,如果调查资源充足,能够采用访问的形式,并为每位调查对象提供报酬或小礼品,而且调查问卷的质量较高,内容是调查对象较为熟悉并且关心和感兴趣的话题,那么调查问卷可以设计得略长一些。

(2) 问题的次序。

在问卷设计过程中,问题的次序也会影响调查的效果。一般来说,调查问卷中问题的次

序排列应遵循以下顺序:

① 时间顺序。

时间顺序,即问题应按照时间的先后顺序来排列,不要交叉跳跃,这样会影响调查对象的思路。一般来说,采用履历表式的顺序排列问题是容易被调查对象接受的。

② 内容顺序。

内容顺序,即问题的排列常常根据其内容,将涉及行为事实的问题排在前面,涉及态度观念的问题排在后面;将调查个人和家庭基本情况的问题放在前面,而与调查主题相关联的问题放在后面;将调查对象较为熟悉的问题放在前面,而调查对象感到陌生的问题放在后面;将容易引起调查对象兴趣的问题放在前面,而具有隐私性和敏感性的问题放在后面。这样安排的实质是将简单的、熟悉的、易于回答的问题放在前面,以免调查对象产生畏难情绪和戒备心理,从而影响调查质量。

三、调查案例

大学生社团参与状况的调查问卷

(一) 问卷封面

问卷封面包括编号、问卷标题、封面信和指导语等。

问卷编号:_____

亲爱的朋友:

您好!我们正在进行大学生社团参与的问卷调查,希望了解大学生参与社团的基本状况及其对大学生个人发展的影响,为大学生社团的发展提出建议。

请你在百忙之中抽出一些时间填写这份调查问卷。本调查问卷不用填写姓名,请你填写时不要有任何顾虑,根据自己的实际情况在合适的答案号码上画圈或者在空白处直接填写。

真诚感谢你的合作!

××××大学应用社会学系

(二) 问卷主体

1. 基本状况

A1. 你的性别:(1) 男;　　　(2) 女

A2. 你所在的学院:_____

A3. 你所在的年级:(1) 大一;(2) 大二;　(3) 大三;　(4) 大四

A4. 你的政治面貌:(1) 群众;(2) 团员;　(3) 党员;　(4) 其他(请写明)_____

A5. 进入大学前你的所在地:(1) 农村;　(2) 城镇;　(3) 其他(请写明)_____

2. 社团参与的预期

B1. 如果你打算参加大学生社团,你是否会提前了解自己想要参加的社团的情况?
(1) 不会;　　　　　　(2) 不知道;　　　　　　(3) 会

B2. 如果让你选择,你更愿意参加哪种类型的大学生社团?(选出 3 个你最愿意参加的

社团类型)

(1) 专业训练型； (2) 政治行政型(如学生会)； (3) 学习研究型；
(4) 文化娱乐型； (5) 公益志愿型； (6) 体育健身型；
(7) 社会实践型； (8) 其他(请写明)_____

B3. 你认为参加社团对当今大学生是否必要？
(1) 很不必要； (2) 基本上没什么必要； (3) 可有可无；
(4) 有一定必要； (5) 非常必要

B4. 如果你加入大学生社团，你希望通过参与社团获得什么？(可多选)
(1) 专业知识和技能； (2) 人际交往能力； (3) 管理能力；
(4) 策划能力； (5) 组织能力； (6) 增强自信；
(7) 沟通表达能力； (8) 办事能力； (9) 其他(请写明)_____

3. 社团参与的状况

C1. 你曾经参加过几个大学生社团(包括学生会组织)？_____个

C2. 你参加过的大学生社团的名称是_____
它属于哪种类型的社团？
(1) 专业训练型； (2) 政治行政型(如学生会)； (3) 学习研究型；
(4) 文化娱乐型； (5) 公益志愿型； (6) 体育健身型；
(7) 社会实践型； (8) 其他(请写明)_____

C3. 你参与的大学生社团的规模(人数)有多大？
(1) 10人以下； (2) 10—30人； (3) 30—100人；
(4) 100人以上

C4. 你参加大学生社团的主观原因是什么？(请选出最主要的3—5项，并按照重要程度从高到低排序)
(1) 培养兴趣和爱好； (2) 让自己的生活不那么空虚；(3) 培养专业能力；
(4) 为了综合测评加分，为自己拿奖学金增加筹码； (5) 丰富大学生活；
(6) 提高社会交往能力； (7) 扩大眼界，可以学到专业以外的东西；
(8) 为了使就业简历的内容更丰富； (9) 参加社团是大学生的时尚，我也不能例外；
(10) 扩大人际交往； (11) 因为没有参加过社团就不是真正的大学生活；
(12) 培养社会责任感； (13) 锻炼办事能力，有利于将来就业；
(14) 利于学习，提高成绩； (15) 其他(请写明)_____

C5. 你参加大学生社团的客观原因是什么？(可多选，并按照重要程度从高到低排序)
(1) 学校或学院的要求； (2) 父母的要求； (3) 老师的要求；
(4) 社团活动的吸引； (5) 社团能提供的实践机会多； (6) 社团活动与自己的专业相符；
(7) 同学、朋友的介绍； (8) 社团同学的邀请； (9) 其他(请写明)_____

C6. 你在参加大学生社团之前会通过哪些渠道了解你想要参加的社团？(可多选)
(1) 社团宣传资料； (2) 学校媒体(报刊、网站、微博、微信等)； (3) 老师的介绍；

(4) 本学院学长(不含老乡)的介绍； (5) 老乡的介绍； (6) 同年级同学的介绍；
(7) 校外媒体； (8) 其他(请写明)_____

C8. 你是否担任过大学生社团的管理者？
(1) 是； (2) 否

C9. 你在大学生社团的活动中最经常扮演的角色是什么？
(1) 活动的策划者； (2) 活动整体过程的组织者； (3) 活动环节的服务者或执行者；
(4) 活动的到场参与者； (5) 活动的服务对象； (6) 其他(请写明)_____

C10. 你所在大学生社团的活动频率是多少？
(1) 每周多次； (2) 每周一次； (3) 每月多次(不包含前两种情况)；
(4) 每月一次； (5) 每学期一次； (6) 每学年一次

C11. 你参与大学生社团活动的状况如何？
(1) 每次都参加； (2) 大部分参加； (3) 视情况而定；
(4) 很少参加； (5) 几乎不参加

C12. 进入大学生社团一段时间之后，你是否想在那里继续待下去？
(1) 想，无论是以什么身份我都想继续待下去；
(2) 想，但我希望是以干部的身份待下去；
(3) 无所谓；
(4) 不想，已经很后悔浪费我的时间在这件事情上

C13. 你所参加的大学生社团经常在哪些地方举办活动？
(1) 校内； (2) 校外； (3) 二者都有

C14. 你最喜欢的大学生社团的活动类型是什么？
(1) 文娱活动； (2) 讲座； (3) 竞赛；
(4) 公益活动； (5) 专业实践； (6) 其他(请写明)_____

4. 大学生社团参与的评价

D1. 你觉得自己的能力在大学生社团中是否可以得到施展？
(1) 完全可以； (2) 有时可以； (3) 不好说；
(4) 偶尔可以； (5) 完全不可以

D2. 你认为大学生社团之中是否存在着管理上的问题？
(1) 是； (2) 否； (3) 不好说

D3. 你对大学生社团的活动的总体评价如何？
(1) 表面热闹，没有意义； (2) 缺乏创意，活动单调； (3) 丰富多彩，很有意义

D4. 你如何评价自己参加大学生社团的状态？
(1) 积极性： ① 积极； ② 不积极； ③ 视情况而定
(2) 主动性： ① 主动； ② 不主动； ③ 视情况而定

D5. 你参与大学生社团是否具有目的性？ (1) 具有； (2) 不具有

D6. 你身边参加了社团活动的同学对你有怎样的影响？
(1) 他们觉得充实，让我也想参加； (2) 他们对我没有什么影响；

(3) 他们觉得很无聊,让我更不想参加

D7. 你是否能够坚持参与大学生社团?(1) 能; (2) 不能; (3) 视情况而定

D8. 在每次参加社团实践后,你会总结自己的经验与不足吗?
(1) 会及时总结; (2) 想总结,但是没做到; (3) 没想过; (4) 觉得没有必要

D9. 你是否喜欢大学生社团的活动?(1) 喜欢; (2) 一般; (3) 不喜欢

D10. 如果你不愿意再继续参加你所在的大学生社团了,其主要原因是什么?(请选出最主要的3项,并按照重要程度从高到低排序)
(1) 社团活动的质量不高; (2) 逐渐发现自己对该社团的活动不感兴趣;
(3) 在社团活动中没有感到满足和愉悦; (4) 学习任务重,无暇顾及;
(5) 社团没有凝聚力; (6) 社团活动时间安排不合适;
(7) 其他方式可以满足我打发闲暇时间或人际沟通等的需要(如网络平台);
(8) 其他(请写明)_____

D11. 你对社团参与的评价如何?(选择适合的答案并在表中画"√")

评价	选项	
	是	否
1. 通过社团参与,我丰富了兴趣		
2. 通过社团参与,我获得了想要学习的知识		
3. 通过社团参与,我获得了想要提升的能力		
4. 通过社团参与,我缓解了压力		

D12. 你把自己所在的社团生活放在一个怎样的位置?
(1) 社团第一,全力付出; (2) 社团与学习并重;
(3) 学习第一,社团第二; (4) 社团可有可无

D13. 你是否赞同以下观点?(选择适合的答案并在表中画"√")

评价	选项				
	很不赞同	不太赞同	不知道	比较赞同	非常赞同
1. 大学生社团是一群人玩得很高兴的地方					
2. 社团是大学生活不可缺少的一部分					
3. 社团活动没有想象中的那么有趣					
4. 社团活动让我感到快乐					
5. 社团活动只是满足个别人功利化的需要					

D14. 你认为大学的社团活动对你以后步入社会有帮助吗?
(1) 有很大帮助; (2) 有一些帮助; (3) 不知道; (4) 有少许帮助; (5) 没有帮助

D15. 你对参与社团活动还有哪些感受或建议?请写下来:
_____
_____

我们的问卷调查结束了,衷心感谢你的支持和配合!

四、问题探讨

(1) 调查问卷的含义和类型是什么？
(2) 问卷调查的含义和特征是什么？
(3) 调查问卷的基本结构有哪些？
(4) 如何设计问题和答案？
(5) 问卷设计应遵循的原则有哪些？
(6) 问卷设计的步骤有哪些？

五、小结：知识梳理

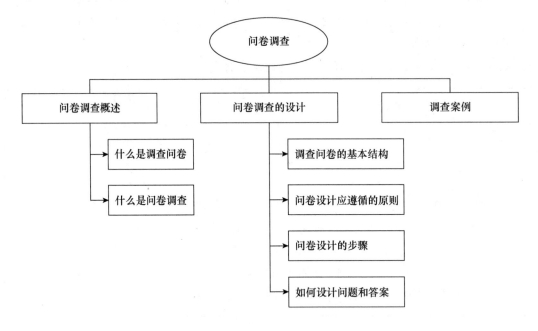

任务三

量表调查

能力目标

1. 掌握量表和量表调查的含义。
2. 掌握量表的类型。
3. 掌握量表编制的步骤。
4. 掌握量表编制应遵循的标准。

调查案例

研究性教学改革与大学生创新能力培养的量表调查。

具体任务

1. 选择调查课题并进行操作化。
2. 实施开放式调查。
3. 编制量表。
4. 测试和修改量表。
5. 实施量表调查。

实训步骤

1. 请你选择一个自己感兴趣的、适合进行量表调查的课题。
2. 请你围绕调查课题进行操作化,并编制一份量表。

3. 请你对量表进行测试,并使用量表开展一次量表调查。

一、量表调查概述

(一)什么是量表调查

在社会调查中,研究者常常需要测量人们的态度、看法、意见、性格等主观性较强的内容,由于这些内容通常比较复杂,而且无法直接观察,所以研究者很难用单一的指标进行测量,而常常借助于各种测量量表来完成调查。

所谓量表调查,是指研究者运用量表对人们的主观态度等进行测量的一种社会调查方法。量表是社会测量的一种工具,它通常由一组问题构成,每个问题都根据调查对象可能做出的反应方向和强度标明不同的分数,由此间接测量人们对某一事物的态度和看法。

(二)量表调查常用的类型

量表调查常用的类型有总加量表、李克特量表、鲍格达斯社会距离量表和语义差异量表四种。

1. 总加量表

总加量表是指由一组对某事物的态度或看法的陈述按照一定的结构顺序构成的量表,它可以反映所测量的概念或态度的不同程度。调查对象只需对这些陈述做出同意或不同意(或肯定或否定)的选择,然后按预先设定的标准将调查对象在全部陈述上的得分加起来,就得到了所测量概念或态度的量化结果。表 2-1 就是总加量表的一个例子。

表 2-1 测量的是人们参与社区志愿活动的程度,量表中的 5 个项目之间存在着一种趋强的顺序,在每个项目的回答中,"是的"被赋予 1 分,"不是"被赋予 0 分,根据每个调查对象的回答将分值累加起来,就是调查对象社区志愿活动参与程度的得分。如果调查对象的最终得分为 5 分,说明其社区志愿活动参与度很强;如果调查对象的最终得分为 0 分,则说明其社区志愿活动参与度很弱。

表 2-1 社区志愿活动参与程度量表

陈述	是的	不是
1. 你是否关注过社区志愿活动	□	□
2. 你是否参加过社区志愿活动	□	□
3. 你是否参与过社区志愿活动的方案讨论	□	□
4. 你是否加入了社区志愿活动组织	□	□
5. 你是否担任过社区志愿活动组织的领导	□	□

2. 李克特量表

李克特量表也是由一组对某事物的态度或看法的陈述构成的量表,只是调查对象对这些陈述的态度被分成"非常同意""同意""不知道""不同意""很不同意"五类,或者"赞成""比较赞成""无所谓""比较反对""反对"五类。由于答案类型的增多,人们在态度上的差别就能更清楚地反映出来。表 2-2 和表 2-3 就是李克特量表的两个例子。

表 2-2 测量的是人们对是否要上大学接受高等教育的态度。由于陈述 2、陈述 4 与陈述

1、陈述3的态度倾向是相反的,因此它们的赋值方向也是相反的。研究者通过将调查对象在这一量表上的4个得分进行累加,就可以得到其对于是否一定要上大学的态度得分,得分越高,越倾向于要考上大学接受高等教育。

表2-2 请你对下列看法发表意见

陈述	非常同意	同意	不知道	不同意	很不同意
1. 青年人一定要上大学,高等教育可以全面提升人的素质能力	☐	☐	☐	☐	☐
2. 只要有挣钱的机会,上不上大学无所谓	☐	☐	☐	☐	☐
3. 接受高等教育是成为高级人才的基础,考上大学才能找到好工作	☐	☐	☐	☐	☐
4. 考大学不是唯一的出路,上了大学也不一定能找到好工作	☐	☐	☐	☐	☐

表2-3 四种陈述的赋值

陈述	非常同意	同意	不知道	不同意	很不同意
陈述1	5	4	3	2	1
陈述2	1	2	3	4	5
陈述3	5	4	3	2	1
陈述4	1	2	3	4	5

3. 鲍格达斯社会距离量表

鲍格达斯社会距离量表是用于测量人们相互之间交往的程度和相互关系的程度,或者人们对某一群体所持的态度和所保持的距离的量表。表2-4就是一个鲍格达斯社会距离量表的例子。

表2-4测量的是大学生对艾滋病患者的接纳程度,量表中不同的问题所表示的社会距离不同,越往后,社会距离越近,接纳程度就越高;同时,接受高强度内容的人一般也必定能接受低强度的内容。比如,如果能接受陈述5的内容,一般也不会反对前面4项的内容;相反,如果不能接受陈述1的内容,通常也不会愿意接受后面4项的内容。研究者用这种具有逻辑结构的量表可以测出人们对某一特定群体的态度。

表2-4 大学生活对艾滋病患者接纳程度的社会距离量表

陈述	是的	不是
1. 你能接受艾滋病患者在你就读的大学里学习吗	☐	☐
2. 你能接受艾滋病患者在你就读的学院里学习吗	☐	☐
3. 你能接受艾滋病患者在你就读的班级里学习吗	☐	☐
4. 你能接受艾滋病患者和你成为朋友吗	☐	☐
5. 你能接受艾滋病患者在你居住的寝室里居住吗	☐	☐

4. 语义差异量表

语义差异量表最初是由美国心理学家C.奥斯古德等人在他们的研究中使用的。在社会学和心理学研究中,语义差异量表通常用于文化的比较研究、个人和群体间差异的比较研究,以及人们对周围环境或事物的态度和看法研究等。

语义差异量表可以测量出某一个概念对于不同的人所具有的不同含义,其形式是以一对意义相反的形容词为两端,中间分为七个等级,每一个等级的分数从左至右分别为 7、6、5、4、3、2、1,也可以计为+3、+2、+1、0、-1、-2、-3。被测量的概念放在量表的顶端,调查对象根据自己对这一概念的看法在每一对反义词之间 7 个等级的空格中选择适当位置画记号,通过对这些记号所代表的分数的计算,研究者就可以获得人们对这一概念及其所指代事物的看法或态度,同时也可以进行个人或团体之间态度异同的比较分析。表 2-5 就是一个语义差异量表的例子。

表 2-5 中,研究者通过语义差异量表测量居民对某项社区教育活动的态度,考察调查对象对社区教育活动的感觉和评价。语义差异量表对态度的测量具有较高的再测信度和表面效度,并且是一种十分经济的方法。

表 2-5 测量居民对社区教育活动态度的语义差异量表

有趣的							√	枯燥的
有意义的					√			走形式的
有收获的			√					无收获的
主动参与的						√		强迫参与的
喜欢的			√					厌烦的

二、量表的编制

量表调查主要用于对抽象概念和主观态度的测量,研究者运用量表调查收集资料的程序和方法与问卷调查的操作非常类似,所以,在此主要介绍的是量表的编制方法。

(一)量表编制的步骤

在实际的社会调查中,许多社会现象缺乏现成的测量量表,在这种情况下,研究者必须依据所调查的内容和目的设计量表。由于李克特量表是社会调查中使用最多的量表形式,所以,我们将着重介绍李克特量表的设计与制作。

李克特量表的制作程序包括设计问题、规定计分标准、试调查和评估量表内容四个步骤。

(1)设计问题。

设计问题是指研究者根据所要测量的内容或主题,收集大量相关内容,筛选出一组陈述或问题,一般以 20—30 条为宜,组成一个初步量表。其提问方式分为正向提问和反向提问,正向提问用"+"表示,反向提问用"-"表示。通常,在一个量表中,正向提问与反向提问应各占一半,以便使调查对象能集中精力认真回答,防止出现误差。

(2)规定计分标准。

规定计分标准是指研究者将每组问题按肯定或否定的强弱程度一般分为 5 个等级,如"非常同意""同意""不知道""不同意""很不同意";有时也可分 3 个等级或 7 个等级。5 个等级常常用 0—4 分或 1—5 分计分。正向提问与反向提问的计分顺序应相反,对于正向提问,越趋向同意的给分越高;反之,对于反向提问,越趋向同意的给分越低。

(3) 试调查。

试调查是指研究者从调查对象中抽取部分人尝试回答初步量表,并给他们打分,然后将分数累加起来,并计算出每一条陈述的分辨力。分辨力的计算方法是:先将全部调查对象的总分进行排序,然后分别取出总分最高的25%的人和总分最低的25%的人,并计算这两部分人在每一条陈述上的平均分,将这两个平均分相减,所得出的就是这一条陈述的分辨力系数。该系数的绝对值越大,则陈述的分辨力越高。

(4) 评估量表内容。

量表中问题设置的好坏,取决于其能否分辨出调查对象不同的态度,即分辨力如何。如果一个问题几乎100%的调查对象都回答了"同意",那么这个题目就没有分辨力。评估量表内容就是通过试调查删除分辨力不高的陈述,保留分辨力高的陈述(一般5—20个),从而形成正式量表。

(二) 量表编制的标准

尽管量表的类型和编制方法是多样的,但在量表的设计和题目的编制与选择上还是有着共同的标准。

第一,量表中的题目应具有较好的分辨力,每一条陈述都应该能够将不同的观念、态度和意见区分开来,赞同与不赞同的意见应该趋于两个极端,不要重叠。

第二,量表中题目的数量应该适宜,虽然从测量信度上看,量表所包含的陈述项目越多越好,但是如果测量的范围或复杂程度已经确定,则量表所包含的陈述项目在10—20条就可以满足需要,过多的题目反倒不能提高测量效率。

第三,量表中的题目在形式上应该有所区别,如果是测量认知与情感的量表,那么应在项目设计中注重偏好和态度的表达;如果是测量行为倾向的量表,那么则要注重某个具体行为的反映。

第四,量表在结构上与标准调查问卷的结构类似,在量表的设计过程中应包括标题、指导语、陈述、得分与计分标准、得分解释五个部分。其中,标题、指导语和陈述是供调查对象阅读的,而得分与计分标准和得分解释一般不提供给调查对象,而是研究者进行统计分析时使用的。

(三) 编制量表的等级

1. 量表等级的多少

一般来说,量表的等级在3—9个等级之间,并且没有一个固定的最佳等级。但是,通常量表的等级越多,被测量项目之间的区别就会越小,而且大多数调查对象都不愿意接受过多、过于复杂的等级区分。因此,研究者在确定量表的等级时需要注意以下三个方面:

(1) 量表等级的确定要考虑调查的内容。

如果调查的内容是调查对象所熟悉的,并且能够使调查对象感兴趣,那么量表的等级就可以略多些;如果调查的内容是调查对象不熟悉的或调查的内容难以引起调查对象的兴趣,那么量表的等级就要尽可能少些,通常直接采取二维的是否式选择。

(2) 量表等级的确定与调查资料的收集方式有关。

如果研究者采用的是访谈等面对面的调查方式,那么量表中的等级就可以复杂一些;如果研究者采用的是电话调查的方式,那么量表中的等级就越少越好。

(3) 量表等级的设计还与数据分析方法有关。

如果只需要对调查对象的得分进行加总,那么一般5个等级即可;如果需要使用综合统计技术分析数据,那么就需要7个或者更多的等级。相关系数的大小、变量之间关联性的测量都会受量表等级数量的影响。

2. 量表等级的奇偶性

如果量表的等级为奇数,则最中间的等级通常是一个中性点。李克特量表通常是5个等级,就是一个具有奇数个数的等级,并且包含了中性点的平衡量表。量表是采用奇数个数的等级还是偶数个数的等级是由调查对象是否会对调查的内容持有中立态度决定的。如果研究者预先知道至少有一部分调查对象可能持有中立性观点,那么就要在设计量表时将这一情况考虑进来,并将量表设计为奇数个数的等级。

3. 量表等级的文字描述

量表等级的文字描述应尽可能与等级刻度保持一致。经验表明,量表等级的文字描述的强度会影响答案的分布。当等级描述使用的形容词的强度过强时,如"1=完全不同意","7=完全同意",则调查对象选择极端等级的可能性就会减小,从而导致答案的分布范围减小,同时峰值增大;相反,如果形容词的强度弱些,如"1=总体上不同意","7=总体上同意",就会使答案分布更加均匀一些。

三、调查案例

研究性教学改革与大学生创新能力培养的量表调查[①]

(一) 创新能力的量表编制

创新可以表现为科技创新、思想创新、设计创新、方法创新……,也可以表现为对周围事物的敏锐洞察、看待问题的独特角度、分析问题的独到见解……,善于发现问题,勇于提出问题,积极探索问题也是创新的表现。创新可以发生在大学生学习、实践、实验、研究的每一个环节中。

大学生创新能力是意识、思维、知识、技术、能力综合发展的体现。根据实践经验,调查将创新能力划分为创新意识、创新素养、创新思维、创新学习和创新技能五个维度。创新意识主要体现为创新活动的意义认知、兴趣、意愿动机、规划提升;创新素养体现在创新活动中的伦理规范、团队合作;创新思维体现为创新想象能力、分析解释能力、综合概括能力;创新学习包括发现问题能力、信息检索能力、知识更新能力;创新技能,包括信息处理能力、选题能力、规划设计能力、资料收集能力和成果转化能力(参见表2-6)。

---

① 于莉,崔金海,曹丽莉.在研究性教学中培养大学生创新能力的实证研究[J].当代教育科学,2014(5):28—32.

表 2-6　大学生创新能力的指标设计

一级指标	二级指标	三级指标	四级指标
创新能力	创新意识	意义认知	项目 4,项目 20
		兴趣	项目 8,项目 15
		意愿动机	项目 24,项目 30
		规划提升	项目 10,项目 31,项目 38
	创新素养	伦理规范	项目 27
		团队合作	项目 33
	创新思维	创新想象能力	项目 25,项目 26
		分析解释能力	项目 22,项目 28,项目 32
		综合概括能力	项目 37
	创新学习	发现问题能力	项目 1,项目 7
		信息检索能力	项目 2,项目 12
		知识更新能力	项目 3,项目 9,项目 36
	创新技能	信息处理能力	项目 14,项目 23
		选题能力	项目 11,项目 16
		规划设计能力	项目 6,项目 18
		资料收集能力	项目 13,项目 21,项目 29,项目 34
		成果转化能力	项目 5,项目 17,项目 19,项目 35

基于上述维度设计了大学生创新能力量表(参见表 2-7),原始量表共有 40 项,删除了两个分辨力较差的项目,保留了 38 项。

表 2-7　大学生创新能力量表

请你根据各项陈述,在自己符合的情况处打"√",每题只能选择一个答案。

陈述	是	不好说	否
1. 我能够注意观察身边的人和事,善于对生活中发生的事件进行思考			
2. 我没使用过学校图书馆的电子资源下载学术论文			
3. 我经常看新闻,了解国家和社会中发生的重大事件,并对其进行思考和讨论			
4. 我觉得自己学习的专业理论知识没有什么用处			
5. 如果让我撰写一篇科研论文,我不知道如何下手			
6. 我能够承担一项社会调查的任务,并能够制订科学可行的研究计划			
7. 我发现社会生活中有很多值得研究和探讨的社会现象			
8. 我对专业学习越来越有兴趣			
9. 我经常阅读社会研究论文和专著,并对其中的观点进行思考			
10. 我不知道该如何努力提升自己			
11. 如果让我开展一项社会研究,我能很快提出很多可选择的研究课题			
12. 我知道如何到图书馆查阅文献资料			
13. 我不知道社会研究中的观察和日常生活中的观察有什么区别			
14. 我知道可以使用哪个专业统计软件对调查问卷的数据进行统计、分析			
15. 我具有开展社会研究的兴趣			
16. 我不知道如何选择一个可以完成的恰当的研究课题			
17. 我知道撰写研究报告或学术论文的格式			
18. 我能够制订学术研究计划,并按计划完成一项学术研究实践			

续表

陈述	是	不好说	否
19. 我能够用学术语言表达自己的观点,并撰写学术论文			
20. 我觉得开展社会研究实践对我没有什么现实意义			
21. 如果让我进入一个社区进行调研,我不知道如何着手			
22. 我能够用所学过的专业知识和理论分析社会中发生的事件			
23. 我不知道如何使用统计软件进行统计数据的分析			
24. 我很想参加学院或学校组织的调研项目或挑战杯项目			
25. 我总能对一些事件发表自己的观点,并得到其他同学的认同			
26. 我愿意与同学进行讨论,这种讨论可以让我们产生灵感和启发			
27. 我知道开展社会研究应该遵循哪些伦理规范			
28. 我知道如何根据收集到的资料进行理论分析,并形成自己的观点			
29. 我可以胜任进行一次访谈,我知道如何准备、如何实施			
30. 我希望自己撰写的学术论文能在学术期刊上发表			
31. 我不知道应该如何提升自己的专业理论基础			
32. 对一些问题我能够提出自己的解释,并运用理论知识对所作的解释进行论证			
33. 我能够组织一个学术研究小组并开展学术课题研究实践			
34. 我知道开展社会研究有哪些不同的研究类型和研究方法			
35. 我不知道撰写专业论文应该遵循哪些规范			
36. 我经常到图书馆和资料室查阅资料			
37. 我具有一定的综合概括能力,能够把广泛阅读的内容整理成有条理的综述			
38. 我对自己的学业有规划,知道自己的努力方向			

表 2-7 这个量表采用三级计分,在正向题目中,选择"是"计 2 分,选择"不好说"计 1 分,选择"否"计 0 分;反向题目的计分方式则相反,选择"否"计 2 分,选择"不好说"计 1 分,选择"是"计 0 分。

(二)研究性教学模式对创新能力培养的效果测量

本研究以 T 市某高校社会工作专业大学一年级学生作为研究对象,追踪调查该年级学生的专业必修课程——社会研究方法课程实施研究性教学的全过程。研究借鉴实验研究的方式,在该课程研究性教学实施前和实施后分别对学生的创新能力进行综合测量,通过比较学生的创新能力在前测与后测中的得分,获得研究性教学对大学生创新能力影响的量化评估。

(1)数据来源。

本研究采用准实验设计方式,以研究性教学的实施过程作为实验刺激,在教学开展之前对学生的创新能力进行前测,呈现学生创新能力的基础,在课程结束之后实施后测,两次测量采用相同的量表,以自我陈述的方式由学生本人填答量表。通过对后测与前测的结果进行比较,获得学生在创新能力方面的变化情况,用以说明研究性教学模式对学生创新能力培养的影响,即"实验刺激的影响=实验组后测-实验组前测"。本研究追踪班级共有学生 57 人,由于在两次测量中有个别学生请假未到,无法构成完整的配对样本,因此删除了 3 个样本,实际获得有效样本为 54 人。其中,男生为 11 人,占 20.4%;女生为 43 人,占 79.6%。

(2) 统计分析方法。

本研究运用 SPSS 21.0 统计分析软件对测量结果进行配对样本 T 检验分析。为了对照传统的评分标准进行评价，同时也便于各项指标的得分及其变化状况的相互比较，将各项指标的得分转化为百分制分数。这种转换并不影响配对样本 T 检验结果，统计量 t 值及其伴随概率保持不变。先求出后测与前测对应观测值的差值，得到差值序列，然后求出差值序列的平均值。如果平均值为正值，那么说明后测比前测的成绩要高；如果平均值为负值，则说明后测比前测的成绩要低。最后对平均值进行显著性差异的检验，如果 t 值的伴随概率比显著性水平 0.05 小，则可以认为后测与前测的成绩有了明显的变化；如果 t 值的伴随概率大于 0.05，则说明不存在显著性变化。通过配对样本 T 检验，可以比较课程实施前后学生在创新能力上的变化，反映研究性教学模式对学生创新能力培养所产生的影响。

(3) 研究结果。

测量结果显示，学生在创新能力的各项二级指标的平均得分排序为：创新意识(73.66分)、创新思维(58.02分)、创新学习(57.14分)、创新素养(43.06分)、创新技能(33.40分)，创新能力的综合得分为51.71分。从得分上来看，只有创新意识达到中等水平，其他二级指标均处于不及格状态，其中创新素养和创新技能水平很低，创新能力的综合得分也没有达到及格水平。由此可见，在前测期，学生整体的创新能力水平不高，除了具备较好的创新意识外，其他方面都亟待进一步的发展和提升。

经历了一个学期的研究性教学之后，研究者再次对学生的创新能力进行测量，测量结果如下：

1. 学生的创新意识无明显变化

在后测中，学生的创新意识得分仍处于最高状态(70.88分)，但与前测的成绩相比略有下降，由于下降程度较小(仅为2.78分)，并未呈现显著性差异(sig＝0.265)。

进一步的分析显示，在前测中学生对创新活动的意义认知(93.50分)、兴趣(83.80分)和意愿动机(75.00分)分别达到优秀、良好和中等水平，这意味着学生具有较强的创新兴趣和创新意愿，但学生的自我规划与提升能力还处于较低水平，前测得分仅为52.78分。

在后测中，学生在创新活动的意愿动机(82.41分)和规划提升(53.40分)两个指标的得分有所提高，但并不显著(sig分别为0.128和0.873)。而在后测中学生对创新活动的意义认知(87.50分)和兴趣(68.98分)两个指标的得分则有所降低，其中兴趣指标得分下降显著(sig＝0.004)。由于兴趣是学习和研究的强大动力，测量显示的结果需要引起教师的重视，对于如何调动并提升学生的创新兴趣是教师在今后的教育教学中需要努力探究的问题。

2. 学生的创新思维有明显提升

学生的创新思维从前测的58.02分提升到68.06分，达到并超过及格水平，且提升程度显著(sig＝0.038)。

在创新思维的三级指标中，创新想象能力由前测的73.15分上升到后测的78.24分，提升虽不明显(sig＝0.207)，但无论是前测还是后测，都处于中等水平，并呈现上升趋势。综合概括能力由前测的54.63分上升到后测的65.74分，分析解释能力由前测的49.07分上升到后测的62.04分，都从不及格水平达到及格水平，并呈现显著性提升(sig分别为0.033和

0.002)。综合而言,后测中学生的创新思维呈现显著提升,并在总体上达到及格水平。

3. 学生的创新学习水平有较大提升

学生在创新学习方面的后测成绩(65.87 分)与前测成绩(57.14 分)相比,提升明显(sig=0.001),并由不及格上升到及格水平。

创新学习的测量显示,学生发现问题的能力较强,前测成绩为 88.89 分,后测上升到 91.67 分,虽然变化并不显著(sig=0.359),但实现了从良好到优秀的提升,说明学生具有较高的关注社会生活、洞察社会问题的能力。后测中分数提升最明显的是信息检索能力,从前测的 51.39 分上升到后测的 74.07 分(sig=0.000)。但需要特别关注的是知识更新能力,虽然从前测的 39.81 分上升到后测的 43.21 分,但无论是前测还是后测,都处于较低水平,且提升并不显著(sig=0.408),这提示教师要更加注重学生知识的拓展,更多地鼓励学生关注社会民生,加强专业阅读,扩展学术视野,帮助学生积淀更加扎实的专业理论功底。

4. 学生的创新素养有显著提升,但整体水平仍较低

学生的创新素养由前测的 43.06 分上升到后测的 55.56 分,虽然得到了显著提升(sig=0.038),但并未达到及格水平。

在创新素养的三级指标中,伦理规范的得分由前测的 52.78 分上升为 70.37 分,有了显著提升(sig=0.023)。团队合作的后测成绩(40.74 分)虽然较前测成绩(33.33 分)有所提升,但并不显著(sig=0.280),且前测和后测都处于较低水平。由此可见,加强学生组织研究团队、开展团队合作的能力是教师在今后的教育教学工作需要注重的方面。

5. 学生创新技能的提升最为显著

后测成绩处于最后一位的是创新技能,得分为 54.30 分,没有达到及格水平。但比较乐观的是,学生在创新技能方面获得的提升是最为显著的,与前测(33.40 分)相比,平均提升分数达到 20.90 分,并呈现显著差异(sig=0.000)。

在创新技能的三级指标中,除了选题能力的后测成绩(49.07 分)与前测成绩(41.20 分)未呈现显著性差异外(sig=0.139),其余四项指标的后测成绩与前测成绩相比均取得显著性提升。其中,规划设计能力平均提升 11.11 分(sig=0.046),成果转化能力平均提升 21.99 分(sig=0.000),资料收集能力平均提升 25.93 分(sig=0.000),信息处理能力平均提升 31.48 分(sig=0.000),这几项指标得分的提升程度均非常显著,且资料收集能力的成绩达到及格水平。由此可见,学生在创新技能方面具有较大的提升潜质,通过有针对性的知识与技能的传授和指导,学生的创新技能可以实现较快的提升,但同时也要看到,学生在创新技能方面还处于较低水平,创新技能的培养和训练应为大学教育教学所重视。

综上所述,通过对社会研究方法研究性教学及其效果的追踪调查发现,大学生的创新能力总体上呈现出提升趋势,除了创新意识出现不显著的下降之外,创新思维、创新学习、创新素养和创新技能四个方面都得到显著提升,创新能力综合得分也从前测的 51.71 分上升到后测的 62.60 分,提升幅度明显(sig=0.000),且达到及格水平。但测量结果也呈现出一些需要在今后的教学研究和教育实践中深入探讨的问题,例如:如何不断地激发和保持大学生对专业学习与研究的兴趣和参与意愿;如何帮助大学生确立发展目标,合理规划学业,解决自我发展和提升中的困惑;如何培养大学生的团队合作意识和组建团队的能力;如何指导

大学生拓展知识视野,增强求知欲望,扎实理论功底;如何有针对性地提升大学生开展研究的技能水平和实践能力,最大程度地挖掘大学生的潜质,实现大学生更大程度的发展和提升等。对这些问题的进一步探讨将更加有效地推进研究性教学的发展,提升研究性教学对大学生创新能力的培养效果。

四、问题探讨

(1) 什么是量表和量表调查?
(2) 量表的类型有哪些?
(3) 量表编制的步骤有哪些?
(4) 量表编制应遵循的标准是什么?
(5) 如何编制量表的等级?

五、小结:知识梳理

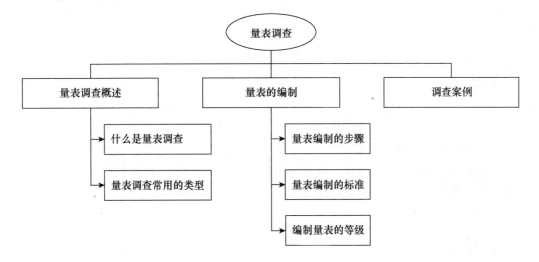

任务四

观察调查

能力目标

1. 掌握观察调查的含义、类型和特征。
2. 掌握观察调查的适用范围。
3. 掌握观察调查的实施步骤。
4. 掌握观察调查应遵循的基本原则。
5. 掌握观察调查的技巧。

调查案例

街角社会——怀特对波士顿贫民区的实地观察。

具体任务

1. 选择调查主题和观察地点。
2. 设计观察方案。
3. 进入观察地点进行观察。
4. 整理观察记录。
5. 完成观察报告。

实训步骤

1. 请你选择一个感兴趣的、适合观察调查的课题。

2. 请你设计实施观察调查的方案。
3. 请你运用观察法收集资料，实施观察调查。
4. 请你对调查结果进行整理并完成观察报告。

一、观察调查概述

（一）什么是观察调查

观察调查是指研究者使用观察法收集资料进行的调查，具体来说，就是通过研究者的感官和辅助工具，有目地、直接地、有针对性地了解正在发生、发展和变化着的社会现象的调查。观察调查与日常生活中人们对各种事物的观察不同，它要求研究者的活动要有系统性、计划性和目的性，并且要对观察到的事物做出科学的描述和解释。

（二）观察调查的类型

1. 实验室观察和实地观察

根据观察地点的不同，观察调查可以分为实验室观察和实地观察。

实验室观察是指研究者在设有各种观察设施的实验室内对观察对象进行的观察，这种方法多在心理学中使用。

实地观察是指研究者在现实生活场景中不借助于其他的工具或仪器，直接对观察对象进行的观察，实地研究中经常使用这种类型的观察。

实验室观察的观察对象常常被置于某种人为的情境之下，这种观察能够控制其他变量的干扰，有助于获得现象之间的因果关系，但这种观察的结果不一定能体现出自然场景下的真实状态。实地观察则可以反映出观察对象在自然场景下较为真实的生活状态，但由于许多事件的发生是具有偶然性的，研究者进行实地观察所观察到的事件不一定能满足研究者的需要，许多时候研究者必须付出时间和精力以等待所研究的事件或现象的发生。

在社会科学研究中，实验室观察通常作为实验研究的辅助手段，与实验研究结合使用，而实地观察则更多地作为资料收集手段和研究方法被独立使用，因此，本任务所介绍的观察调查特指实地观察。

2. 局外观察和参与观察

根据研究者在观察中的位置或角色，观察调查分为局外观察和参与观察。局外观察也称非参与观察，是指研究者处在观察对象或现象之外，不参与观察对象的任何活动，完全以局外人或旁观者的身份进行观察。这种观察常用于对儿童的行为和公共场所中人们的行为进行的观察。

参与观察是指研究者深入观察对象的生活中，在实际参与观察对象日常生活的过程中进行的观察。

根据观察者参与程度的不同，参与观察又可以分为不完全参与观察和完全参与观察。

不完全参与观察是指研究者以观察者的身份参与到观察对象的群体中，通过参与这个群体的正常活动进行的观察。如新闻工作者或作家深入基层进行的采访或采风，通过与当地人一段时间的共同生活对观察对象进行的观察。完全参与观察是指研究者完全参与到观察对象的群体中,作为其中的一个成员,通过参与这个群体的正常活动来进行观察。如侦查人员打入犯罪集团内部进行的观察,在这种观察中,研究者的真实身份往往是被隐瞒的。

一般来说,参与观察比较深入和全面,研究者获得的资料和信息也比较丰富,但观察的结果往往会带有一定的主观感情色彩;相比较而言,局外观察更具有客观性,但通常研究者只能获得比较表面的,甚至是偶然的现象。

3. 结构观察和无结构观察

根据观察的结构程度的不同,观察调查可以分为结构观察和无结构观察。

结构观察是指研究者根据事先设计好的内容和程序,采用明确的观察提纲或观察记录表格对观察现象进行的观察。

无结构观察是指对观察内容和程序事先没有统一的和严格的规定,研究者可以依据现象发生、发展和变化的过程进行自然观察。

结构观察可以采用局外观察的方式进行,其观察内容具有固定性,记录方式具有规范性,可以对观察对象进行统一的观察记录,因而观察结果可以用于定量分析。无结构观察是实地研究中最主要的观察技术,多采用参与观察的方式,观察和记录的方法没有统一的规定,其结果只能进行定性分析。

(三)观察调查的特征

观察调查是研究者有目的、有计划的自觉认识活动。研究者在进行实际观察之前,需要对观察目的、观察内容、观察对象、观察方法进行系统的思考,制订详细的计划,在特定调查目的的指导下,有组织、有步骤地进行观察。

观察调查需要借助于人的感觉器官(如眼睛、耳朵等),有时还要借助于观察仪器(如照相机、摄像机、录音机、望远镜等),它们是人的感觉器官功能的扩大和延长,观察仪器的使用会对观察结果的准确性产生重要的影响。此外,研究者进行观察调查时还需要借助一些记录工具,如观察表格、观察卡片等,对观察结果进行准确且详细的记录。

观察调查非常重要的特点是能够反映出自然状态下的社会现象,可以最大限度地减少对观察对象的干扰,及时并直观地观察到正在发生的处于自然状态下的社会现象,从一定程度上避免了人为干扰造成的偏差。而且,观察调查所具有的直观性可以使研究者获得较为生动、具体的资料,甚至获得一些意外的结果。

观察调查会受到研究者个人因素的影响,研究者观察到的结果不仅取决于观察对象的客观状况,而且还取决于研究者自身的感知能力、知识经验、思维能力和情感状态等主观因素。人的观察过程并不像摄像机,可以通过纯客观的光学反应、化学反应将观察的现象记录下来,而是人的大脑对观察对象的行为进行分析和思考的过程,这个过程无法排除研究者主观因素的影响。特别是对观察对象的思想感情和行为动机的把握,虽然研究者可以通过较为长期的参与观察获得对观察对象的"理解",但这种"理解"离不开研究者的敏感性和感悟能力。因此,研究者必须对这些主观因素及其对调查结果的影响进行积极的反思和及时的记录。

（四）观察调查的作用和适用范围

在调查的过程中，观察调查可以起到两个方面的作用：第一，研究者通过观察调查可以有效地获取较为直观的第一手资料，为社会研究发现问题、提出问题提供基础，因此，观察调查常常成为科学研究的开端；第二，研究者通过观察调查获得的大量丰富的感性材料，可以为研究假设的提出和验证提供基础。

一般来说，观察调查适用的情况包括以下四个方面：

第一，由于观察调查具有无须中间环节的直观性特点，研究者可以较为及时、准确地观察到正在发生的社会事件的具体状况，因此，观察调查特别适用于收集正在发生的社会现象的资料；

第二，由于观察调查并不一定需要研究者借助于语言的交流而获取资料，因此，它适用于在观察对象具有表达困难或难以配合的情况下，获取各种非语言性的信息；

第三，由于观察调查简便易行，可以随时随地进行，观察时间也可长可短，因此，它比较适用于对观察现象进行较为持续的观察，以获得更为深入的了解；

第四，由于观察调查是研究者在自己所选定的特定时空范围内进行的调查研究活动，可能会受到时空条件和研究者自身条件的限制，所以观察调查不适用于大面积的调查，并且它可以观察到的社会现象也是有限的，因此，观察调查更适合作为其他调查研究方法的辅助手段，发挥探索、验证等功能。

二、观察调查的操作

（一）观察调查的实施步骤

观察调查的实施包括选择观察地点、进入观察现场、与观察对象建立良好的关系、做好观察记录、妥善地撤离观察现场五个步骤。

1. 选择观察地点

观察调查需要研究者深入实地，因此，观察地点的选择是进行观察调查的第一步。研究者选择观察地点需要考虑的条件包括：(1)要符合调查课题收集资料的要求；(2)能被当地部门和观察对象所接受；(3)调查经费可以支持研究者深入实地并完成观察任务。

研究者选择观察地点时，可以根据已知情况进行初步考虑，或向知情人请教，然后对初选的几个地方进行考察，最后再根据各方面的情况确定观察地点。研究者选择好观察地点后，应通知准备观察地点的相关负责人。

2. 进入观察现场

获准进入观察现场是观察调查得以实施的重要且关键的环节，因此，在选定观察地点后，研究者应运用各种渠道、方法、关系争取获准进入观察现场。为此，研究者首先要向当地的单位或社区组织出示证明文件或单位的介绍信，以证明研究者正式且合法的身份，但这仅仅是获准进入观察现场的一个必要条件。研究者想要进入观察对象的实际社会生活，还常常需要某些"关键人物"或"中间人"的帮助。这些"关键人物"或"中间人"就生活在观察对象所生活的社区，或者就在观察对象的单位工作，他们既认识研究者（如果是研究者的朋友、亲戚更好),也认识观察对象,可以较为便利地将研究者"带入"到观察对象的实际生活和工作中。

3. 与观察对象建立良好的关系

获准进入观察现场在一定意义上只是完成了进入观察地点的表面程序,或者说只是获得了在所研究的群体或社区中的"公开身份",为了使整个观察能够顺利进行,研究者还需要与观察对象建立良好的关系。因此,研究者要尽快取得观察对象的信任,与观察对象建立友好的关系,这是研究者进入观察地点后的首要任务。但是,这种信任的取得和良好关系的建立需要一个过程和一定的时间,只有经过一段时间的共同生活与工作,观察对象才会慢慢地在心理上接受研究者。

4. 做好观察记录

研究者在观察过程中必须坚持随时进行记录,以便将观察到的现象用文字记录并保存下来,防止遗忘。观察记录是一件十分重要、严肃且技巧性很强的工作,它直接影响到观察资料的客观性、准确性。

观察记录可以采取的形式有三种:一是专题式,即研究者按内容分类分别进行记录和存档;二是综合式,即研究者将每天观察到的现象进行综合整理记录,虽然也对观察记录进行分类,但不是一事一议、分类存档,而是以时间顺序存档;三是日记和札记,这是研究者对特别有收获的内容,结合自己的感想、印象和一定的见解用日记、札记的方式所做的记录。

观察记录具体如何操作,要视观察的环境和现场情况而定,一般有以下三种方法:

(1) 当场及时记录。

当场及时记录也称同步记录,是指研究者一边观察一边记录。

这种方法的好处是研究者不易丢失信息且可以记下许多的细节,但这种方法并不是随时随地都可以实行的。例如,观察人群嘈杂或者研究者参与观察对象的活动时,就难以做这样的记录;现场记录会引起观察对象的猜疑、忌讳和反对时,也不能做这样的记录;有些场合虽然看起来可以当场进行记录,但研究者的观察会影响观察对象的正常行为与活动,这使研究者不得不使用别的记录方法。

(2) 事后补记。

事后补记容易实施并且不会引起观察对象不必要的猜疑,但它要求研究者有较强的记忆力,而且事后记忆的时间不宜太长,应一有机会就要马上补记。一般来说,研究者在当天白天观察到的事应在当天晚上补记;前一天晚上观察的事,若回去来不及记下,可于次日及时补记,否则便容易丢失已观察到的信息资料。

(3) 使用观察表格、观察卡片记录。

使用观察表格、观察卡片记录,即研究者预先设计好观察表格或观察卡片等记录工具,在观察时及时在观察表格或观察卡片上画记号。这种方法可以提高观察记录的速度和质量,而且有利于研究者进行分类整理并对观察结果进行定量研究。观察表格和观察卡片的举例参见表2-8和表2-9。

表 2-8　学校图书馆观察表格

(局外观察)

1. 观察开始时间：_____时_____分　　观察结束时间：_____时_____分
2. 观察对象的基本特征： 　性别：男 □　　女 □ 　职业身份：学生 □　教师 □　不确定 □
3. 观察内容： 　单独一个人,没有同伴 □ 　有同伴 □　　有_____个同伴
4. 图书借阅情况： 　只阅览图书,没有借出图书 □　阅览_____本图书 　借出图书 □　　借出_____本图书
5. 借阅图书的时间： 　阅览图书的时间_____；没有阅览,直接借出图书 □
6. 在图书馆的其他活动：_____
7. 根据上述观察判断观察对象借阅图书的目的性程度,并在下列线段的适当地方标出。 　　　　　－3　－2　－1　0　1　2　3 　　　　　_____ 　　　　　随便浏览的　　　　　　有目的的

表 2-9　学校自习室观察卡片

(局外观察)

观察地点：教室

观察日期：_____年_____月_____日

观察时间：_____午_____时_____分

观察内容：_____

教室内自习学生的人数：_____人

项目	无	约1/4	约1/2	约3/4	全部	具体人数
1. 阅读书籍	_____	_____	_____	_____	_____	_____人
2. 写文章	_____	_____	_____	_____	_____	_____人
3. 备考复习	_____	_____	_____	_____	_____	_____人
4. 打瞌睡	_____	_____	_____	_____	_____	_____人
5. 玩手机	_____	_____	_____	_____	_____	_____人
6. 做其他事	_____	_____	_____	_____	_____	_____人

5. 妥善地撤离观察现场

研究者应妥善地撤离观察地点,要以感激、友好的态度辞别观察对象和有关部门,同时要考虑今后有可能再次前来进行观察,因而应与观察对象和有关部门继续保持良好的联系,并在辞别中将可能会再次前来进行观察的信息表达出来。这既是社会调查工作本身的需要,也是对社会调查研究者职业道德的要求。

（二）观察调查应遵循的基本原则

研究者在进行观察调查的过程中应遵循以下基本原则：

1. 客观性原则

客观性原则，即研究者要坚持按照社会现象的本来面目进行观察和记录，尽量避免自己的价值判断和主观情感对观察结果的干扰，并时刻对这些主观干扰进行反思和记录。

2. 全面性原则

全面性原则，即研究者要坚持从不同侧面、不同角度、不同层次对社会现象进行多方面的观察，以避免观察的片面性。

3. 深入性原则

深入性原则，即研究者要坚持对社会现象进行深入细致的观察，防止走马观花、流于表面的观察，以避免观察结果的表面化和肤浅性。

4. 持久性原则

持久性原则，即研究者要坚持对社会现象进行长期且持续的观察，因为社会事件的发生常常具有偶然性和不可预期性，只有长期且持续的观察才可能更为全面和深入地了解社会现象的真实状况。

5. 伦理性原则

伦理性原则，即研究者在观察过程中要始终坚持遵循《中华人民共和国宪法》和其他相关法律的规定，遵守一般的道德规范，绝不能在没有得到允许的情况下窥视他人的隐私、侵犯他人的自由、损害他人的利益。

（三）观察调查的技巧

进行科学的观察调查需要掌握观察的技巧和艺术，研究者在观察调查中应掌握以下技巧：

第一，消除观察对象的戒备心理。观察活动往往会对观察对象产生一定的影响，使观察对象产生一种戒备心理。有些观察对象在知道有人有意观察他们的时候，不但心理紧张、惶恐，而且行为会出现失常。在这种情况下，研究者观察到的往往是一种假象，而不是观察对象处于自然状态下的真实情况。为了能观察到真实的社会现象，研究者必须设法消除观察对象的戒备心理，要使观察对象相信，研究者不是故意来找他们的毛病和差错，而是为了了解自然状态下的社会情况。研究者特别要让观察对象知道，观察的目的不是针对某个人进行的观察，而是了解社会现象，所以一切活动都应在自然状态下进行。为了消除观察对象的戒备心理，研究者可以通过当地政府部门或在群众中有威望的人做必要的引荐和介绍，以取得观察对象的支持、帮助和信任。

第二，深入观察对象的生活，尽可能参加观察对象的各项社会活动。研究者要想了解社会，就必须深入社会，只有深入观察对象的生活中去，同他们一起工作和生活，才能同观察对象建立关系，取得他们的信任。这样不但能使研究者了解到观察对象是怎样做的，还会了解到他们是怎样想的；不但能观察到观察对象的工作，还能了解到他们的兴趣、爱好、道德水平、行为习惯、人际关系、政治态度,以及一些不易被外人所了解的方面。

第三,尊重观察对象的生活习惯、风俗习惯、语言、道德规范,顺应观察对象的生活方式。研究者要想了解观察对象,就要取得观察对象的好感和信任。为此,研究者就必须尊重观察对象在饮食、起居、迎送宾客、服饰打扮、言谈举止等方面的生活习惯和风俗习惯。语言是交流思想的工具,研究者应该尽量学会使用当地的语言,这样才能与观察对象融为一体,建立起信任和友谊,进而为实现观察目的创造良好的条件。

第四,参与群体活动和个别接触相结合。研究者既要有重点地深入观察对象,也要尽可能广泛地接触并了解观察对象的群体。研究者接触个别观察对象,有利于了解一些在公开场合不易了解的但又较为真实的情况,如一些个别事件和一些秘密的情况。研究者如果能经常参加群体活动,则会使其同被观察群体的关系更加密切,取得他们的信任。

第五,给观察对象提供帮助,取得他们的信任,增进同他们的友谊。在观察对象需要帮助的时候,在条件允许的情况下,研究者应尽量给予他们帮助。如研究者帮助他们解决纠纷,向他们提供经济信息,为他们的发展或生产出谋划策,帮助他们解决一些问题,在生活上给予他们关怀和帮助等。研究者只有在调查中同观察对象建立起良好的关系,才能获得一些珍贵的资料。

三、调查案例

街角社会——怀特对波士顿贫民区的实地观察[①]

(一) 确定研究目的

1. 选题的缘由:个人的兴趣

怀特在斯沃斯摩尔大学时有两个强烈的爱好:经济学(与社会改革结合在一起)和写作。写作的经历使怀特在反省自己的经历时,发现自己对贫民区(或者还有高级住宅区)一无所知,对工厂、农田或矿山中的生活了解甚少。怀特认为要想写出有价值的东西,就必须设法跳出自己以前一直所在的狭小的社会圈子(中产阶级社会圈)。对经济学和社会改革的兴趣也引导怀特撰写了《街角社会》一书,怀特参与校园改革的经历使他产生了去了解别人的兴趣。怀特阅读了《林肯·斯蒂芬斯自传》——这本对他影响最大的书,并获得了一种信心:自己可以跨出惯常的活动领域,去深入了解那些活动和信仰均与自己截然不同的个人和群体。

2. 外部条件

怀特从斯沃斯摩尔大学毕业时得到了哈佛大学研究员学会颁发的研究院基金,为他希望从事的研究提供了3年的资助。

3. 研究设想

怀特产生了模糊的想法,他想去研究一个贫民窟。他走访了东城的各个贫民窟,并与各社会机构的人进行了谈话,了解这些地区的情况。

[①] 威廉·富特·怀特. 街角社会:一个意大利人贫民区的社会结构[M]. 黄育馥,译. 北京:商务印书馆,1994.

(二) 设计研究计划

1. 选择调查地点

怀特选择了科纳维尔作为调查地点,其原因是:科纳维尔最符合怀特想象中的贫民区的样子,它的每英亩居住人口多于这个城市的其他任何地区。

2. 制订研究计划

(1) 阅读社会学文献,并遵循着林德夫妇的《中镇》的思路去思考。

怀特最初的研究计划为:研究这个地区的历史、经济(生活水平、住房、交易、就业等情况)、政治(政治组织的结构及其与非法团伙活动和警方的关系)、教育和娱乐模式、教会、公共卫生保健,要着重研究的是该地区居民的社会态度。

研究计划大约需要 10 个人来完成。

(2) 询问专家。

怀特带着计划与 L.J. 亨德森(董事会的干事,一位出色的生物化学家)交谈了一个小时。亨德森认为,怀特在这个领域中几乎什么也没做过,所以不该制订如此庞大的计划。更合理的做法是:先进入这个领域,然后随着工作的进展,再慢慢建立一支工作队伍。他认为怀特难以在一个自己不熟悉的领域里领导 10 个人。

怀特放弃了 10 人计划,在 1936—1937 年的冬天,怀特又对社区研究方案进行了几次修改,并多次拜访那些可以提供帮助和支持的哈佛大学教授。

随着怀特的研究不断深入,这些方案渐渐变得更合乎社会学的研究,最后怀特将研究计划的重点放在对人们的友谊模式进行某种社会测量研究。

(三) 进入观察现场与建立关系

1. 进入观察现场

怀特从街坊文馆开始着手,诺顿街街坊文馆中主管女青年工作的一位社会工作者向怀特描述了多克,并介绍多克与怀特认识。多克对怀特想要研究的社区十分熟悉,并在该社区拥有相当的威望,他能够为怀特提供十分有利的帮助。怀特向多克介绍了自己想要对科纳维尔社区进行研究的意图,并希望多克能够提供帮助,多克认为怀特的研究可以帮助这个社区产生改变,因而同意为怀特的研究提供帮助。怀特在多克的帮助下,轻而易举地进入了这个社区。

2. 与观察对象建立良好关系

为了在科纳维尔与观察对象建立起亲密的关系,怀特放弃了哈佛大学为他安排的非常舒适的住所,经一位编辑的介绍,他住进了诺顿街的马丁尼家中。这样怀特就可以有大量的时间和科纳维尔的人们会面,了解他们,和他们一起消磨时间,从而更好地了解这个社区并被它所接受。

怀特在马丁尼家中居住并很快得到他们的接纳,彼此建立了亲密的关系,在马丁尼父亲的帮助下,怀特自学了意大利语,这使怀特进一步获得了当地人的接纳,他们认为如果一个研究者达到了要学习这个民族的语言的地步,他怎么能再"对我们的民族说三道四"呢?马丁尼一家为怀特提供了一个可以自由出入的家,使怀特能够深入研究科纳维尔。

怀特以多克朋友的身份到科纳维尔的赌场或诺顿街上闲逛,并逐渐成为诺顿帮的一员,此外怀特还和多克一起加入意大利人社区俱乐部。

起初,多克只是怀特的信息提供者和担保人,但随着更长时间的相处,怀特已经把多克当成自己的合作者,他坦诚地和多克讨论自己要做的事和感到困惑的问题,并一起讨论观察到的情况以及对它的想法。

在力求避免影响个人或群体的同时,怀特在科纳维尔还尽量使自己对别人有所帮助,当小伙子们中间有人要去市中心办事,想找个人做伴时,怀特就陪他去。当有人为了找工作,需要写一份自我介绍时,怀特就帮他写,如此等等。而标志着诺顿街接受怀特的最大的一件事是怀特参加的迈克·乔瓦尼组织的棒球比赛,在比赛中怀特不负众望击中了重要一球,获得了诺顿街青年人的认可。

怀特在科纳维尔确立了自己的地位以后,用不着费很大的力气,资料就到手了。

(四)调查方法

在调查过程中,怀特主要采取的是参与观察的方法,正如多克向他建议的:"少提出'谁''什么''为什么''什么时候''在哪儿'这类无聊的问题。你这样一问,人们就什么都不会说了。既然人们可以接受你,你就在这一带多走走,日子长了,不用问什么,你也能得出答案。"怀特自己也发现,当他坐下来听人们谈话时,就了解到了人们对问题的回答,而如果光靠访谈来获取信息,他甚至根本意识不到应该提出这些问题。只有当怀特肯定自己与观察对象之间的关系十分可靠时,他才向对方提出敏感的问题。

(五)观察记录与资料整理

在研究的最初阶段,怀特单纯按照时间顺序将全部笔记收入一个公文夹。随着对多种群体和不同问题进行研究,这种办法就行不通了。

怀特开始将笔记进行分类,他的分类方法主要有两种:一是按照题目进行分类,即按照政治、职业、宗教、家庭等分门别类;二是按照群体将有关资料进行分类,即按诺顿帮、意大利人社区俱乐部等进行分类。

随着各个类别的资料越积越多,怀特开始按照社会群体来整理笔记。如一位来自意大利人社区俱乐部的大学生说:"这些非法团伙成员坏了我们这个区的名声,实在应该把他们从这儿清除出去。"而诺顿帮的一个成员则说:"这些非法团伙成员可真不错。你需要帮助的时候,他们就会帮忙。可是那些合法商人呀,就连你问问他几点钟,他都不告诉你。"怀特将这些话归入"非法团伙成员:人们对他们的态度"。

随着收集到的资料进一步增多,怀特已经无法凭记忆将新的资料迅速放入它应放的地方。于是,怀特设计了一个初步的索引系统:一页纸分为3栏,其中包括每次访谈或观察报告的日期,被采访或被观察的人,以及对访谈或观察记录的一个简要小结。这样,怀特在需要重温笔记或引用笔记时,只需查阅5—10分钟,就可以顺利找到资料并记起其内容。

(六)重新制订研究计划

在科纳维尔进行了18个月的研究后,怀特进行了中期的总结。在撰写诺顿帮和意大利人社区俱乐部的个案研究材料时,怀特逐渐形成了自己的研究模式——研究特定的个人和特定的群体,并观察、描述和分析随时间推移这些群体的发展变化。

同时,怀特还认识到,他的政治研究与对街角帮的个案研究之间的联系,他认为像多克这样的人物就可以成为连接其所在群体与更大的政治组织的纽带,因此,可以通过对某些群体的详细研究,进一步将它们与更大的社区结构联系起来。

在这一模式的指导下,怀特发现了已经进行的研究中所存在的欠缺,如对教会、家庭、非法团伙等的研究尚不完全,特别是对非法团伙的活动和政治方面的研究是后续研究中必须填补的空白。

（七）撰写研究报告并撤离观察现场

1940年春季和夏季,怀特开始起草《街角社会》。他一边写还一边把其中的各个部分拿给多克,并和他一起从头至尾再详读一遍,多克的评论对怀特的修改是极其宝贵的。

1940年仲夏,怀特离开科纳维尔,科纳维尔社交和体育俱乐部为怀特举行了告别宴会。

怀特在科纳维尔结交了许多朋友,在结束研究时,怀特与他们一一道别,并在离开他们之后还与他们经常进行电话联系。在怀特完成了他的研究报告之后,还将这部《街角社会》送给了多克一本。

四、问题探讨

(1) 观察调查的含义是什么？
(2) 观察调查的类型和特征有哪些？
(3) 观察调查的作用与适用范围有哪些？
(4) 观察调查有哪些实施步骤？
(5) 观察调查应遵循的基本原则是什么？
(6) 观察调查有哪些技巧？

五、小结：知识梳理

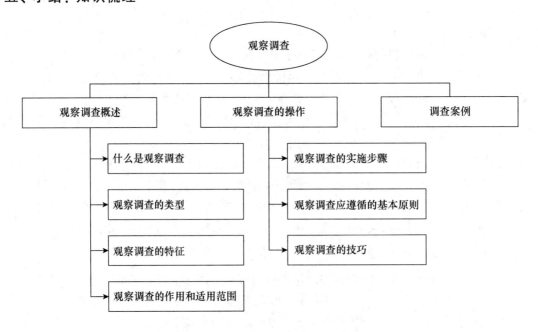

任务五

访谈调查

能力目标

1. 掌握访谈调查的含义、特征和类型。
2. 掌握访谈调查的实施步骤。
3. 掌握进入访谈现场的方法。
4. 掌握控制访谈的方法。
5. 掌握进行集体访谈的方法。

调查案例

跨国婚姻家庭中女性生活适应类型的访谈调查。

具体任务

1. 选择调查课题。
2. 设计访谈方案。
3. 实施访谈调查。
4. 整理访谈记录。
5. 完成访谈报告。

实训步骤

1. 请你选择一个感兴趣的、适合进行访谈调查的课题。

2. 请你设计一个访谈方案。

3. 请你运用访谈法收集资料,实施访谈调查。

4. 请你对访谈结果进行整理并完成访谈报告。

一、访谈调查概述

(一)什么是访谈调查

访谈调查又称访问调查,是指研究者运用访谈法进行的调查,具体来说,就是研究者有计划地通过与受访者的直接交谈获取调查资料的一种调查方法。与日常生活中的闲谈不同,访谈调查需要有明确的目的和主题,有研究者主动的反省和反思,以及对访谈过程的把握和控制,而且访谈调查是一个受访者倾诉,研究者询问、倾听的过程。

访谈调查具有以下特征:

(1)访谈调查通常是研究者与受访者面对面的交谈过程,在这一过程中研究者可以就研究的问题向受访者提出询问并获得他们的回答,并在受访者回答不完全时进行追问,受访者也可以就不能理解的问题提出询问以获得解释,从而避免因对问题理解错误而出现的误差,实现信息的双向沟通。

(2)在访谈中,特别是在正式访谈中,研究者可以适当控制访谈的环境,既确保访谈在私密的环境中进行,又可以排除其他因素的干扰,还可以根据受访者的情况灵活安排访谈时间、提问次序和谈话节奏等,以确保调查顺利地按照预定计划进行。

(3)访谈调查适用于一切有正常思维能力和口头表达能力的受访者,这是访谈调查更优于问卷调查的地方。一般来说,只要没有语言表达障碍,任何人都可以作为受访者。

(4)研究者在访谈调查过程中提出的问题一般都能得到回答,不会出现漏答的情况,从而提高了调查的成功率。

(5)访谈调查可以充分发挥研究者的主动性和创造性,能够在调查过程中训练和培养研究者的想象力、人际交往能力以及对事物的洞察力,激发研究者对问题的新认识和解决问题的新思路。

(6)由于访谈调查是一个研究者与受访者相互作用的过程,因而双方会相互产生影响。一方面,研究者对调查结果的意见和看法可能受到受访者的语言和态度的影响;另一方面,受访者在回答问题时也可能受到研究者的看法和态度的影响,因此,访谈调查会出现由于主观因素而导致的误差。

(7)由于访谈调查是研究者与受访者的直接交谈,难以实现调查的匿名性,这使得受访者在回答问题时会产生较多的顾虑,尤其是对于一些敏感性和隐私性的问题,会出现受访者不愿回答或不做真实回答的情况,从而对访问结果产生不利影响。

(8)与其他的调查方法相比,访谈调查的费用较高,费时较长,需要的人力较多,这往往限制了受访者的规模。

(二)访谈调查的类型

根据不同的标准,访谈调查可以划分为不同的类型。

1. 结构式访谈和无结构访谈

根据访谈内容的标准化程度,访谈调查可以分为结构式访谈和无结构访谈。

结构式访谈又称结构访问,是指研究者按照事先统一设计的、有一定结构的访谈问卷进行的访谈。这种访谈是一种由研究者高度控制的标准化的访谈,其访谈方法、访谈程序,以及访谈中提出的问题、提问的方式和顺序、对受访者回答的记录方式都是统一的。由于结构式访谈是以调查问卷作为基本工具的,因此,它是问卷调查中资料收集的常用方法。

无结构访谈,又称作深度访谈或者自由访谈,是指研究者与受访者根据一定的访谈主题或访谈范围进行的比较自由的交谈。无结构访谈的过程通常是交流式的,访谈气氛较为轻松。与结构式访谈相比,无结构访谈更能调动受访者的积极性,能够为研究者提供新的研究思路。

2. 正式访谈和非正式访谈

根据访谈的性质,无结构访谈可以分为正式访谈和非正式访谈。

正式访谈是指研究者事先有计划、有准备、有预约的访谈。其受访者通常是预先选择好的,研究者通常在与受访者预约的时间和地点与受访者进行访谈。

非正式访谈是指研究者在调查地点随时随地进行的无预约、无准备的访谈。非正式访谈的受访者通常是研究者偶然碰到的人,访谈形式更接近于闲聊,但是访谈进行中,研究者要注意因势利导,以便在访谈过程中能够获得调查研究所需要的信息。

3. 个别访谈和集体访谈

根据受访者的数量,无结构访谈可以分为个别访谈与集体访谈。

个别访谈是指研究者与同一个受访者围绕访谈主题进行的单独交谈。

集体访谈是指研究者将若干个受访者集中在一起就访谈主题进行交谈。

二、访谈调查的操作

(一)访谈调查的实施步骤

访谈调查的实施包括访谈前的准备、进入访谈现场、访谈与记录和结束访谈四个步骤。

1. 访谈前的准备

研究者做好访谈前的准备工作,对于访谈的结果非常重要,这一阶段需要做好以下工作:

第一,访谈前要对访谈的主要目标和主要内容有明确的认识,精心准备好一份访谈提纲,以保证每次访谈能覆盖调查的主要内容。研究者可以将访谈提纲提炼为简练、明确的词语或短句,并将其抄写在卡片或者笔记本上,作为在访谈过程中指导提问和检查遗漏的依据。但是,访谈提纲不是一成不变的,通常需要研究者根据实际访谈过程中所认识到的问题进行适当的调整和增删。

第二,访谈前最好能尽可能详细地了解受访者各方面的情况和特征,如年龄、性别、职业、文化程度、家庭背景、兴趣爱好等,以便研究者能根据实际情况使用一定的访谈技巧,增加与受访者的共同语言,缩小与受访者的心理距离,建立起融洽、轻松的访谈关系。此外,这样也可以使研究者对受访者在访谈过程中所谈论的各种情况有一个更为准确、客观的理解。

第三,访谈的时间和地点的确定应该以方便受访者为主要原则。在访谈前,研究者应该事先与受访者进行联系,向受访者说明访谈的目的和内容,并和受访者就访谈次数、时间长短和保密原则达成一致。

2. 进入访谈现场

访谈是一个研究者与受访者互动的过程,对于彼此陌生的人而言,开始的接触是较为困难的,特别是入户调查。

首先,研究者会遇到如何进门的问题。在一般的访谈调查中,研究者通常会邀请一位与受访者熟悉的人带路或陪同,可以增强受访者对研究者的信任。

其次,访谈的开场白一定要说好,要简明扼要、意图明确、重点突出。见面时,研究者要向受访者出示身份证明或正式的介绍信,一定要向受访者表示某种歉意,如"对不起,打扰了您的工作"或者"对不起,影响了您的休息"等。研究者要向受访者解释自己是什么人、想做什么、为什么要进行这次访谈等,以消除受访者在陌生人面前所产生的各种疑虑和戒备心理。

最后,研究者要清楚明白、通俗易懂地告诉受访者自己希望对方谈哪些方面的问题。需要注意的是,研究者不要在访谈刚开始时就把想了解的问题全部都一一列举出来,可以只给出一个总的内容范围和一两个十分容易交谈的话题。这个阶段的主要任务是调动受访者回答问题的积极性,帮助他们做好回答问题的心理准备,建立起轻松、融洽的访谈关系,引导受访者开始回答第一批问题。

3. 访谈与记录

访谈是一种艺术,需要研究者掌握一定的技巧,调查资料的可靠性在很大程度上取决于研究者在访谈阶段的表现。

第一,在进入正题之前,研究者可以先谈谈受访者身边的、较熟悉的事情,以消除受访者的拘束感,然后逐步把话题引向访谈的内容,这样可以营造有利于访谈的气氛。此外,研究者开始提出的问题在内容上应该是比较简单的,而且提问的速度也相对要慢一些,以便使受访者有一个逐步适应的过程。

第二,在受访者回答问题的过程中,研究者要专心地听,并认真记笔记,给受访者一种受到尊重的感觉。在这个过程中最关键的因素是:研究者的目光要恰当地同受访者保持接触,既不能埋头记录,忽视了通过目光同受访者进行交流,也不能长时间地把目光停留在受访者的脸上,使受访者感到紧张、不自在。研究者要使自己的目光在笔记本和受访者这两者之间自然地切换,让受访者感到研究者在十分认真地倾听他的谈话、听取他的意见和看法。

第三,掌握正确的记录方法。访谈调查通常采用两种方式进行记录,一种是当场记录,另一种是事后记录。

当场记录即边访谈边记录,这是研究者经常采用的一种形式。在当场记录时,研究者应该有重点、有选择地进行记录。研究者的主要做法是:对受访者讲述的事件、列举的实例,特别是事件或实例中的时间、地点、人物、状况、性质等,要尽量完整地进行记录;对受访者关于某个问题所表达的观点,对某个现象的主要态度、主要见解等,要准确地记录,并且最好能记下受访者的原话,而不要用自己的话去"概括"或"归纳"受访者的话;对于受访者在回答过程中的一些过渡性语言、承接性语言、重复性语言、口头语等,研究者不要记录。记录时,对不同问题的回答,以及对不同的事件、不同的方面、不同的内容的回答,研究者都要在形式上明显地分开,各自形成单独的一段,而不要不分层次、不分段落、不留空隙地从头记到尾。

事后记录是研究者在访谈调查结束后靠自己的回忆进行追记的方法。它的优点是不会影响访谈时研究者与受访者之间的互动,有利于消除受访者的心理压力和紧张感。但它的缺点是研究者所追记的资料往往很不全面,遗漏之处很多,并且所记的内容也不确切。

如果受访者不介意,理想的方法是研究者能使用录音设备进行现场录音。这样,研究者在访谈时就可以全身心地关注访谈主题,关注受访者的回答,而不用分心去记录。访谈结束后,研究者要根据录音及时地对资料进行整理,因为此时整理还可以回想起访谈时的情景,特别是研究者当时的感受和认识,如果时间一长,研究者的自我感受可能就会被淡忘。

4. 结束访谈

结束访谈是访谈工作的最后一环,为了使访谈能够顺利完成,研究者应该注意以下两个方面:

第一,掌握访谈时间的长短。访谈时间的长短以不妨碍受访者的正常工作和生活为原则,一般以一两个小时为宜,不要太长。在受访者产生结束访谈的倾向或暗示时,研究者要及时结束访谈。当然,如果受访者对访谈话题不感兴趣,并要求转换到其他的访谈话题时,研究者可以对谈话内容的相关性给予引导,并寻找适当的时机插话,从而顺利地完成访谈。

第二,访谈结束后,研究者要真诚地感谢受访者的支持与合作,并对受访者所提供的信息对社会调查具有的价值予以肯定。如果需要再次进行访谈,研究者可以趁此约定再次进行访谈的时间和地点,同时可以向受访者简单介绍再次访谈的主要内容,以便对方能够做一些简单的准备。

(二)进入访谈现场

访谈的成功与否往往取决于研究者与受访者最初接触时的表现。研究者接近受访者并获得受访者的配合,是访谈过程中的第一步,研究者在这个过程中需要注意以下五个方面:

1. 要做好准备工作

经验表明,研究者在事先预约后进入访谈现场的情况下遭遇受访者拒绝的情况比较少,访谈关系也易于顺利形成。因此,在访谈前,研究者应与受访者所在地区的相关部门或单位取得联系,并尽可能争取他们的支持和帮助,如果由他们派出熟悉受访者的人带路或陪同,更容易得到受访者的信任与配合。

2. 称呼要得当

称呼是研究者接触受访者的第一句话,如果称呼不恰当就会对访谈产生不利的影响。研究者恰当地称呼受访者要注意四个方面:一是要符合访谈双方的亲密程度和心理距离;二是要入乡随俗,亲切自然;三是要尊重、恭敬,恰如其分;四是要注意称呼习俗的发展变化。

3. 衣着要得体

受访者与研究者的初次见面往往是从对方的外貌获取第一印象,因此,研究者的穿着打扮等外部形象也很重要。研究者的穿着打扮要尽可能朴素、大方、整洁、得体,同时要与受访者的身份、地位以及访谈情境等因素相适合,这样能够较为容易地被受访者所接受。

4. 态度要积极

受访者在与研究者初次接触时,由于彼此互不相识,往往比较谨慎,这时研究者应采取积极的态度打开僵局。研究者接近受访者通常有两种方式:一是直接接近法,即直接介绍自己的来意和访谈的目的、内容和要求,请求受访者的合作,这种方式虽然简单生硬,但效率较高;二是过渡接近法,即研究者通过与受访者共同参与活动,或通过向受访者提供帮助、寻找与受访者的共同语言等方式接近受访者,逐步获得受访者的接纳和信任,进而使其能够为研究者的研究提供帮助。

5. 要消除受访者的顾虑

研究者在访谈时要注意向受访者解释访谈的目的和意义,特别要对受访者解释访谈的保密原则和措施。对于隐私性、敏感性问题,研究者要注意提问技巧,以消除受访者的戒备心理。

(三)控制访谈

访谈的控制是整个访谈调查中最关键的环节之一,也是研究者最重要、最难掌握的环节。访谈的控制通常可以通过提问控制和表情动作控制两个主要的控制手段来实现。

1. 提问控制

提问控制是指研究者通过提问、追问等方式实现对访谈内容和访谈进程的控制。这种控制需要研究者注意以下三个方面:

(1)对内容转换的控制。

当访谈的内容从一个方面转换到另一个方面时,研究者要有意识地帮助受访者进行这种转换。其方法是研究者先对受访者所谈的内容进行简要归纳,使受访者结束前一个话题的讨论,然后再提出新的问题,这样就可以避免在受访者没有任何心理准备的情况下突然地转换话题。

(2)对问题的重述和追问。

当研究者感觉受访者对问题的含义不理解、不清楚,或受访者因对问题有误解而答非所问时,可以使用对方易于理解的语言重复问题以帮助他们理解;当研究者对受访者的回答有疑问时,可以通过复述其回答和追问进行核实;当研究者感到受访者的回答不全面时,可以通过停顿不语或追问来引导受访者继续谈下去。研究者追问的方式可以是直接追问,即直截了当地请受访者对未回答或回答不具体、不完整的问题再做补充回答;也可以是迂回追问,即研究者通过询问其他相关的问题或换一个角度询问来获得补充的回答。

(3)掌握好提问和插话的时机。

在访谈过程中,研究者所遇到的受访者理解问题的能力往往是不相同的,有的受访者能够较好地领会研究者的问题,按照研究者的要求叙述,但有时也会遇到受访者不能理解研究者的问题或形成一些误解,从而出现答非所问甚至跑题的情况。为了使不同情况下的访谈都能取得成功,研究者必须能够掌握和控制交谈的方向、范围和进展。研究者适时的提问和

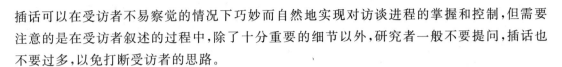

插话可以在受访者不易察觉的情况下巧妙而自然地实现对访谈进程的掌握和控制,但需要注意的是在受访者叙述的过程中,除了十分重要的细节以外,研究者一般不要提问,插话也不要过多,以免打断受访者的思路。

2. 表情动作控制

表情动作控制是指研究者通过各种表情与动作来表达一定的思想和感情,从而达到对访谈过程的控制。

第一,在需要的时候,研究者可以通过某些动作打断受访者的谈话,如通过送水或食物的动作打断受访者,从而避免受访者继续跑题。

第二,在访谈的过程中,研究者要表现得礼貌、虚心、诚恳、耐心,对受访者的谈话表示关注,千万不能举止随便,以免影响受访者谈话的情绪。

第三,研究者的表情要适合受访者回答的内容,并对受访者表现出的喜怒哀乐给予正确的回应。

第四,研究者要恰当地用眼,专心地用耳。研究者既不能只顾低头记笔记,忽视受访者的存在,也不能一直盯着受访者,眼睛要在这两者之间寻找一个适当的位置。研究者听受访者回答时,一定要专心,即使当受访者在讲述过程中跑题了或者语言表达效果较差时也应如此。

(四)集体访谈

集体访谈也称座谈会,是指研究者将若干个受访者集中起来同时进行访谈的一种调查方法。集体访谈是研究者与受访者、受访者相互之间的多层次的互动与交流,这种访谈的优点是研究者可以获得更为广泛、全面的信息。集体访谈可以让受访者互相启发、补充、核对、修正,从而使获得的资料更为完整、准确。此外,由于集体访谈能够同时访问若干个不同的受访者,从而大大地节约了人力、时间,可以相对较快地获得有关社会现象的情况。但是,集体访谈也存在一些问题。由于集体访谈中不仅存在着研究者与受访者之间的互动,同时还存在着不同的受访者相互之间的互动,而这两种互动都会对集体访谈的资料收集产生影响。因此,研究者要想开好座谈会,成功地组织好集体访谈,就要有更熟练的访谈技巧和组织会议的能力,不仅要掌握好与受访者之间的互动,而且还要组织和引导好受访者之间的互动。

集体访谈的组织需要注意以下五个方面的技巧:

1. 受访者的选择

集体访谈的参加人数通常以 5—7 个人为宜,最多不超过 10 个人。受访者的选择应根据访谈目的的不同而有所不同,一般的原则是:一是要有代表性,二是要十分了解情况,三是要敢于发言,四是相互之间应有共同语言。

2. 访谈前的准备

在访谈前,研究者应事先将访谈的内容、要求和到会人员的名单告诉参加座谈会的全体受访者。同时,在正式开始访谈前,研究者应布置好座谈会会场,做好充分的准备。

3. 拟定访谈提纲

访谈提纲是由研究者根据访谈主题和研究目的设计的有关座谈会主要话题的概要,通常可以分为三个部分:一是建立友好关系,解释小组规则,并提出访谈主题;二是提出需要重点讨论的内容;三是总结讨论的重要内容。

4. 集体访谈的方式

集体访谈可以采用以下两种方式进行:

一是"头脑风暴法",即座谈会的主持人不说明会议的明确目的,而只就某一方面的总议题请到会的受访者自由地发表意见,主持人不发表意见,更不对受访者的意见提出评论。

二是"反向头脑风暴法",即在座谈会上研究者首先列出某方面的问题,受访者不仅自己发表意见,而且还必须针对别人的意见展开批评与评价,以寻求解决问题的途径。

5. 访谈过程的控制

集体访谈容易产生某种"团体压力"和"从众行为",往往使某个受访者在其他的受访者面前有意无意地隐瞒或改变真实情况,使自己的回答和看法顺从、接近或符合多数人的意见,而不愿或不敢表达不同的意见。因此,研究者在座谈会上应尽可能使各种意见都能得到充分的表达,避免让某些权威人士的发言左右其他人的发言,避免座谈会的主持人的意见对其他人产生影响。座谈会最好使用半结构式的访问,即对于某些问题研究者提供可供选择的答案,从而避免座谈会流于形式,同时也要避免出现受访者就不同意见发生激烈争论的局面。此外,研究者要对集体访谈中所得资料的真实性和客观性有一个比较清楚的认识,并注意不采用集体访谈的方法讨论某些敏感问题。

三、调查案例

跨国婚姻家庭中女性生活适应类型的访谈调查①

(一)调研方法

1. 选取受访者

为了确保质性研究中抽样的合适性和充分性原则,调研采用滚雪球的抽样方法选择了在韩国生活一年以上的中国女性为受访者,共选取17名受访者,通过深入访谈和参与观察的方法收集了中国女性的生活适应相关经验资料,访谈一直持续到不再出现新的概念,资料达到饱和为止。

受访者年龄范围是25—44岁之间,与韩国配偶之间的平均年龄差为7岁,最大的年龄差为17岁。其中有7人生活在首尔,2人生活在京畿道,4人生活在仁川,1人生活在忠清南道,1人生活在光州,1人生活在水原,1人生活在江原道生活。受访者中,有4人在国内的学历为专科(其中1人为在读研究生),剩下13人的教育程度均为高中毕业。受访者在韩国的生活时间最短的是2年,最长的是15年,各不相同。受访者中有3人有离婚经历,4人从事个体经营,5人为全职太太。

2. 访谈流程

考虑到调研中涉及伦理方面的问题,研究者在访谈开始之前就向受访者说明了调研目

---

① 崔金海.跨国婚姻家庭中女性生活适应类型研究:以中韩跨国婚姻为例[J].山西大学学报(哲学社会科学版),2017,40(6):125—131.(有删改)

的,并且取得了受访者的研究参与同意书。

访谈场所主要根据受访者的意愿,选择了较为安静和舒适的环境(如咖啡屋、受访者家庭或工作单位等)。

在访谈开始之前,研究者对访谈大纲及主要问题进行了重新整理,并且再次确认了录音机的正常工作情况。在访谈过程中,通过注意观察受访者的谈话表情、语调等行为,确保了访谈内容的真实性。访谈结束后,研究者马上就在访谈现场中观察到的受访者的非语言性行为和特征,研究者个人对访谈内容的想法、观点和看法做了记录。访谈内容全部进行了录音,访谈之后研究者马上对录音内容进行了转录。

3. 访谈内容

研究者围绕着"选择中韩跨国婚姻的中国女性的生活适应情况"这一研究主题,在访谈中主要就"(1)您是如何选择跨国婚姻的?(2)在适应韩国生活的过程中,您主要经历了什么?(3)您是如何理解适应的?(4)在适应韩国生活的过程中,您有什么需求?(5)您如何解决在生活中存在的问题?"等主要问题进行了提问。在具体的从属问题中又对"原家庭成员及周围的亲朋好友等对您的跨国婚姻有何反应?""与丈夫的家庭成员、周围的韩国人、工作职场中的同事,以及与子女之间的关系上,主要经历了什么?"等进行了提问。

4. 资料分析

访谈资料主要根据扎根理论的编码程序进行分析。扎根理论是一种从下往上通过归纳建立实质理论的研究方法,是在系统收集资料的基础上寻找反映事物现象本质的核心概念,然后通过这些概念之间的联系建构相关的社会理论的方法。

调研者在开放式编码中把收集的原始访谈资料打散,并赋予了概念,然后把相关的概念进行重新组合,实现概念范畴化;在轴心式编码中为使范畴更加明朗,对相关范畴进行了关联性分析;在选择式编码中,通过对主范畴的系统分析,最后选择了一个核心范畴,并且围绕着这一核心范畴,建构和发展了跨国婚姻女性生活适应类型理论模型。

(二)访谈资料结果分析

本次访谈资料的编码结果见表2-10。

表 2-10 访谈资料的编码结果(主范畴、对应范畴及概念)

理论模型	主范畴	对应范畴	概念
因果条件	选择跨国婚姻	结婚动机	1. 爱情 2. 过了结婚年龄 3. 摆脱农村生活 4. 离婚经历 5. 想去看看父母的故乡 6. 经济上的期待/憧憬 7. 无知的决定 8. 实现梦想的好机会
		相遇经过	9. 同一职场工作 10. 中介 11. 邻居等人的介绍
		对跨国婚姻的态度	12. 他人的反对 13. 顺从父母意见 14. 命运/缘分 15. 冒险 16. 意识到男女不平等关系
主要现象	压力经验	压力经验	17. 忽视 18. 缺乏信任 19. 差别对待/偏见 20. 干涉/控制 21. 认识上的差异 22. 性格及年龄差异 23. 暴力

续表

理论模型	主范畴	对应范畴	概念
脉络条件	文化差异	文化差异	24. 语言再学习　25. 酒文化差异　26. 饮食文化差异　27. 家庭文化差异　28. 夫妻之间的沟通　29. 祭祀文化　30. 女性文化
	认同感混乱	认同感混乱	31. 认同感确立　32. 认同感缺失
	经济期待与现实之间的差异	经济期待与现实之间的差异	33. 被高物价惊吓　34. 对期待产生失望/困惑
作用/相互作用策略	对自我和婚姻的认识上的改变	他人的认可	35. 得到家庭成员的认可　36. 得到邻居、亲戚等人的认可
		产生自信	37. 掌握家庭经济权　38. 对持续发展充满自信
		积极接纳	39. 对夫妻关系充满自信　40. 确信选对了跨国婚姻
	自我实现需求	自我发展意识	41. 不断为自我发展而努力　42. 设立经济目标　43. 通过子女
		规划新目标	44. 规划新目标
中介条件	影响自我发展的条件	否定条件	45. 较低学历　46. 家庭和社会支援不足　47. 自助组织的支援不足　48. 男权中心的职场及社会文化　49. 未取得韩国国籍
		肯定条件	50. 发现自身优点　51. 发现自身力量　52. 经济独立
	压力应对	积极的压力应对	53. 努力解决问题　54. 求助于韩国人　55. 挑战传统权威　56. 家庭关系再定义　57. 参与社会活动
		消极的压力应对	58. 逃避问题　59. 问题最小化　60. 消极接纳压力　61. 消极方式应对压力
	社会支持	家庭支持	62. 配偶的支持　63. 原家庭的支持　64. 婆家、妯娌等的支持
		社会支持	65. 利用社会资源　66. 邻里之间分享有用资源　67. 获得自信
		媒体影响	68. 媒体提供有用信息
		自助团体的支持	69. 解决孤独感　70. 获得精神上的支持　71. 获得有用信息　72. 获得解决问题的技巧和方法　73. 获得自身权力

在开放式编码中通过剔除和聚拢相关概念,共获得 73 条原始语句及相应的初始概念,实现了概念范畴化。在轴心式编码中通过对范畴的关联性分析,归纳出具有突出关键意义的主范畴 10 个,对应范畴 20 个。在选择性编码中确定了"压力经验"为选择中韩跨国婚姻的中国女性生活适应类型的核心范畴,它也是理论模型中的主要现象。

1. 选择中韩跨国婚姻的社会背景

把"结婚动机""相遇经过""对跨国婚姻的态度"整理为对应范畴,并把这些对应范畴整理到"选择跨国婚姻"这一主范畴之内。主范畴根据本质这一属性的不同,维度上出现了冲突和一致两种不同的结果。

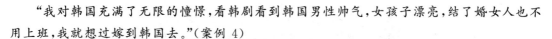

"我对韩国充满了无限的憧憬,看韩剧看到韩国男性帅气,女孩子漂亮,结了婚女人也不用上班,我就想过嫁到韩国去。"(案例4)

中国女性婚前对婚姻和婚姻生活本质所持的态度与实际在韩国的婚姻生活的态度是否保持一致,会对中国女性在韩国的生活适应过程带来不同的适应结果。本研究把选择中韩跨国婚姻的社会背景整理到生活适应类型扎根理论分析模式中的因果条件之中。

2. 对生活经验起影响作用的主要因素

影响跨国婚姻女性生活适应的主要因素有"文化差异""认同感混乱""经济期待与现实之间的差异"三个方面。

文化差异中受访者也重点提到了韩国的酒文化、祭祀文化、饮食文化和家庭文化等。

"好像一个月至少有15天是在外面喝酒回来的,加班后同事们一起喝酒,周末见朋友了一定要喝酒,在家也能自己喝上一杯,真的不理解韩国的酒文化。"(案例13)

受访者普遍对韩国的酒文化和祭祀等文化表现出了不满或不理解。

调研发现,根据感受到中韩之间存在文化差异的程度大小,认同感混乱的程度大小,以及经济上的期待和现实之间的差异程度大小不同,中国女性在生活适应过程中所经历的压力表现出了程度上的差异,而这一部分又对应扎根理论分析模式中的脉络条件。

3. 为适应所采取的行动

中国女性主要通过满足"自我实现需求"和"对自我和婚姻的认识上的改变"解决了生活中的压力。

"通过努力,我也获得了烹饪、电脑、导游等资格证,我相信只要有决心就会有希望。"(案例12)

而这两个范畴又分别随着强度和程度的不同属性,在维度上表现出了强和弱差异。

这一部分内容对应扎根理论分析模式中的作用/相互作用策略。而影响此作用/相互作用策略的中介条件为"影响自我发展的条件""压力应对"和"社会支持"。"自我实现需求"的强弱程度会影响个人的压力应对效果。

"对自我和婚姻的认识上的改变"的概念属性为程度,而维度为强弱。

"我还没有取得韩国国籍,我就想如果获得国籍之后,我老公还像现在这样对我好,那我就跟他继续过,不是的话我会考虑分开。"(案例16)

如此对自身婚姻和个人生活目标的新设定成为一部分跨国婚姻女性应对压力所采取的行动之一。

4. 对适应行为起影响作用的因素

调研发现"影响自我发展的条件"和"压力应对"方式是积极的还是消极的,得到的"社会支持"是多还是少,都会影响女性在韩国的生活过程中采取何种行动。

"婆婆过多地关心我,比如给我报语言学习班,教我如何做韩国料理,帮我打理屋子等等,其实对我来说还是挺不舒服的,反而让我觉得我是没用的人。"(案例1)

而"对适应行为起影响作用的因素"对应于扎根理论分析模式中的中介条件。

以上三个范畴又根据类型、行为和经验等的不同属性,维度上也出现了肯定和否定、积极和消极、多和少的不同类型。

5. 适应的意义

选择中韩跨国婚姻的中国女性通过在韩国生活、适应韩国文化,最终会跨越文化障碍而获得实现自我,成为生活主人的需求。也就是说,她们生活适应的意义是成为生活的主人。

"我想做我自己想做的事情,而且还能得到别人的尊重和认可,最重要的是我成为生活的主人。"(案例14)

受访者在韩国生活适应中的"压力经验"这一中心现象,通过"自我实现需求"和"对自我和婚姻的认识上的改变"这一作用/相互作用策略而得出了"成为生活主人"的结果。

(三)适应类型分析

基于对访谈材料的分析推导出以下几种适应类型,而且各个类型之间并不具有相互排他性,也就是说随着时间的推移、特定条件和环境的改变,适应类型也有可能发生转变。

1. "持续努力型"

"持续努力型"的女性拥有相对较高的学历,她们与丈夫及其家庭成员的关系良好,而且她们也为了保持这种良好的关系做出了持续的努力。

此类型的女性虽然承认自己拥有韩国国籍,从法律上来讲应该算是韩国人,但是她们却认为自己并不是完全意义上的韩国人,在民族和国家问题上,她们的自我认同感高于民族和国家认同感。她们意识到在异国的文化适应过程中个人与国家之间的不可分割性,她们认为在韩国文化适应过程中必然会承受压力,面对压力,她们采取了积极主动的应对措施。

2. "积极忍耐型"和"不得已顺应型"

"积极忍耐型"的女性中,配偶多数没有稳定职业,他们大多为个体经营业者。"不得已顺应型"的女性中,配偶无职业或有着不稳定工作的较多,经济条件不稳定导致"不得已顺应型"的女性受韩国丈夫及其家人的影响较大。这两种类型的中国女性学历较低,大多是高中以下学历。

"积极忍耐型"和"不得已顺应型"的女性在遇到压力的时候,一般采取逃避的方式来面对压力,她们更倾向于顺应和接纳压力。

3. "试图变化型"

拥有专科以上的较高学历,生活水平在中等以上的女性,在解决与丈夫及其家庭成员之间的矛盾时,一般采取积极和努力的态度,或者坚持采取不认输的对立态度。

此类型的女性在保持个人的民族认同感和自我认同感的同时,还与主流社会有着积极的互动。不仅如此,她们还会努力把周围的环境改变成更适合她们生活和适应的环境。"试图变化型"的女性通常会承受更多的压力,而她们获得的社会支持却较少。

4. "流动型"

"流动型"的女性通常是为了满足个人的需求或逃避因离婚等带来的伤害而选择跨国婚姻。由于丈夫并没有稳定的职业,她们本身也很少参加社会活动,家庭的经济状况也不是很乐观。

"流动型"的女性因更多关心自身的利益问题,她们往往会提前预估将要发生的事情,预防有可能承受的压力。在面对压力时,她们主要采取逃避的方式来解决问题,具有不重视个人与环境之间的互动,只追求个人被动适应环境的特点。

四、问题探讨

(1) 访谈调查的含义和特征是什么?

(2) 访谈调查有哪些类型?

(3) 访谈调查的实施步骤是什么?

(4) 如何进入访谈现场?

(5) 如何控制访谈?

(6) 如何进行集体访谈?

五、小结:知识梳理

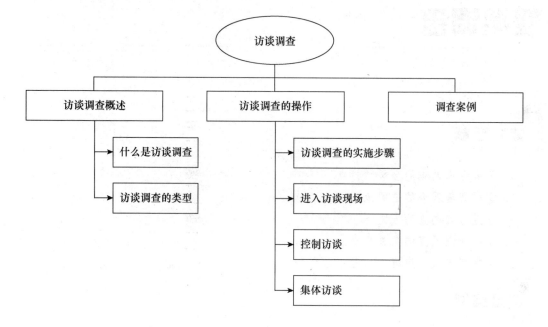

任务六

普遍调查

能力目标

1. 掌握普遍调查的含义和特点。
2. 掌握普遍调查的适用范围。
3. 掌握普遍调查的方式。
4. 掌握普遍调查的实施步骤。
5. 掌握普遍调查应遵循的基本原则。

调查案例

第七次全国人口普查的调查过程。

具体任务

1. 选择普遍调查课题。
2. 设计普遍调查方案。
3. 讨论普遍调查的实施过程。

实训步骤

1. 假设你要进行一项社会普查,请你设计出普查方案。
2. 讨论实施该项社会普查的一般程序。

一、普遍调查概述

(一)什么是普遍调查

普遍调查通常简称"普查",是指研究者对所要调查的总体中的每个个体无一遗漏地逐个进行调查。一般来说,普查往往是对较大范围的地区或部门进行的调查,如在全国、全省、全市、全行业、全系统等范围内进行的调查,其规模很大,属于宏观的社会调查。

普查是各国政府和有关机构全面了解国情和民情的重要方法。中华人民共和国成立以来,我国进行过多次全国性的普查工作,如全国人口普查、全国工业普查、基本建设项目普查、科技人员普查等。一般来说,普查具有以下特点:

1. 全面性

普查的调查对象是总体中的每个个体,它所收集的资料能够反映不同状况下的调查对象的各个方面、各个层次的基本情况,与其他类型的社会调查相比,普查是最全面的。

2. 准确性

普查的各个项目和指标都是统一规定的,并且它对每个调查对象都是按照统一的要求逐个地进行调查,其结果直接体现了所有调查对象的基本情况。因此,普查收集的资料标准化程度较高,准确性较强。

3. 普遍性

普查是对总体中的所有个体进行调查并收集资料,不同层次、不同状况的调查对象的有关情况在资料中都逐一地得到反映。因此,研究者通过对这些资料的汇总和归纳得出的结论具有较高的概括性和普遍性。

4. 一定的局限性

第一,由于普查的调查对象多、分布范围广,造成研究者的工作量较大,需要的人力、物力和资金也很多。

第二,由于上述特点,普查往往是一般个人或单位无法独立实施完成的,更多地需要由政府出面主持,调拨专门的经费,建立专门的组织,动员社会各方面通力合作才能完成,所以,除了统计部门和政府部门之外,一般的社会调查很少采用普查这种形式。

第三,开展普查的代价较高,因此不能频繁地进行,往往是按一定的周期,间隔较长时间再进行普查。

第四,普查的范围广、涉及的人员多、工作量大等特点也限制了普查的内容。因此,一般来说普查的项目较少,缺乏深度,只是调查一些最基本、最一般的情况,对调查对象的了解不如其他调查形式深入、细致。

此外,在普查中参与调查的人员较多,这使得调查过程中由于人为因素造成错误的概率大大增加。

(二)普遍调查的适用范围

通过普查,研究者能够对社会的整体状况做出全面而准确的描述,为了解整个国家或地区的基本情况以及大规模总体的概况提供最基本的资料。同时,研究者通过普查往往能够得出具有较高的概括性和普遍性的结论,为国家和各级部门制定政策、计划提供可靠的依据。此外,普查的成果也为各种社会科学研究工作提供了重要的参考资料。

因此,普查往往成为我们了解国情和民情最重要的方法。但是,由于普查所具有的局限性,所以它的适用范围较窄,只适用于对有关全局性的基本情况的调查,不适用于深入细致的研究。而且,由于普查不适合频繁地开展,它只能作为统计调查的辅助性调查方式。此外,普查多由政府部门主持,如国家统计部门主持的人口普查,工业部门主持的工业调查,农业部门主持的农业资源普查,物资部门主持的库存普查,公安部门主持的户口登记等。

二、普遍调查的操作

（一）普遍调查的方式

普查有以下两种主要方式：

一种是通过统计报表的方式,即由上级普查部门（通常是国家行政机关）制定普查表,由下级有关部门根据所掌握的资料进行填报。如国家统计局对国民经济和社会发展情况进行统计的数据资料,就是由各级企事业单位、行政单位统一填报的统计报表汇总而来。

另一种是通过建立专门的普查机构,由专门的调查员采用专门的调查表对每个调查对象进行直接的调查登记。如全国人口普查、全国残疾人普查等就是采用这种方式进行的。

（二）普遍调查的实施步骤

由于普查的统一性强,涉及的社会面大,参与人员多,所以,必须要严密组织、细致开展,通盘考虑普查的全过程。一般来说,普查是按以下的步骤进行的：

1. 调查准备阶段

调查准备阶段的具体步骤主要有：

(1) 选择和确定普查课题；

(2) 建立统一领导的各级普查工作领导机构；

(3) 制订和颁布普查方案,确定普查对象、分析单位、普查项目以及时间和经费的预算等；

(4) 配备和培训普查人员；

(5) 准备普查所需的物质条件,如普查文件、普查表格、计算机分析软件和设备等；

(6) 进行普查试点,修订普查方案、登记表和工作细则；

(7) 开展普查前的宣传和动员工作。

2. 调查登记阶段

调查登记阶段的具体步骤主要有：

(1) 普查登记,研究者可以请调查对象到登记站登记,或由调查员上门登记；

(2) 复查核实,由调查员根据专门编制的检查细则对调查登记的内容进行复查审核；

(3) 普查质量的抽样检查,研究者在每个普查区随机抽取一定比例的调查对象作为样本,进行核查。

3. 汇总资料、总结公布阶段

汇总资料、总结公布阶段的具体步骤主要有：

(1) 研究者快速汇总主要数据,如人口调查中的总人口、性别、民族、文化程度等;

(2) 研究者按照编码规定为普查表上的项目标注数字代码;

(3) 研究者将普查表上的数据录入计算机,生成普查资料库;

(4) 研究者将资料进行汇总,根据统一规定的流程、进度和标准,对计算机中的数据进行处理和分析,并将结果公之于众。

(三) 普遍调查应遵循的基本原则

研究者要想做好普查就必须遵循以下的一些基本原则:

1. 需要高度集中的组织和高度统一的安排

由于普查的范围广、时间长、参与调查的人员多,因此,必须要有专门的机构和专门的人员对普查的时间、步骤、规划、内容等每个细节都进行高度统一的安排,并对普查过程进行高度集中的组织,以保证普查工作的一致性和条理性,使普查工作能够顺利和高质量地完成。

2. 调查项目必须简明,项目和指标必须统一

普查的范围广、调查对象多的特点决定了其调查项目不宜过多。为了提高普查的准确性、减少统计分析的难度,普查的内容一般只限于了解一些最基本的情况。同时,普查的项目和指标必须有统一的规定和说明,不能随意改动,否则会影响资料的汇总和对比研究。

3. 应尽可能按一定的周期进行

普查的特点决定它不能频繁地开展,但应该尽可能按一定的周期进行普查,并保持调查内容的基本一致,以便研究者能够对普查资料进行前后对比,从而掌握社会的发展规律、预测总的发展趋势。如联合国就建议在逢"零"或接近"零"的年份举行人口普查,其目的就是为了能够在全世界范围内,对各国人口的情况进行横向或纵向的对比研究。

三、调查案例

第七次全国人口普查的调查过程[①]

第七次全国人口普查共分为三个阶段。

(一) 调查准备阶段

调查准备阶段(2019年10月—2020年10月)。这一阶段的主要工作是:组建各级普查机构,制订普查方案和工作计划,进行普查试点,落实普查经费和物资,准备数据采集处理环境,开展普查宣传,选聘、培训普查指导员和普查员,普查区域划分及绘图,进行户口整顿,开展摸底等。

1. 建立中央和地方各级普查领导机构,实行统一领导

国务院第七次全国人口普查领导小组负责普查组织实施中重大问题的研究和决策。普查领导小组办公室设在国家统计局,具体负责普查的组织实施。

地方各级人民政府设立相应的普查领导小组及其办公室,领导和组织实施本区域内的

---

① 根据国家统计局和国务院第七次全国人口普查领导小组办公室制定的《第七次全国人口普查方案》整理。

普查工作。村民委员会和居民委员会设立人口普查小组,协助街道办事处和乡镇政府动员和组织社会力量,做好本区域内的普查工作。

2. 制订和颁布普查方案

国务院人口普查办公室制定并颁布《第七次全国人口普查方案》和7项工作实施细则,对普查内容、普查方法,以及普查各个环节的工作流程、工作任务和工作要求作了明确规定,为人口普查工作有序开展提供了制度性保障。

(1) 普查时点。

普查的标准时点为2021年11月1日零时。

(2) 普查对象。

普查对象是指普查标准时点在中华人民共和国境内的自然人以及在中华人民共和国境外但未定居的中国公民,不包括在中华人民共和国境内短期停留的境外人员。

(3) 普查内容。

普查登记的主要内容包括:姓名、公民身份号码、性别、年龄、民族、受教育程度、行业、职业、迁移流动、婚姻生育、死亡、住房情况等。

根据不同的普查对象和普查内容,具体分为四种普查表。

① 第七次全国人口普查短表,包括反映人口基本状况的项目,由全部住户(不包括港澳台居民和外籍人员)填报。

② 第七次全国人口普查长表,包括所有短表项目和人口的经济活动、婚姻生育和住房等情况的项目,在全部住户中抽取10%的户(不包括港澳台居民和外籍人员)填报。

③ 第七次全国人口普查港澳台居民和外籍人员普查表,包括反映人口基本状况的项目以及入境目的、居住时间、身份或国籍、就业情况等项目,由在境内居住的港澳台居民和外籍人员填报。

④ 第七次全国人口普查死亡人口调查表,包括死亡人口的基本信息,由2019年11月1日至2020年10月31日期间有死亡人口的户填报。

(4) 普查方法。

普查采用全面调查的方法,以户为单位进行登记。普查采用按现住地登记的原则,每个人必须在现住地进行登记。普查对象不在户口登记地居住的,户口登记地要登记相应信息。

普查登记采用普查员入户询问、当场填报,或由普查对象自主填报等方式进行。

普查数据采集原则上采用电子化的方式。采取普查员使用电子采集设备(PAD或智能手机)登记普查对象信息并联网实时上报,或由普查对象通过互联网自主填报等方式进行。

普查员按照工作要求,在户口整顿基础上对所负责普查小区进行全面摸底,掌握普查小区内的人口和居住情况,编制《户主姓名底册》,根据《户主姓名底册》进行入户登记工作,并参考部门行政记录等资料进行比对复查,确保普查登记真实准确、不重不漏。

3. 制订宣传工作方案,深入开展普查宣传

各级宣传部门应组织协调新闻媒体及有关部门,通过报刊、广播、电视、互联网、手机和

户外广告等多种渠道,充分利用微博、微信、短视频等新媒体传播手段,宣传普查的重大意义、政策规定和工作要求,积极营造良好的普查氛围。各级普查机构要组织开展形式多样的宣传活动,动员社会各界支持、参与普查。

4. 组织普查指导员和普查员的培训

普查指导员和普查员的培训工作由县级普查办公室统一组织进行。担当培训的教员必须经过县级以上普查办公室的培训,并通过考核。普查指导员和普查员培训一般应集中在县级进行。普查指导员的培训比普查员先行一步,由县级普查办公室举办普查指导员培训班。普查指导员和普查员经过培训、考核合格并签订保密承诺书后,由县级以上普查机构颁发全国统一样式的证件。普查指导员和普查员的培训工作于 2020 年 9 月底前完成。

5. 普查区域划分及绘图

(1) 国务院人口普查办公室在标绘系统中加载 2019 年统计用区划和第四次全国经济普查各级边界(6 月中旬)。

(2) 各地核对县级及以上边界,国务院人口普查办公室调整确认(6 月底前)。

(3) 各地调整标绘普查区初步边界(7 月 15 日前)。

(4) 各地标绘建筑物(初步边界确定后即可开始,持续至标绘工作结束)。

(5) 国务院人口普查办公室在标绘系统中加载 2020 年统计用区划(7 月底前)。

(6) 各地调整确认普查区及以上各级边界,补充标绘建筑物(8 月 15 日前)。

(7) 划分普查小区(8 月 31 日前)。

(8) 补充标绘摸底、登记中发现的遗漏、变化建筑物(12 月 1 日—2021 年 2 月底)。

6. 开展普查摸底工作

普查摸底工作在县级普查办公室统一部署下,由乡级普查办公室组织村级普查小组、普查指导员和普查员,在当地派出所、基层组织的协助下进行。普查摸底工作从 2020 年 10 月 11 日开始,10 月 31 日结束。

(二) 调查登记阶段

调查登记阶段(2020 年 11—12 月)。这一阶段的主要工作是:普查员入户登记,进行比对复查,开展事后质量抽查等。

1. 登记工作

登记工作在县级普查办公室统一部署下,由乡级人口普查办公室组织村级人口普查小组、普查指导员和普查员,在当地派出所、基层组织协助下进行。登记工作分为短表登记和长表登记两个阶段。短表登记工作,从 11 月 1 日开始,11 月 15 日前结束。长表登记工作,从 11 月 16 日开始,11 月 30 日前结束。

2. 比对复查工作

比对复查工作是指在普查登记期间,以公民身份号码为依据,通过对普查登记数据内部、普查登记数据与其他行政记录之间进行一致性和完整性检验,查找人口错登、漏登问题,组织普查员开展查遗补漏、核实登记等一系列工作。

比对复查工作在国务院人口普查办公室统一部署下,由县级普查办公室统一组织,乡级普查办公室指导村级普查小组、普查指导员和普查员,在当地派出所、基层组织的协助下进行。比对复查工作从短表登记结束后开始,12月10日前结束。

3. 事后质量抽查

国务院人口普查办公室统一组织,相关部门、国家统计局各相关单位和地方普查机构参与,开展事后质量抽查,接受社会公众监督。地方各级普查机构配合国家事后质量抽查工作组开展工作。参加抽查工作的人员严格按照《普查事后质量抽查工作细则》规定,遵守纪律要求,开展现场检查等相关工作。

(三) 数据汇总和发布阶段

数据汇总和发布阶段(2020年12月—2022年12月)。这一阶段的主要工作是:数据处理、汇总、评估,发布主要数据公报,普查资料开发利用等。

1. 行职业编码

普查长表行业、职业项目编码工作在县(市、区)级集中进行。县级普查办公室负责做好编码员选调和培训工作,以及行业、职业编码工作的组织实施。省级、地级普查办公室负责掌握本地区的编码进度,检查各地区的编码工作质量,对基层编码工作进行业务指导,发现问题及时解决。编码员完成编码后,应认真进行复核,检查编码有无疏漏、是否正确,对存在疑义的编码问题,应报上级普查机构进行确认。省级、地级普查办公室要在平台上实时进行编码质量检查,发现问题及时要求编码员核对并据实更正,对差错较多的编码员要求其返工重编。

人口普查长表的行业和职业编码工作,在2020年12月1日—12月31日进行。

2. 普查数据处理

各级普查机构负责普查数据处理。国务院人口普查办公室统一编制数据采集、审核、编辑、汇总程序。国务院人口普查办公室集中部署数据采集处理环境。各级普查机构应保障必要的数据处理办公环境和网络条件,采取必要的安全措施,确保数据处理工作安全、顺利地进行。

3. 普查公报

2021年5月11日,国家统计局和国务院第七次全国人口普查领导小组办公室发布《第七次全国人口普查公报》。

四、问题探讨

(1) 普遍调查的含义和特点是什么?

(2) 普遍调查的适用范围有哪些?

(3) 普遍调查的方式有哪些?

(4) 普遍调查的实施步骤是什么?

(5) 普遍调查应遵循的原则有哪些?

五、小结：知识梳理

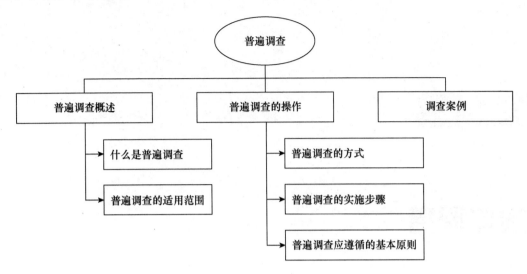

任务七

抽样调查

能力目标

1. 掌握抽样调查的含义和特点。
2. 掌握抽样调查的适用范围。
3. 掌握抽样调查的实施步骤。
4. 掌握抽样设计应遵循的原则。

调查案例

中国综合社会调查方案。

具体任务

1. 选择抽样调查的课题。
2. 设计抽样调查的方案。
3. 讨论抽样调查的实施过程。

实训步骤

1. 假如你要进行一项抽样调查,请你设计一个抽样调查的方案。
2. 讨论实施抽样调查的一般程序。

一、抽样调查概述

（一）什么是抽样调查

抽样调查是指研究者从研究总体中按照一定的方法抽取一部分调查单位作为样本进行调查分析，并以样本资料推论总体状况的一种调查方式。抽样调查有广义和狭义之分：广义的抽样调查包括随机抽样调查与非随机抽样调查；本书谈到的抽样调查主要指狭义的抽样调查，即通过随机抽样进行的调查。

（二）抽样调查的特点

一般来说，抽样调查具有以下五个特点：

第一，抽样调查按照随机抽样的原则抽取样本，总体中哪个调查单位被抽中完全遵循随机原则，排除了研究者的主观意识。这就使抽样调查与典型调查和个案调查在样本选择上具有根本的不同。

第二，抽样调查是通过对样本的调查来推论总体。抽样调查不是对总体中全部调查单位的调查，而只是对总体中的一部分调查单位进行的调查，这一点与普遍调查有所区别。但是，抽样调查并不停留于对样本的描述和分析，它的根本目的是研究者通过对样本的调查来推论总体，从而达到对总体的认识。这是抽样调查与个案调查的不同。

第三，抽样调查中的抽样误差是可以控制的。由于抽样调查并不是对总体中的全部调查单位进行调查，因此，在对总体特征值的推论过程中往往会存在一定的误差，但是这种误差是可以事先计算出来并通过调整样本容量和改进抽样方法来加以控制的。抽样调查所具有的对推论总体特征值的精确度和可信度能够加以计算和控制的特点是典型调查和个案调查所不具备的。

第四，抽样调查具有节省人力、经费和时间的特点。抽样调查的样本规模通常不超过总体规模的 1/3，有时甚至只有百分之几或千分之几，这大大节省了人力、经费和时间。由于在资料收集与分析上工作量的减少，使得抽样调查具有提供资料快、结论具有时效性的特点。

第五，抽样调查的局限性。首先，抽样调查通常适用于对大规模总体进行的定量调查，调查的广度和深度具有局限性，无法实现对调查对象进行深入细致的研究。其次，抽样调查方法是建立在概率论和数理统计等知识的基础上，对研究者的专业性要求比较高。

（三）抽样调查的适用范围

抽样调查所具有的特点使其被公认为是在非全面调查中用来推论总体的最完善、最有科学依据的方法，因此抽样调查在现代社会调查中被广泛应用。通常来说，抽样调查的适用领域可以概括为以下三个方面：

第一，在需要了解整体状况又无法进行全面调查的情况下，研究者往往使用抽样调查。如在产品质量的检查中，有些产品质量检查会对产品具有破坏性和损耗性，使产品失去原有的形状或功能。对灭火器的合格率的检查，检查人员不可能把每个灭火器都试用一下，这时只能采用抽样调查的方法进行检测。

第二，有些社会现象虽然可以进行全面调查，但研究者没有必要进行全面调查。全面调查通常需要花费大量的人力、物力和时间,而对于大多数社会现象而言,如果能够采用适当的抽样方法,组织得当,设计科学,也能通过统计推论达到对总体情况的全面了解,这时抽样调查往往是研究者可以选择的更为经济、快捷和有效的方法。

第三,研究者在对普查资料进行检验和修正的过程中常常使用抽样调查。由于普查的范围广、对象多,并且在调查过程中会受到各种因素的干扰,其调查结果难免会出现误差。在总体规模很大的情况下,普查的质量需要通过抽样调查来测定。如我国人口普查通常抽取 0.1% 的调查问卷进行复查,并根据复查结果推论调查问卷总体的填写质量。

二、抽样调查的操作

(一)抽样调查的实施步骤

抽样调查是研究者由样本推论总体的调查方法,为了保证样本的代表性和推论的精确性与可靠性,抽样调查必须依据科学的程序,通常包括以下六个步骤:

1. 界定总体

界定总体即研究者依据调查的目的和要求对调查的总体范围与界限做出明确的界定,并对总体的结构和各方面的情况有一个初步的了解和掌握,这是达到良好的抽样效果的前提条件。研究者只有明确了调查的总体范围,样本所得的结果才能推论到其总体范围中。

2. 选择抽样方案

抽样可以采用简单随机抽样、系统抽样、分层抽样、整群抽样、多段抽样等不同的抽样方法,研究者需要根据调查的目的、范围、要求、条件来选择抽样方法,制订抽样方案。此外,研究者还要根据调查的要求确定样本的规模以及主要目标量的精确程度。

3. 编制抽样框

抽样框又称抽样范围,是指一次直接抽样时总体中所有抽样单位的名单。在进行概率抽样前,研究者需要依据明确界定的总体范围,收集总体中全部抽样单位的名单,并对名单进行统一编号,从而建立起供抽样使用的抽样框。如果抽样是多段阶段,则要分别建立不同阶段或不同层次的抽样框。

4. 实际抽取样本

实际抽取样本即研究者严格按照所选择的抽样方法,从抽样框中抽取抽样单位,构成调查样本的过程。依据抽样方法的不同,以及抽样框是否可以事先得到等因素,研究者可以在实施调查前就做好样本的抽取,也可以在调查过程中根据实际情况进行抽样。

5. 评估样本质量

评估样本质量即研究者对样本的质量、代表性、偏差等进行初步的检验和衡量,其目的是防止由于样本的偏差过大而导致调查的失误。研究者评估样本质量的基本方法是:将可以得到的反映总体中某些重要特征(如性别、年龄等)及其分布的资料与样本中的同类指标进行对比,若二者之间的差别很小,则可以认为样本的质量较高,代表性较好。

6. 分析样本资料和推论总体

分析样本资料和推论总体即在收集到样本资料后,对资料进行汇总和统计分析,得出样本的统计值,然后根据样本的统计值推论出总体的参数值,说明总体的情况。

(二)抽样设计应遵循的原则

1. 目的性原则

目的性原则,即在进行抽样设计时,研究者要从课题的研究问题出发,以课题的总体方案和研究目标为依据,以最有利于研究资料的收集为目的选择抽样方法并设计抽样方案。

2. 可测性原则

可测性原则,即抽样设计要能够从样本自身计算出有效的估计值或者抽样变动的近似值,也就是统计分析中的标准误差,这是统计推断的基础,也是样本统计值与总体值之间客观的、科学的桥梁。通常,只有概率抽样的样本才可能实现这种可测性。

3. 可行性原则

可行性原则,即研究者的抽样设计必须在实践中切实可行,在抽样设计时研究者必须预估实际抽样过程中可能出现的各种问题,并设计出处理和解决这些问题的方法,以便使抽样设计能够付诸实践。

4. 经济性原则

经济性原则,即抽样设计要与研究者可以获得的经费、时间、人力等资源相适应。

在上述四个原则中,目的性原则和可行性原则是首要的,抽样设计首先要服务于研究目标,这是抽样设计的出发点和基本目的。可行性是抽样方案得以实现的前提和保证,研究者应优先考虑这两条标准,在此基础上再进一步增加抽样方案的可测性,同时减少抽样方案所需的资源。

三、调查案例

中国综合社会调查方案①

中国综合社会调查(Chinese General Social Survey,CGSS)是覆盖全国范围的学术调查项目,该项目由中国人民大学中国调查与数据中心负责执行,从 2003 年起每年开展一次,对我国各省、自治区、直辖市的 1 万多户家庭进行连续性横截面调查。中国综合社会调查的数据涉及社会、社区、家庭、个人多个层次,全面系统地总结社会变迁的趋势,探讨具有重大科学和现实意义的议题。

(一)调查目的

(1) 全面了解我国城乡社会发展情况。

(2) 对城市群体和农村群体进行对比分析。

(3) 在地理概念或者区域发展水平方面体现我国社会发展的地域差异性。

---

① 中国综合社会调查. 中国综合社会调查(CGSS)第二期(2010—2019)抽样方案[EB/OL]. [2022-08-10]. http://cgss. ruc. edu. cn/__local/A/7F/16/5C3BCCAF547145EE2F30E7737D9_A59E1948_82E00. doc? e=. doc. (有删改)

（二）抽样设计

1. 调查总体

调查总体为全国 31 个省、自治区、直辖市（不含港澳台）的所有城市、农村家庭户。

2. 抽样设计原则

（1）严格遵循随机抽样，样本对全国和某些指定的城市或地区要具有代表性。

（2）保证抽样方案的高效性，在相同的样本量条件下，使抽样误差尽可能小，调查精度尽可能高。

（3）抽样方案的可操作性强，既便于具体抽样的实施，也便于后期的数据处理。

3. 抽样的分层

根据调查的需要将调查总体分为必选层和抽选层两大类。

（1）必选层。

必选层为经济水平、教育水平和城市开放性程度等处于国内领先水平的大城市，包括直辖市、省会城市和副省级城市共 36 座城市。城市样本的选择方式为选取国内生产总值（GDP）、拥有教师总数、外国直接投资实际使用外资金额这 3 个指标进行考察，采用因子分析方法对各城市的综合因子得分进行排名，排名前五位的城市进入必选层。必选层的调查对象为这些城市的市辖区居民，该层最终调查单元均划为城市家庭户。

（2）抽选层。

抽选层的调查总体由必选层以外的城市、农村家庭户组成。抽选层划分为区层和县层（包含县级市和县），采用人口密度、非农业人口比重和人均地区生产总值这 3 个指标，在区层和县层中分别进行因子分析，得到区层和县层内各个区县的综合因子得分；在对综合因子得分进行排名的基础上将区层进一步分为 19 层，县层进一步分为 31 层，抽选层共细分为 50 层。

4. 各阶段抽样单元

调查采用分层三阶段概率抽样。第一阶段抽样单元的必选层和抽选层有所不同，必选层以街道作为第一阶段抽样单元，这样可以细化抽样框，使样本点相对分散，避免由于抽样框过粗而导致样本有偏。抽选层以区、县级市、县作为第一阶段抽样单元，由于全国区、县级市、县的数量较多，以其作为初级抽样单元比较合适。必选层第二阶段抽样单元为居委会，抽选层第二阶段抽样单元为居委会或村委会。两个层面的第三阶段抽样单元都为家庭户。

5. 样本量的界定及其分配

根据以往的调查经验，调查设定目标样本量为 1.2 万户，其中必选层为 2000 户，抽选层为 1 万户。

必选层抽取 40 个初级抽样单元（街道），每个初级抽样单元抽取 2 个二级抽样单元（居委会），每个二级抽样单元中抽取 25 个家庭户，总样本量为 2000 户。

抽选层抽取 100 个初级抽样单元（区、县级市、县），每个初级抽样单元中抽取 4 个二级抽样单元（居委会或村委会），每个居委会或村委会中抽取 25 个家庭户，总样本量为 1 万户。

目前，我国城市常住人口数与农村常住人口数基本持平，由于城市居民主体的各方面差异相对明显,方差较大,因此将样本量的城乡分配比例确定为6∶4。

根据第一阶段样本量的分配结果,必选层中共抽取80个居委会,共计2000户,因此抽选层内城乡家庭户数需分别为5200户和4800户,才能满足城乡分配比例为6∶4的要求。由于抽选层每个初级抽样单元下抽取4个二级抽样单元(居委会或村委会),每个二级抽样单元内最终抽样单元的目标样本量均为25,因此,对城乡样本比例的控制使得抽选层居委会与村委会下的城乡样本比例达到5200∶4800,即抽选层中的居委会与村委会样本个数比为208∶192。

(三)研究设计

中国综合社会调查的议题框架是社会结构、生活质量及其二者之间的内在连接机制。

1. 社会结构

调查同时采用定位法和关系法呈现中国社会结构的全景画面。调查指标包括社会阶层、政党和利益群体、工作和社区组织、家庭和亲子关系、人际和组织之间的网络,以及由人口和社会经济变量(如性别、年龄、民族、宗教、教育、职业、收入、产权、财富等)定义的分组。

2. 生活质量

对生活质量的测度包括五个维度,即健康层面、人口层面、心理层面、社会经济层面和政治/社区层面。该议题主要关注的问题有:人们的健康和预期寿命的质量如何?人们精神健康的状况、压力程度和心理福利如何?人们对于工作、家庭、社区和生活的满足程度如何?人们的消费水平和消费模式是什么?人们对于生活水平和生活方式的满足程度如何?人们的政治和社区生活的状况如何?人们对当地和国家政治事务的参与度如何?等等。

3. 内在连接机制

调查注重社会结构和生活质量之间的四个层面内在连接机制:个人层面的机制包括认知和心理过程的变量;人际层面的机制体现在通过强弱关系建立起来的人际关系网络;组织层面的机制集中体现在家庭、社区和工作单位三个方面;制度层面的机制是正式与非正式的规则和制度,以及内在化的社会价值观。

调查中涉及的问题包括:是什么机制连接了社会结构的维度和生活质量的重要层面?在个人层面,影响人们生活质量的认知和心理过程是什么?在人际层面,通过什么社会结构过程提高或降低人们的生活水平?这个过程中社会网络起到了怎样的作用?在组织层面,资源是怎样在组织之间分配从而影响人们的生活福利?市场转型是如何影响不同阶层、组群、组织、个人或家庭的生活质量和机会的?等等。

(四)调查问卷

中国综合社会调查的调查问卷由三个部分构成。(1)核心模块:调查全部样本,核心模块的调查内容为年度调查,每年的调查问题都固定不变。(2)主题模块:调查全部样本,主题模块的调查问题5年重复一次,两次调查内容的重合率大于80%。(3)附加模块:调查1/3或1/4的随机样本,附加模块的调查内容不确定是否重复调查,也不确定重复的周期和重复内容的比率。

核心模块与主题模块主要服务于描述与解释社会的发展变迁,附加模块则主要服务于跨国比较研究。在整个研究周期内,核心模块是保持固定不变的。核心模块的调查目的是针对调查对象给出一个基本且全面的图景,其特点在于求全面而不求深入。如研究者需要对某一方面的主题进行深入研究,则可以在某次双年度调查中加入此方面的主题模块。

四、问题探讨

(1) 什么是抽样调查?
(2) 抽样调查具有哪些特点?
(3) 抽样调查的适用范围是什么?
(4) 抽样调查的实施步骤有哪些?
(5) 抽样设计的原则有哪些?

五、小结:知识梳理

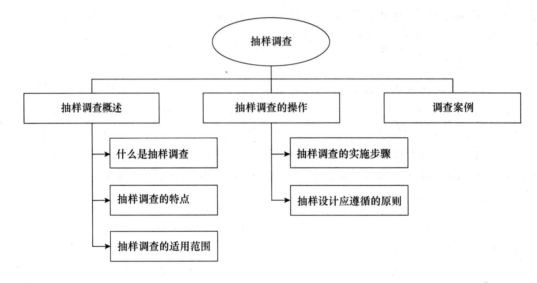

任务八

典型调查

能力目标

1. 掌握典型调查的含义和特点。
2. 掌握典型调查的适用范围。
3. 掌握典型调查的实施步骤。
4. 具备选择典型的能力。

调查案例

农村基层党组织在村集体经济发展中的关键性引领作用——基于南街村、周家庄与官桥八组的典型调查。

具体任务

1. 选择典型调查的课题。
2. 设计典型调查的方案。
3. 讨论典型调查的实施过程。

实训步骤

1. 确定一个你感兴趣的调查课题,选择典型并设计出典型调查的方案。
2. 讨论如何实施该项典型调查。

一、典型调查概述

（一）什么是典型调查

典型调查是指研究者根据调查的目的和要求，在对所要研究的对象进行初步分析的基础上，有意识、有目的地选择有代表性的典型单位作为调查对象，通过对典型单位进行周密细致的调查来了解调查总体的一种调查方式。

典型调查侧重于对事物的质的方面做深入的研究，它可以反映调查对象的内在本质及其发展变化的规律。此外，典型调查在一定程度上具有推论意义，研究者可以通过对个别典型单位的调查来推论一般总体的情况。

（二）典型调查的特点

典型调查具有以下五个方面的特点：

第一，典型调查的调查对象是研究者根据研究目的和要求有意识地选择的，但这种选择并不是任意地取舍，而是在对客观事实进行科学分析和研究之后，选择的最有代表性的典型单位。

第二，典型调查是以研究者对调查对象进行直接调查和深入细致的剖析而取得的第一手材料为依据，探求并揭示事物的本质及其发展规律，其调查资料主要用于定性分析。

第三，典型调查需要研究者深入实际，通过开座谈会、个别访问、交谈等方式，收集第一手资料，其调查方式是面对面的直接调查。而其他类型的调查，既可以是直接调查，也可以通过电话调查、自填问卷调查、统计调查等间接调查的方式来收集资料。

第四，典型调查只对总体中的少数典型单位进行调查，调查中使用的调查工具也不多，大大节省了人力、物力和资金，缩短了调查时间，运用起来简便、灵活、高效。

第五，典型调查也具有自身的局限性。首先，典型调查大多适用于范围较小、同质性较强的研究总体，对于较大范围的总体就不太适用。其次，典型调查的调查对象是研究者根据自己的分析和判断选择的，容易受个人主观因素的影响。一般来说，成功的典型调查往往需要研究者具有较高的思维能力和敏锐的洞察力。再次，典型调查是由个别的典型推论一般的总体，这种推论往往不能保证其准确性，调查结论的适用范围也难以确定。最后，典型调查收集的资料只能用于定性分析，难于进行科学的定量分析。

（三）典型调查的适用范围

典型调查可以帮助研究者真实、迅速地了解全局，因而具有广泛的用途。

第一，研究者通过典型调查可以分析、研究新生事物，及时反映新情况、新问题，从而确定事物的发展方向，形成科学预见。

第二，典型调查通过研究者对调查对象进行深入细致的分析，可以揭示事物发生、发展的过程及其与各个方面的联系，了解事物发展变化的规律。

第三，研究者通过典型调查可以对社会事物或社会现象的详细情况做更加深入的调查研究，弥补普遍调查的不足。

第四,研究者通过典型调查可以深入实际,倾听各方面的意见,了解新的政策、措施、方法的可行性,为最终决策提供依据。

第五,研究者可以通过典型调查进行类型分析,对调查对象进行分类,并通过对不同事物的比较,得出事物之间的差异和相互关系,总结正反两方面的经验,从整体上推动工作、方针、政策的落实。

二、典型调查的操作

(一)典型调查的实施步骤

(1)确定调查课题。研究者根据工作任务的需要,选择调查课题,确定调查题目。

(2)进行初步分析。研究者通过查阅资料、听取汇报、观察、开展访谈等手段对调查总体做一般性的了解和初步的分析。

(3)选择调查对象。研究者在对调查总体进行初步了解的基础上,根据调查目的对调查总体进行科学分类,并在各个类别中选择具有代表性的典型作为调查对象。一般来说,对于异质性较小的总体,研究者选择的调查对象可以较少一些;对于异质性较大的总体,研究者可以按照总体的不同类别分别选择调查对象。

(4)开展深入调查。研究者进驻调查单位,围绕调查目的和调查任务,按照调查提纲收集调查资料。典型调查需要研究者全面地掌握第一手资料,在资料收集过程中可以采用观察、访谈、座谈等具体方法,资料的收集尽可能要深入、全面、细致。

(5)整理分析资料,做出恰当推论。研究者通过典型调查收集到的资料往往十分庞杂,需要进行细致的整理和加工、深入的分析和研究,并在此基础上得出结论。需要注意的是,典型调查中每个典型都具有一定的代表范围,因此,典型调查的结论只能用于它所代表的范围,不能任意夸大或推广典型调查的结论。

(6)整理调查资料,完成调查报告。研究者在整理和分析资料的基础上,撰写调查报告,对调查资料进行全面总结,并提出工作建议。

(二)如何选择典型

典型的选择是做好典型调查的关键。典型调查的调查对象必须具有典型性,否则就不能代表总体的特征。一般来说,典型的选择要注意以下三个方面的问题:

一是要明确调查目的和研究主题。调查目的不同,研究者选择的典型也不相同,因此,研究者必须根据调查目的和研究主题来选择典型。

二是要明确研究总体的一般特征。研究者选择典型是为了代表总体,因此,研究者必须对总体进行全面科学的分析,总体的一般特征是选择典型的重要依据。

三是要对选择的若干典型进行反复的比较和筛选。典型的选择不是一次性完成的,研究者必须首先选择一批典型,然后从各个方面进行反复的对比研究,找出最具代表性的典型。

三、调查案例

农村基层党组织在村集体经济发展中的关键性引领作用
——基于南街村、周家庄与官桥八组的典型调查[①]

（一）问题的提出

党的十八大、十九大明确强调壮大农村集体经济，但回顾农村集体经济改革开放 40 多年的发展历史，受"分有余而统不足"的体制与制度禁锢，农村集体经济遭遇严重困境，广大中西部地区的农村集体经济举步维艰。新时期，发展壮大农村集体经济迫切需要找准关键因素，抓住关键环节，实现新的突破。

（二）典型案例的选择

南街村、周家庄和官桥八组——三者同为我国村集体经济发展的明星村，基层党组织在农村集体经济发展探索上所取得的丰硕经验值得探讨。表 2-11 和表 2-12 分别介绍了三个典型案例的概况和集体经济状况。

表 2-11　三个典型案例的概况

典型村	所在地	集体经济类型
南街村	河南省临颍县	以行政村为统一核算单位的农村集体经济典型
周家庄	河北省晋州市	以行政乡为统一核算单位，实行合作社、生产队两级管理的农村集体经济典型
官桥八组	湖北省嘉鱼县	以生产队为统一核算单位的农村集体经济典型

三个典型案例的共性在于：三者皆拥有多个村办集体企业，村级资产都超过 10 亿元，年上缴税金都在数千万元以上，皆先后获得"全国文明村""全国先进基层党组织"等荣誉。

表 2-12　三个典型案例的集体经济状况

典型村	村办集体企业/个	村级资产/亿元	年上缴税金/万元
南街村	26	12	6100
周家庄	18	20	2960
官桥八组	12	25	19800

（三）典型案例的分析

南街村、周家庄与官桥八组在农村集体经济发展中所取得的成就得益于历史机遇与时代发展的共同作用，是多种有利因素相互融合的结果。每个案例虽然具有独特而不易效仿的历史经验，但从中探索出的农村集体经济发展经验是可复制的。

[①] 毛铖.农村基层党组织在村集体经济发展中的关键性引领作用：基于南街村、周家庄与官桥八组的典型调查[J].中共福建省委党校学报,2019(4):81—88.(有删改)

1. 头雁型领导者

南街村有王宏斌,周家庄有雷金河和继任者雷宗奎,官桥八组有周宝生。他们都是农民出身,却德才兼备、领导才能突出、驾驭市场能力强,且能够以优秀的党员标准率先垂范、廉洁奉公,因而亲和力强,威望和号召力高。

2. 团结齐心的农村基层党组织

在头雁型领导者的带领下,农村基层党组织坚持民主与集中相结合的组织领导与决策体制,团结向上、同心共德,基层党组织的战斗力强、群众堡垒坚固,因而在村集体经济发展上事半功倍。

3. 科学合理的选贤任能机制

三个典型村的选贤任能机制呈现出一个共同的特点,即领导干部民主选拔与专技人才市场引进内外结合、合二为一。村级领导干部的选拔,坚持德才为本,采用群众民主推举、干部公开竞聘、上级党组织考核任命三结合的民主选拔机制。村办集体企业的管理人才和技术专家则采取与市场接轨的人才引进机制。这种选贤任能机制有效剔除了人才身份壁垒,既有利于内生型人才成长,也有利于外生型人才引入,有效保障了组织队伍与人才队伍的稳定与发展。

4. 以服务农民群众为中心的工作作风

三个典型村皆视农民的根本利益和根本需求为第一要务和行事准则。三个典型村有一个共同特点,即村民享有平等且优厚的各项公共服务,如住房、教育、医疗、养老、水、电、气、食物供应,以及通信、文化、娱乐等 20 多项免费公共服务。

5. 因村制宜与实事求是的管理规章制度

三个典型村在几十年的发展过程中,逐渐形成并完善了符合本村实际、实事求是而又行之有效的管理规章制度,这套管理规章制度是组织规章管理制度、经营管理制度、分配管理制度和村规民约的有效结合和充分融合(参见表 2-13)。

表 2-13 三个村的管理规章制度

典型村	村规民约	组织规章管理制度、经营管理制度与分配管理制度
南街村	《南街村村规民约》	《十星级文明户管理制度》 《"工资＋供给"分配制度》等
周家庄	《周家庄社规民约》	《党员十要十不要》 《"三包一奖"与"劳动定额"责任制》等
官桥八组	《官桥八组组规民约》	《田野集团制度汇编》等

(四)调查结论

三个典型村的历史经验充分证明:农村基层党组织对发展壮大农村集体经济具有十分重要的地位和作用,这种作用可归结为关键性引领作用,既包含着核心领导作用,也包含着在农村集体经济发展中所发挥的引导、示范、带动作用。

四、问题探讨

(1) 什么是典型调查?

(2) 典型调查具有哪些特点?

(3) 典型调查的适用范围是什么?

(4) 典型调查的实施步骤有哪些?

(5) 如何选择典型?

五、小结:知识梳理

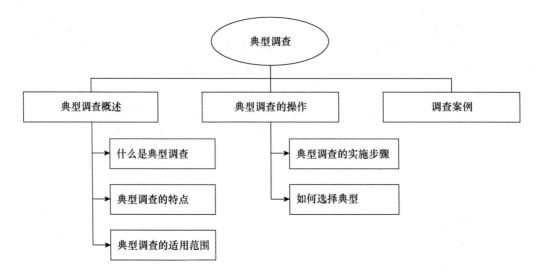

任务九

个案调查

能力目标

1. 掌握个案调查的含义和特点。
2. 掌握个案调查的适用范围。
3. 掌握个案调查的调查单位。
4. 掌握个案调查的实施步骤。

调查案例

W市J社区新冠肺炎疫情防控的个案研究。

具体任务

1. 选择个案调查的课题。
2. 设计个案调查的方案。
3. 讨论个案调查的实施过程。

实训步骤

1. 选择你感兴趣的个案调查课题,并设计个案调查的方案。
2. 讨论如何实施该项个案调查。

一、个案调查概述

（一）什么是个案调查

个案调查是指研究者选取某一社会单位，如将个人、家庭、组织、社区等作为调查对象，对其进行深入、细致的调查，收集与其相关的调查资料，并详细描述和分析事物或事件产生、发展的全过程的一种调查方式。

个案调查是一种深度调查，它能够全面地把握个案的全貌，研究者不仅要了解调查对象的现状和历史，还要了解其周围的社会背景与各种社会联系，并在此基础上得出关于社会结构和社会过程的一般理论。

（二）个案调查的特点

个案调查具有以下特点：

第一，个案调查是研究者通过深入调查、详细剖析，从而透彻了解个案的全面情况，具有质的深度和社会的实在性。社会研究往往是从个案调查开始，在深入认识个别事物的基础之上再扩展到对社会现象的普遍性认识。

第二，在个案调查中，研究者在确定调查题目时，就确定了所要调查的个案，其调查对象在调查过程中是不可被替代的，因此，在个案调查的过程中不存在选择调查对象的问题。

第三，个案调查不是研究者客观地描述大量样本的统一特征，而是主观地洞察影响某一个案的独特因素，是为了解决具体问题而对个案单位进行详细的解剖，侧重于对个案本身的具体分析和研究。

第四，个案调查的调查资料是通过研究者与调查对象进行较长时间和较为密切的接触获得的，它能够反映个案的整体情况，具有精确、全面的特点。研究者通过对这些调查资料的分析得到的调查结论是对个案实际状况的描述，因此较为真实、可靠。

第五，在个案调查中，研究者可以根据实际情况采用参与观察、深度访谈、生活史研究、个人文献分析、社区研究等灵活多样的调查方法，这也使研究者可以在调查中充分发挥自己的主观能动性和想象力，使调查资料丰富生动，调查结果详细深刻。

第六，个案调查也有一定的局限性。首先，在个案调查中，研究者要对调查对象的整体状况进行详细的描述，为此设计一种客观的观察和记录的方法是很不容易的。研究者在调查中如果只去观察自己希望观察到的现象，就会导致调查结果缺乏客观性。其次，个案调查是对个别的、具体的个案进行的调查，其调查结果缺乏普遍性，如果把个案调查的结论推广到一般的社会现象中就容易出现以偏概全的问题。最后，在个案调查中，研究者要详细了解调查对象的具体情况，搞清调查对象的来龙去脉，这往往需要研究者花费大量的时间深入实际进行调查分析，因此个案调查是比较耗费时间的。

（三）个案调查的适用范围

个案调查对社会现象的考察具有很强的深入性和全面性，其资料收集丰富，调查研究深入，能够为研究者全面地了解个案的特殊情况及其与其他社会方面错综复杂的关系和影响提供依据，因此，个案调查常常作为量化调查研究的辅助和补充。此外，个案调查还在社会研究领域中被广泛地独立使用。

根据个案调查对象的不同,个案调查可以分为以下三个方面:

1. 各类人员的个案调查

各类人员的个案调查是指研究者对社会生活中的个人或按不同标志区分的社会类属所做的社会调查。例如,按性别分类,有男性个案调查、女性个案调查;按年龄分类,有老年个案调查、中年个案调查、青少年个案调查、儿童个案调查;按职业分类,有工人个案调查、农民个案调查、教师个案调查、演员个案调查等。通过对个人或社会类属进行个案调查,研究者可以了解各类人员的生活状况、心理特征、社会需要等方面的问题,有利于有的放矢地解决社会中出现的实际问题。

2. 各类社会组织的个案调查

各类社会组织的个案调查是指研究者对社会生活中按不同标志区分的社会群体所做的社会调查,如家庭个案调查、学校个案调查、企业个案调查、社区个案调查等。研究者可以通过对社会组织的个案调查把握各类社会组织的基本状况和发展趋势,使其更好地发挥作用。

3. 各类社会问题的个案调查

各类社会问题的个案调查是指研究者为了解决社会问题而对某些不良的社会现象或社会事件进行的社会调查,如青少年犯罪个案调查、离婚个案调查、贪污个案调查、吸毒个案调查等。通过对社会问题的专门性调查研究,研究者可以分析判断社会问题的性质、影响范围、具体情况、产生原因和发展趋势等,有利于社会问题的预防和解决,从而促进社会的良性运行。

二、个案调查的操作

(一)个案调查的调查单位

个案调查的调查单位可以是一个人、一户家庭、一个工厂、一所学校、一个小群体,也可以是一个社区或一个社会事件。个案调查的调查单位不同,研究者采用的调查方法也会有所不同。

比如,针对个人的个案调查,除了观察和访谈之外,研究者还经常采用个人生活史的调查方法;而对于家庭、学校、小城镇等的个案调查,研究者可以采用家庭史、校史、地方志等不同的调查方法;当个案调查的调查对象是社区时,通常采用参与观察、访谈、收集当地现有文献等调查方法。有时,研究者为了获得更为丰富和深入的资料,还需要在该社区生活一段时间,参与当地人的社会生活。

(二)个案调查的实施步骤

1. 立案并建立研究档案

立案,即研究者确定调查课题和调查个案。个案调查的调查对象是唯一的,因此,研究者在确定调查课题的同时,所要调查的个案也就确定了。立案有两种形式:一种是研究者根据理论研究或实际工作的需要选择调查课题和调查个案,称为主动立案;另一种是研究者应他人的请求或要求进行立案,称为被动立案。建立研究档案是指研究者为调查个案登记、编号、记录立案的依据和理由等。立案后所确定的调查对象称为案主。

2. 调查设计

调查设计是指研究者进行调查前的准备工作，包括了解案主的一般情况，设定调查的指标体系，确定调查的主要内容和调查人员的组成等。

3. 访问案主

研究者访问案主是为了进一步详细地了解案主的基本情况和背景资料。研究者是否能够顺利地访问案主并获得研究者需要的、可靠的调查资料关系到整个调查的成败。为了访谈的顺利进行，研究者与案主初次接触时，除了要掌握一般的访问技巧之外，还应注意以下三个方面：

第一，研究者要在初次见面时打消案主的顾虑，访谈开始时，不要提出实质性和敏感性的话题，要从一般性的日常话题谈起；

第二，研究者在与案主初次接触时要热情亲切，从形象、言谈、举止等方面给案主留下良好的印象，以便尽快与案主建立信任；

第三，访问过程中，研究者要耐心、仔细地倾听案主的谈话，引导案主畅所欲言，并注意案主在谈话中提到的新线索，抓住时机，顺藤摸瓜，从而积累广泛而深入的个案资料；

第四，在初次的自由式访谈中，研究者尽可能不要在案主的面前做记录或录音，而应在谈话结束后及时做好追记。

4. 收集资料

收集资料又称取证，是指研究者使用各种调查方法和调查手段收集与案主有关的各种材料。收集资料是整个调查的关键。个案调查收集的材料有以下两种类型：

一是静态资料，即各类现存的有关资料，如书信、日记、照片、档案、录音、录像等。

二是动态资料，即反映案主现实活动的资料，如案主的行为方式、思想倾向、心理状况等。这些资料往往需要研究者深入现场，通过对案主的实地观察或深度访谈获得。

研究者应注意的是，资料的收集要紧紧围绕调查课题全面、深入地进行。

5. 分析判断

分析判断是指研究者对收集到的资料进行核实、整理、分析和研究，从中得出相关的判断和结论，科学地揭示出事物的特征及其发展规律，并提出有针对性的建议和解决办法。与典型调查相比，个案调查并不停留于对现象的描述，而是更加注重揭示现象之间的因果联系，为实际问题的解决或理论的建构提供基础。在个案分析中，研究者要尽可能站在案主的立场上研究问题，从第三者的角度进行观察和分析，以确保与案主在理解上的一致性。

6. 撰写结论性调查报告

结论性调查报告可以分为初始报告和终结报告。初始报告包括研究者通过调查得到的初步的结论和意见，需要研究者进一步通过社会实践进行验证，再通过修正和补充形成终结报告。

三、调查案例

W市J社区新冠肺炎疫情防控的个案研究[①]

(一)问题的提出

社区不仅是危机发生的第一场所,同时也是应急管理的前沿阵地。因此,实施以社区为基础的应急管理策略对夯实国家应急管理体系至关重要。韧性治理被普遍认为是一种更具自主性、适应性和变革性的可持续治理思路,它强调社区应急管理需从单一主体、单个领域的调适向"主体+机制+资源+技术"的多轮驱动创新转型,为社区应急管理的理念更新和实践拓展提供了新视角。据此,本文以韧性治理为理论观察工具,采用个案研究法,尝试对城市社区应急管理过程中韧性治理的实现机制、关键挑战及实践转型做出系统性探析,以期对新常态背景下实现社区善治有所裨益。

(二)个案选择与资料收集

1. 个案选择

案例材料源自笔者202×年3月至202×年6月对W市J社区新冠肺炎疫情防控的田野调查。W市J社区的具体情况见参见表2-14。

表2-14　个案情况介绍

区位与人口	社区类型	典型性
J社区位于W市三环线附近,占地总面积37.4万平方米,建筑面积88万平方米,有79栋楼宇,共计8000余户居民,常住人口约为1.5万人,是其所在街道中人口规模最大的社区	典型的新老小区混合社区。J社区所属的J小区建于2000年,居民群体较为单一,老龄人口比例高;而L小区则是2016年新建的商品房小区,社区居民具有年轻、新婚、流动等特征	J社区这样一个人口特征复杂、硬件条件一般的社区,却在新冠肺炎疫情防控过程中表现出色,成为W市疫情"从有到无"的典型社区(即疫情传播后被及时遏制且恢复最快的典型社区)

2. 资料收集

为了确保研究的全面性和客观性,笔者通过多渠道收集相关资料(参见表2-15)。

表2-15　个案资料收集

一手资料	二手资料	参与观察
通过半结构化访谈对街道工作人员、社区居委会负责人、物业人员、业委会成员、志愿者和居民等关键知情者进行访谈	收集社会媒体、W市"微邻里"平台发布的关于J社区疫情防控的信息,作为补充材料	课题组研究人员以志愿者身份多次参与J社区的服务活动,现场体验J社区的防控行动,积累了丰富的研究素材

(三)个案分析

研究者通过调研发现,J社区通过采取"自上而下"与"自下而上"相结合、全面关注脆弱性群体、积极吸纳社会力量、拓展数字技术应用场景等行动策略,有效保证了基层应急管理的整体效度。

[①] 陈涛,罗强强. 韧性治理:城市社区应急管理的因应与调适:基于W市J社区新冠肺炎疫情防控的个案研究[J]. 求实,2021(6):83—95.(有删改)

1. "自上而下"与"自下而上"相结合

面对重大突发公共卫生事件,"自上而下"的政治动员机制保证了社区应急管理中的"国家在场",并将国家的宏观治理图景拓展到社区场域中,不仅为社区动员提供了制度空间,更保证了社区在应急管理中的权威性与合法性。新冠肺炎疫情暴发后,W市召开了调度会,J社区制定了防控的相关细则,社区干部和工作人员按要求开展工作,这种"自上而下"的政治动员机制,为各方主体职责的明晰和防控流程的规范奠定了基础(参见表2-16)。

表2-16 "自上而下"的政治动员机制

调度会	制定细则	机制运转
从202×年1月23日开始,W市各区每晚六点半召开一次由区领导主持的调度会(包括视频调度会),并要求街道部门深入社区,靠前指挥。由此,J社区形成了以街道党工委为核心,社区党委会、居委会、物业公司三方联动的工作机制	在街道部门的指导下,J社区针对不同阶段的重点任务,迅速制定了《J社区重点人员排查操作细则》《J社区防控新型冠状病毒感染的肺炎疫情应急处置流程》《J社区肺炎防控重点人员居家观察操作细则》《J社区楼宇肺炎疫情防控操作细则》《J社区双报道、双报告下沉社区服务活动细则》	街道部门介入后,社区干部于第一时间熟悉、掌握处置流程,一线工作人员按流程开展工作,社区应急管理机制也得以迅速运转。 党和政府通过"自上而下"的政治动员,让政府、事业单位干部和党员下沉到社区协助开展工作。上级明确规定,凡是涉及社区疫情防控的事项,都以社区党组织为责任和执行的主体,辖区内各部门和企事业单位都应全力协助。下沉干部到岗后,将工作任务进行了分配并落实到人,每个人都很配合并且执行效率非常高

相较于"自上而下"的政治动员机制,"自下而上"的志愿机制则提倡以社区作为应急管理的基础单元,有效发挥社区的动员作用,激发社区居民的潜在能量和自救意识,消除社区对上级部门的依赖心理(参见表2-17)。

表2-17 "自下而上"的志愿机制

五层治理机制	"小网格队伍"
J社区以"党建引领、多元参与"为工作思路,在辖区成立了2个网格党支部、17个楼栋党小组、8个党员中心户,将203名在册党员分布到各网格中,把服务触角延伸到楼、到户、到人,形成了"自下而上"的"居民—楼栋—小区—网格—社区"五层治理机制	J社区建立了一支"小网格队伍",疫情期间,这支来自社区、了解社区的队伍,在服务过程中表现出了很强烈的主动性、共情性和同理心

2. 全面关注脆弱性群体

在重大突发公共卫生事件爆发过程中,老年人、儿童、基础疾病患者、流动人员等是社区的主要脆弱性群体。一方面,租户、复工复产等流动群体容易成为风险源,导致风险扩散;另一方面,老年人、儿童、基础疾病患者等群体面对突发风险时的自我保护意识和自救能力较弱,且受到突发风险影响后的修复时间往往更长。因此,脆弱性群体的规模在一定程度上决定了社区脆弱性的高低。W市针对脆弱性群体提出了"四色管理法",实现了对脆弱性群体的有效管理(参见表2-18)。

表 2-18　针对脆弱性群体的"四色管理法"

"四色"甄选	疫情管理图	动态管理
社区居委会利用信息数据库,派网格员对社区居民进行初步筛选;进而,按照人口特征及其抗风险能力,甄选出高脆弱性群体、中脆弱性群体、一般风险群体和低脆弱性群体,分别对应红色、橙色、黄色、绿色	红色代表独居老年人、儿童、基础疾病患者等群体,橙色代表贫困户、残疾人等群体,黄色代表租户、复工复产等流动群体,绿色代表一般关注群体。社区将辖区内部的风险热点编制成疫情管理图,以挂图作战的方式,实现脆弱性群体信息的每天更新及动态管理	对租户、复工复产人员等容易造成风险传递的群体,社区采取相应的管控措施,如向来自中高风险地区的返乡人员发放红色卡片,在跟踪管理 14 天后换成绿色卡片。针对老年人、儿童等抗风险能力弱的群体,社区以保护措施为主,如采取点对点的上门服务以减少其暴露性。这种办法不仅能有效阻断风险源、降低风险流动,更有助于提升居民对社区的信任,增强社区工作者的效能感

以社区为基础的应急管理模式的优势在于其能够全面地、持续地关照脆弱性群体。从 J 社区脆弱性识别策略可知,采用基于证据的风险识别方法来应对重大突发公共卫生事件,有助于风险管理者准确识别其不确定性和危害性。识别高风险群体与高脆弱性群体能够使社区有效地进行分类管理,实施针对性措施,从而避免"一刀切"的简单粗暴管理方式。

3. 积极吸纳社会力量

以社区为基础的应急管理模式提倡建立长效的参与机制,推动基层管理者、企业、社会组织、社区居民等主体的协同合作,形成渐进参与式的治理格局。J 社区引导本社区社会组织有序参与社区防疫服务行动,充分发挥了社会组织的作用(参见表 2-19)。

表 2-19　发挥社会组织的服务功能

社会组织状况	发挥社会组织作用
J 社区现有社会组织 16 个,其中在民政局正式注册的有 5 个,备案的有 11 个。在防疫过程中,社区居委会通过与不同类型社会组织的对接联系,引导它们有序参与社区防疫服务行动	社会组织在社区服务、科学普及、心理修复等不同领域都发挥着重要作用。比如,为了协助社区疫情防控工作的顺利开展,J 社区爱心服务协会在疫情期间为社区老人和医护人员累计免费理发 5000 多人次。J 社区居委会与辖区内××大学医学院杏林协会合作,制作了防疫常识专栏,并进行"线上"推送。疫情得到控制后,为了帮助社区老年人走出心理阴霾,J 社区老年协会先后开展了 3 次"阳光驻心田"活动

以社区为基础的应急管理模式在吸纳社会力量参与方面具有显著的优势。第一,与政府应急力量相比,社会力量具有扁平化结构特点,能够灵活、便捷地为居民提供服务。第二,针对危机事件的不同情况,社会力量能够凭借自身的专业知识和丰富技能,为居民提供不同的服务。第三,社会力量依托自身的社交网,以较快的速度在最大范围内动员、辐射周边群众,推动了群众由被动参与"社会动员"向主动"动员社会"转变。

4. 拓展数字技术应用场景

J 社区通过广泛利用数字技术,在"智能化"排查、"高效化"管理及"云端化"服务等方面拓展了应急管理的应用场景(参见表2-20)。

表2-20 广泛利用数字技术

"智能化"排查	"高效化"管理	"云端化"服务
J社区依托"线上体温自测上报系统"及"健康码"等数字技术的应用,搭建了"大数据+网格化"模式,通过数据比对、卡口过滤、网格兜底的完整程序,对辖区内密切接触者、疑似病例和企业复工复产人员等进行精准筛查,基本实现了运用大数据"找到人"、依托大平台"看好门"、利用大网格"守好门"的排查效果	J社区广泛运用微信、W市"微邻里"等网络平台开展社区防控管理工作。比如,首次将业委会选举工作搬到线上,将业委会竞选视频通过直播、录播的方式在微信群中推送,进而开展线上投票。再如,J社区将社区活动发布到"微邻里"平台,进行线上志愿者招募,拓展了志愿者参与渠道	社区数字技术在科普宣传、远程心理咨询、移动办公、预约口罩等社区公共服务供给方面初显成效。以移动办公为例,J社区改变以往新生儿医保线下办理的模式,居民通过电话预约,居委会随即安排专人对接,居民将相关资料打包上传即可在线办理。J社区还专门组建了一支线上"答疑解惑"工作队伍,通过网络为社区居民提供帮助

拓展数字技术在社区应急管理领域的应用场景,对提升应急效度有重要作用。通过智能技术改变传统的接触式筛查方法,有助于减少风险流动,实现"技术护民";通过整合基层社区大数据平台,有助于实现基层减负,创新"数字社工";通过智能技术优化社区服务方式,有助于提升服务效率,实现"数治便民"。

(四)结论

当前,新冠肺炎疫情仍然在全球范围内肆虐且不断反复,对世界人民的生命安全、生产生活带来巨大的消极影响。我国实施的以社区为基础的应急管理模式在保障人民生命健康与公共生活秩序方面取得了显著成效,成为打赢疫情防控攻坚战的重要策略。本文借鉴"韧性城市""韧性社区"理论,搭建社区韧性治理分析框架,并通过典型个案剖析,勾勒出以社区为基础的应急管理模式的运行机制与行动策略,进而从韧性治理理论视角审视该模式面临的挑战及其转型策略。第一,强调主体能力发展、网络化参与、开放社会资本及数智治理特征的韧性治理,为社区应急管理的理念更新和实践深化提供了新视角。第二,以社区为基础的应急管理模式成为政府应急管理体系的有效补充。通过采取"自上而下"与"自下而上"相结合、全面关注脆弱性群体、积极吸纳社会力量、拓展数字技术应用场景等行动策略,以及以社区为基础的应急管理模式,能在较大程度上保证基层应急管理的整体性、灵活性、适应性和智慧性,从而夯实国家应急管理体系的根基。第三,以社区为基础的应急管理模式尚处探索期,仍存在较大的发展空间。社区应急管理的韧性体系构建,需要警惕社区应急能力内卷、社会资本分散、技术治理悬浮及参与机制不够完善等问题。面向"新常态"社会情景,从治理主体能力培育、治理资源扩容、治理技术嵌入及治理机制强化等多维角度出发,构建全过程、多主体、整合资源的社区应急管理体系,有利于完善一个城市或区域应对重大突发公共卫生事件的准备方式。

四、问题探讨

(1)什么是个案调查?

(2)个案调查有哪些特点?

(3)个案调查的适用范围是什么?

(4)个案调查的调查单位有哪些?

(5)个案调查的实施步骤有哪些?

五、小结：知识梳理

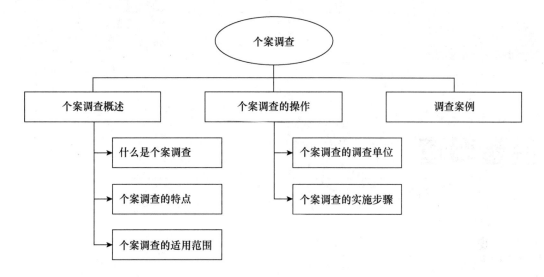

任务十

民意调查

能力目标

1. 掌握民意调查的含义、特点和意义。
2. 掌握民意调查应遵循的原则。
3. 掌握民意调查的基本程序和方法。

调查案例

城郊农民对城镇化安置社区的满意度调查。

具体任务

1. 选择民意调查的课题。
2. 设计民意调查的方案。
3. 讨论民意调查的实施过程。

实训步骤

1. 根据当前社会热点问题,请你选择一个恰当的民意调查课题,设计具体的调查方案。
2. 讨论如何实施该项民意调查。

一、民意调查概述

作为社会预测系统的民意调查起源于19世纪的美国,其最初的形式是地方报纸在总统选举之前举办的预测选举结果的模拟选举。1912年,美国的《文学文摘》杂志主办了规模空前的民意调查,成功预言了总统选举的结果,从而使民意调查成为一种有影响力的调查方法。1936年,乔治·盖洛普主持的美国民意测验所采用分层抽样的方法,仅选取1000人的样本就成功地战胜了《文学文摘》237万选票的调查结果,准确地预测出罗斯福的获胜。乔治·盖洛普的胜利推动了民意调查的科学化发展,并使民意调查的领域扩展到政治、经济、文化、社会等更为广阔的空间。当今,民意调查作为发现和了解民意民情的最为有效的方法之一已经被广泛地使用。改革开放以来,随着社会转型的加快,我国也越来越多地使用民意调查的方法对民众所关心的各种社会问题进行调查研究。

（一）什么是民意调查

民意调查也称民意测验、舆论调查,是指研究者利用现代抽样技术系统地收集社会公众对各种政治、经济、社会问题的感受、愿望、意见、态度、观点、评价等,以了解社会舆论和民意动向的一种调查方式。在我国,民意调查通常被称为社情民意调查。

（二）民意调查的特点

民意调查具有以下五个特点:

(1) 民意调查的对象是公众,其范围既可以是一个国家的全体公民,也可以是某个阶级或阶层的成员,还可以是某个社区、团体、组织或单位的成员。

(2) 民意调查的时间是"当前",反映公众对当前社会热点问题的意见和态度,具有很强的时效性。民意调查反映的是公众当前的民意,是在特定时间、特定地点和社会条件下,受当时、当地的主客观条件的限制,并具有两可性（可能正确,也可能不正确）和不确定性的民意。

(3) 民意调查的主题是社会热点问题,即公众比较关心,并成为舆论焦点的问题,如产品质量问题、服务态度问题、下岗失业问题、社会福利问题、社会治安问题、生活质量问题、生态环境问题,以及国内外重大事件或突发事件等。

(4) 民意调查的内容是公众对社会热点问题的主观意向,既包括感性方面的情绪、感受、意向、愿望和行为倾向,也包括理性方面的判断、评价、态度和观点,这构成了民意调查的主要内容。尽管在民意调查中研究者也会调查调查对象的基本状况,如性别、年龄、文化程度、家庭状况等,但这只是因为统计分析的需要而进行的调查,而非民意调查的主要内容。

(5) 民意调查的目的是把握民心、民情、民意及其发展趋势。无论是兴办与民众有关的社会事业,还是处理关系民众利益的社会问题,都需要了解民情民意、把握民心,因此,民意调查是政治、经济、文化、社会工作者必须关注的一项工作。

（三）民意调查的意义

民意调查具有多方面的社会功能和重要意义,主要体现在以下四个方面:

1. 预测社会发展趋势

科学的民意调查可以把握民众的意向和愿望,预测社会现象的未来发展,并能起到对社会系统运行的质量和后果进行评价、预测的社会预警作用。

2. 影响政府决策

科学的民意调查可以使研究者详尽、准确、有效地了解公众的共同意见和态度，从而为政府的管理决策提供重要的参考依据，为制定顺乎民意的政策提供基础。

3. 反映社会评价

民意调查反映的是公众从不同的社会立场对社会现象的是非评判和价值判断，是对社会舆论、公众心理的一般状况和变化趋势的客观而及时的反映，体现的是公众对社会现象和社会问题的群体性和社会性的评价，从某种意义上来说，这种评价是具有权威性和普遍意义的。

4. 引导社会舆论

民意调查是研究者了解民意的一种方法，但民意调查结果的发布又常常会成为公众关心、议论、思考的议题，从而形成对社会舆论及其变化的引导。

二、民意调查的操作

（一）民意调查应遵循的原则

1. 坚持短、平、快、省的原则

坚持短、平、快、省的原则，即研究者要坚持问卷简短化、问题平民化、时间快速化、花费节省化的原则，从而使民意调查能够比较及时地反映民意，比较准确地推论总体，节省一定的人力、物力、财力和时间。

2. 坚持对民意调查结果具体分析、正确对待的原则

由于民意调查体现的是当前的民意，可能会受到当时、当地主客观条件的局限，因此，民意调查的结果并不能证明民意的是非对错，只能说明民意的多寡强弱。同时，在民意调查中也存在由于受众心理和崇拜权威心理的驱使而使调查对象在回答问题时"随大流""迎合权威"等情况，从而导致民意失真。因此，研究者必须注重对民意调查结果的分析和研究，而非盲目接受民意调查的结果。

3. 要坚持民意调查的科学性原则

非科学的民意调查往往是歪曲民意、愚弄公众的工具。因此，研究者在民意调查的过程中必须坚持科学性的原则，采取中立的调查立场，以确保各种立场、观点的有效表达，执行科学的随机抽样，保证样本的代表性，注重资料收集和分析方法的科学性等。总之，只有科学的民意调查才具有积极的社会功能。

（二）民意调查的基本程序和注意事项

民意调查的基本程序主要包括选择调查课题、设计调查方案、制作调查问卷、抽取调查样本、收集调查资料、整理调查资料、分析调查资料和撰写调查报告八个阶段。

在开展民意调查时，研究者应注意以下几个方面：

（1）民意调查的课题应该选择在当时、当地社会公众比较关心和熟悉的社会热点问题，以突出调查的时效性和调查问题的实际价值。

(2)民意调查的问卷设计应该少、精、简、明,即调查主题要少,一般只集中于一个主题;询问的问题要精,通常电话访问只询问3—5个问题,当面访谈或书面填答只询问10—20个问题;回答方式要简单,调查问卷一般由封闭式问题构成;回答或填写方式要明确而详尽,使调查对象易于了解、便于回答。

(3)问卷设计的语言应严格保持中立,不能有任何倾向性诱导,这是影响调查结果真实、可靠的决定性因素。

(4)调查问卷中的主观指标,如感受、愿望、倾向、评价、态度、观念等,其答案的设计既要包括表示心理状态方向的内容(如喜欢或不喜欢、赞成或不赞成等),也要包括表示心理状态的强度或等级的内容(如非常满意、比较满意、无所谓、不太满意、很不满意等)。此外,在答案中还要设计"其他(请说明)"选项,以便及时记录下原设计答案以外的回答,同时要注重对中立态度、无法表态或不愿表态的相关答案的设计。

(5)调查对象的基本情况是民意调查中不可缺少的内容,包括:调查对象的自然属性,如性别、年龄、民族等;调查对象的社会属性,如文化程度、行业、职业、职务、职称、经济状况、居住状况、政治面貌、宗教信仰等。研究者对调查对象基本情况的调查可以为不同类型公众的民意比较提供客观依据。

(6)民意调查的调查样本一般采用随机抽样的方法进行抽取。民意调查的优点在于只调查很少的样本就能了解社会公众的态度和意见,所以,科学抽样是民意调查的核心。研究者必须正确界定调查总体,编制抽样框,并使用恰当的方法抽取规模适当的样本,既能保证样本的代表性和准确性,也能从研究者的主客观条件出发,降低调查成本。

(7)民意调查的时间选择要恰到好处。民意调查具有很强的时效性,因此,研究者必须选择民意表现最明显、最集中的时机,进行及时而全面的调查,这样研究者才能捕捉到最具真实性的民意。

(8)民意调查的资料收集方法通常采取问卷法,具体的方式有两类:一类是自填式问卷,分为网络或电子邮件发送的电子问卷、通过邮局寄发的邮政问卷、派人送发的送发问卷;另一类是代填式问卷,分为当面访谈的访问问卷、电话访谈的电话问卷。

(9)调查问卷的回收、审核和预处理是民意调查的重要步骤。民意调查的回收率是调查成败的重要标志,因此研究者要设法提高调查问卷的回收率。研究者对回收的调查问卷要严格审查,淘汰不合格的无效问卷,以保证调查结论的可靠性和科学性。调查问卷的预处理是研究者进行统计分析前不可缺少的环节,包括编码、数据录入和清理、缺失数据处理、加权处理四个方面。需要注意的是,民意调查中出现缺失数据的调查问卷不要轻易淘汰,研究者可以采取用中间值来代替,或根据调查问卷中的相关数据信息推算估计值,或通过单项删除等方法处理。此外,民意调查的问卷数据在两种情况下需要作加权处理:一是抽样设计时采取了不按比例的分层抽样,或是调查问卷回收时改变了原设计中各种类型的比例,这时需要对问卷数据作加权处理,使样本分布与总体分布保持基本一致;二是当某些调查项目(如重要指标)、某些调查对象(如专家学者)的意见具有较为重要的意义时,可以适当加大这些项目或调查对象的权重系数,使其在调查结论中占有较大的分量,但这种加权处理需要在调查报告中详细说明。

(10)民意调查的最后一个环节是绘制民意结构图并撰写调查报告。民意结构图可以用 3 条垂直相接的直线来表示,左边的直线表示数量,右边的直线表示百分比,横线表示主观状态的方向和强度(如图 2-1 所示)。民意调查的实效性特点需要研究者尽可能快速地完成调查数据的统计处理和调查报告的撰写,并将调查结果公之于众,以发挥民意调查的社会作用。

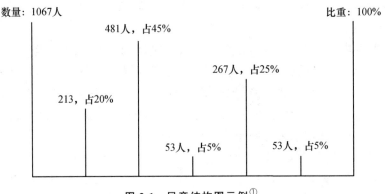

图 2-1　民意结构图示例①

三、调查案例

城郊农民对城镇化安置社区的满意度调查②

(一)研究背景

随着我国城市化进程的快速推进,城郊地区经历了大规模的征地拆迁,越来越多的城郊农民被安置到新建城镇化社区集中居住。对于城郊农民而言,这一过程不仅仅是居住空间的简单位移,而且还是村落生活的全面转型。城郊农民的居住方式和生活环境、邻里关系和社会交往,以及社区组织和公共问题都发生了根本性的变迁。

城郊农民是否能够适应这种变迁,是否能够对新迁入的社区感到满意,并形成对安置社区的归属感,不仅关系着城郊农民市民化转型的平稳推进,也关系着城郊地区城市化的顺利发展。

(二)概念界定与指标设计

社区满意度是居民对社区内的人际互动、价值系统和生活经验的主观认知,特别是对社区环境和社区服务的主观感知,它是社区居民基于社区环境等客观条件对社区生活的主观评价。

为了了解城郊农民对社区环境的满意度,调查采用社区环境问题评价指标进行反向考查,我们将社区环境界定为社区内的物理环境和社会环境,并提出可能存在问题的 7 个项目,分别为"社区治安差""环境卫生差""物业不规范""干群矛盾大""邻里矛盾多""流动人口多""无业人员多"。通过量表测量,我们能够了解城郊农民对这些问题的感知和严重程度的

---

① 水延凯,等.专题调查及实例评析[M].北京:中国人民大学出版社,2003:17.
② 于莉.城郊农民对城镇化安置社区的满意度与归属感:基于 326 位城郊农民的实证研究[J].//天津市社会科学界联合会."四个全面"·创新发展·天津机遇:天津市社会科学界第十一届学术年会优秀论文集(上).天津市社会科学界联合会:天津市社会科学界联合会,2015:135—142.(有删改)

评价。测量采用反向计分法，认为所列社区问题"非常严重"计0分，"比较严重"计1分，"不太严重"计2分，"存在但不严重"计3分，"不存在"计4分。测量得分越接近0分，说明社区问题越严重，城郊农民对社区环境的满意度越低；测量得分越接近4分，说明社区环境问题越不严重或不存在社区环境问题，城郊农民对社区环境的满意度越高。

鉴于城郊安置社区中社区服务的提供者主要以社区组织为主体，所以调查以社区组织工作满意度为指标，考查城郊农民对社区服务质量的满意程度，提出7个社区组织工作项目，分别为"社区事务管理""居民服务""社区文化""社区福利服务""村务公开""民主选举"和"政府委托事务"。测量采用5点计分法，选择"很不满意"计0分，选择"不太满意"计1分，选择"不好说"计2分，选择"比较满意"计3分，选择"非常满意"计4分。测量得分越高，说明城郊农民对社区服务的满意度越高。

（三）数据来源

研究采用判断抽样的方法，在天津市的5个郊区抽取326位城郊农民进行结构式访谈。样本的基本构成参见表2-21。

表2-21 样本的基本构成

变量	取值（赋值）	频率	百分比	变量	取值（赋值）	频率	百分比
性别	女（=0）	196	60.1%	文化程度	小学及以下（=0）	56	17.2%
	男（=1）	130	39.9%		初中（=1）	112	34.4%
年龄	20—29岁（=0）	94	28.8%		高中/技校（=2）	50	15.3%
	30—39岁（=1）	28	8.6%		大专/高职（=3）	42	12.9%
	40—49岁（=2）	94	28.8%		大学本科（=4）	66	20.2%
	50—59岁（=3）	64	19.6%				
	60—69岁（=4）	36	11.0%				
	70—79岁（=5）	10	3.1%				

（四）社区满意度的调查结果

1. 社区环境满意度

通过调查城郊农民对社区环境问题的评价，我们能够了解城郊农民对社区环境的满意度，结果参见表2-22。

表2-22 社区问题评价（$N=326$）

项目	评价	频率	百分比	项目	评价	频率	百分比
1. 社会治安差	非常严重	14	4.3%	5. 邻里矛盾多	非常严重	10	3.1%
	比较严重	44	13.5%		比较严重	6	1.8%
	不太严重	14	4.3%		不太严重	30	9.2%
	存在但不严重	156	47.9%		存在但不严重	170	52.1%
	不存在	98	30.1%		不存在	110	33.7%
	平均值2.86分，标准差1.12分				平均值3.12分，标准差0.88分		

续表

项目	评价	频率	百分比	项目	评价	频率	百分比
2. 环境卫生差	非常严重	28	8.6%	6. 流动人口多	非常严重	24	7.4%
	比较严重	52	16.0%		比较严重	72	22.1%
	不太严重	8	2.5%		不太严重	16	4.9%
	存在但不严重	142	43.6%		存在但不严重	176	54.0%
	不存在	96	29.4%		不存在	38	11.7%
	平均值2.69分,标准差1.28分				平均值2.40分,标准差1.17分		
3. 物业不规范	非常严重	40	12.3%	7. 无业人员多	非常严重	30	9.2%
	比较严重	50	15.3%		比较严重	76	23.3%
	不太严重	20	6.1%		不太严重	36	11.0%
	存在但不严重	122	37.4%		存在但不严重	148	45.4%
	不存在	94	28.8%		不存在	36	11.0%
	平均值2.55分,标准差1.37分				平均值2.26分,标准差1.20分		
4. 干群矛盾大	非常严重	48	14.7%				
	比较严重	48	14.7%				
	不太严重	52	16.0%				
	存在但不严重	100	30.7%				
	不存在	78	23.9%				
	平均值2.34分,标准差1.37分						

测量结果显示,城郊农民对社区环境满意度的平均值为2.60分(标准差为0.589分),处于中等偏上水平。总的来说,城郊农民对各项社区环境问题的评价处于"不太严重"和"存在但不严重"之间(2分<平均值<3分)。城郊农民满意度最高的项目是"邻里关系"(平均值为3.12分),满意度最低的项目是"无业人员问题"(平均值为2.26分)。

2. 社区服务满意度

通过城郊农民对社区组织工作满意度的测量,我们能够了解其对社区服务的满意度,结果参见表2-23。

表2-23 社区组织工作满意度($N=326$)

项目	评价	频率	百分比	项目	评价	频率	百分比
1. 社区事务管理	很不满意	18	5.5%	5. 村务公开	很不满意	72	22.1%
	不太满意	52	16.0%		不太满意	62	19.0%
	不好说	34	10.4%		不好说	46	14.1%
	比较满意	152	46.6%		比较满意	82	25.2%
	非常满意	70	21.5%		非常满意	64	19.6%
	平均值2.63分,标准差1.15分				平均值2.01分,标准差1.46分		
2. 居民服务	很不满意	26	8.0%	6. 民主选举	很不满意	48	14.7%
	不太满意	84	25.8%		不太满意	80	24.5%
	不好说	28	8.6%		不好说	42	12.9%
	比较满意	120	36.8%		比较满意	88	27.0%
	非常满意	68	20.9%		非常满意	68	20.9%
	平均值2.37分,标准差1.28分				平均值2.15分,标准差1.39分		

续表

项目	评价	频率	百分比	项目	评价	频率	百分比
3. 社区文化	很不满意	30	9.2%	7. 政府委托事务	很不满意	8	2.5%
	不太满意	58	17.8%		不太满意	28	8.6%
	不好说	44	13.5%		不好说	88	27.0%
	比较满意	128	39.3%		比较满意	132	40.5%
	非常满意	66	20.2%		非常满意	70	21.5%
	平均值2.44分,标准差1.25分				平均值2.70分,标准差0.98分		
4. 社区福利服务	很不满意	30	9.2%				
	不太满意	76	23.3%				
	不好说	68	20.9%				
	比较满意	102	31.3%				
	非常满意	50	15.3%				
	平均值2.20分,标准差1.22分						

测量结果显示,城郊农民对社区服务满意度的平均值为2.35分,处于中等偏上水平。城郊农民满意度最高的项目是"政府委托事务"(平均值为2.70分),满意度最低的项目是"村务公开"(平均值为2.01分)。

3. 社区满意度综合得分

根据社区环境满意度和社区服务满意度的平均值,最终获得社区满意度的综合得分为2.48分,城郊农民对社区的满意度处于中等偏上水平。

(五)城郊农民社区满意度对社区归属感的影响

1. 社区归属感状况

社区归属感是社区居民对地域人群集合体的喜爱、认同和依恋的情感,它是社区存在和发展的本质特征和重要影响因素,对形成社区向心力,维护社区和谐稳定产生积极的影响。

由于迁入安置社区的时间短,城郊农民缺少社区共同居住的生活记忆,需要重新建构社区内的关系网络和社会资源,重新适应社区生活。因此,城郊农民对集中居住社区尚未形成比较深厚的依恋情感,对安置社区的归属感主要体现为对新社区的认同和喜爱程度。基于这一考虑,我们将社区归属感的测量指标设定为"您是否喜欢搬入安置社区后的社区生活",对该指标的赋值方式为"不喜欢"计0分,"不好说"计1分,"喜欢"计2分。测量得分越高,说明城郊农民对安置社区的归属感越强。

对城郊农民社区归属感测量的结果显示,对于是否喜欢安置社区的社区生活,79.8%的城郊农民选择喜欢,15.3%的城郊农民选择不好说,4.9%的城郊农民选择不喜欢。城郊农民对安置社区的认同和喜爱程度较高(平均分1.75分,标准差0.54分),初步形成较强的社区归属感。

2. 社区满意度对社区归属感的影响

本研究运用多元回归方法分析社区满意度及其两个维度对社区归属感的影响。以社区归属感为因变量,以性别、年龄、文化程度为控制变量,分析结果参见表2-24。

回归分析结果显示,模型 1 到模型 5 中,性别和年龄两个控制变量始终对社区归属感呈现显著影响。根据统计结果,女性社区归属感要强于男性;年龄越大,社区归属感就越强;而文化程度并不对社区归属感产生显著影响。

模型 2 以社区满意度综合得分为自变量建构回归模型,结果显示,社区满意度对社区归属感产生显著正向影响。在控制其他变量的前提下,社区满意度每提高 1 分,社区归属感提高 0.167 分。该模型能够解释社区归属感的 11.9% 的变异。

模型 3 以社区环境满意度为自变量建构回归模型,结果显示,在控制其他变量的前提下,社区环境满意度每提高 1 分,社区归属感提高 0.105 分,且具有显著性。该模型能够解释社区归属感的 8.3% 的变异。

模型 4 以社区服务满意度为自变量建构回归模型,结果显示,在控制其他变量的前提下,社区服务满意度每提高 1 分,社区归属感提高 0.151 分,且具有显著性。该模型能够解释社区归属感的 13.1% 的变异。

将社区环境满意度和社区服务满意度同时纳入模型 5,结果显示,社区服务满意度对社区归属感仍具有显著正向影响,而社区环境满意度的显著影响消失,该模型对社区归属感变异的解释度为 13.1%。

表 2-24　社区满意度对社区归属感的影响

变量名称		模型 1	模型 2	模型 3	模型 4	模型 5
常量		1.542*** (0.109)	1.221*** (0.125)	1.302*** (0.132)	1.307*** (0.114)	1.294*** (0.129)
控制变量	性别	−0.161** (0.060)	−0.169** (0.058)	−0.162** (0.059)	−0.174** (0.058)	−0.174** (0.058)
	年龄	0.098*** (0.029)	0.072* (0.028)	0.090** (0.029)	0.062* (0.029)	0.062* (0.029)
	文化程度	0.049 (0.030)	0.026 (0.030)	0.039 (0.030)	0.022 (0.030)	0.022 (0.030)
自变量	社区满意度		0.167*** (0.035)			
	社区环境满意度			0.105** (0.034)		0.008 (0.040)
	社区服务满意度				0.151*** (0.029)	0.147*** (0.035)
R 方		0.055	0.119	0.083	0.131	0.131

注:(1) 表格中的数据为非标准化回归系数,括号中的数据为标准误。
　　(2) * $p<0.05$,** $p<0.01$,*** $p<0.001$,$N=326$。

(六) 总结与讨论

关于城郊农民对安置社区的满意度和归属感的调研结果显示,城郊农民对安置社区的整体满意度处于中等偏上水平,对安置社区的认同和喜爱程度较高,已初步形成社区归属感。社区环境各项指标的满意度得分从高到低依次为:邻里关系、社区治安、环境卫生、物业规范、流动人口问题、干群关系、无业人员问题,满意度最低得分为 2.26 分,处于中等偏上水平。社区服务各项指标的满意度得分从高到低依次为政府委托事务、社区事务管理、社区文化、居民服务、社区福利服务、民主选举、村务公开,满意度最低得分为 2.01 分,处于中等水平。

在社区满意度的两个维度中,社区服务满意度决定了社区归属感的强度,城郊农民对社区服务的满意度越高,社区归属感就越强。社区环境满意度虽然也对社区归属感产生了显著影响,但在加入社区服务满意度变量后,其显著性消失,这说明社区环境满意度是通过社区服务满意度发挥作用的,社区服务满意度不仅直接提升了社区归属感,而且通过提升社区环境满意度促进了社区归属感的增强。

综上所述,社区居民服务的增强和物业规范化水平的提高,可以显著改善城郊农民对安置社区的归属感。对于城郊农民来说,居住方式的改变、生活环境的变迁,以及邻里关系网络的重构并不是阻碍其对安置社区产生认同感和归属感的显著影响因素。城郊农民对安置社区的归属感首先受到社区服务满意度的影响,提高社区组织的工作和服务水平,可以显著提升居民的社区归属感。此外,社区服务满意度的提高,也会增强城郊农民对社区环境的满意度,进而提升社区的归属感。

四、问题探讨

(1) 什么是民意调查?
(2) 民意调查具有哪些特点?
(3) 民意调查的意义有哪些?
(4) 民意调查应遵循的原则是什么?
(5) 民意调查的基本程序和方法是什么?

五、小结:知识梳理

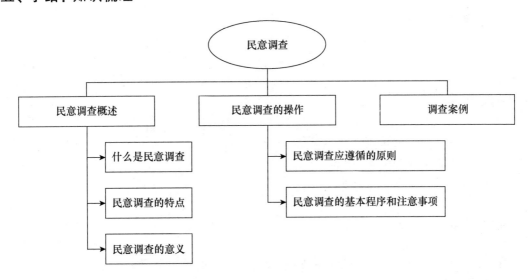

任务十一

社区调查

能力目标

1. 掌握社区调查的含义和特点。
2. 掌握社区调查的意义。
3. 具备设计社区调查项目的能力。
4. 掌握社区调查的方法。

调查案例

城郊农民集中居住社区的社区参与研究。

具体任务

1. 选择社区调查的课题。
2. 设计社区调查的方案。
3. 讨论社区调查的实施过程。

实训步骤

1. 请你选择一个恰当的社区调查课题,设计具体的调查方案。
2. 讨论如何实施该项社区调查。

一、社区调查概述

社区是人们在社会中赖以生存的一种重要形式,同时也是构成整个社会的一个重要单位,它与人们的社会生活以及整个社会的发展有着密不可分的关系。因此,社区调查也日益成为社会调查中的一个热点。

(一)社区调查的含义和特点

社区调查是指研究者以整个社区、社区的某一部分或某一方面的问题作为对象而开展的一种调查方式。

由于目前对"社区"这一概念的解释具有多样性,研究者往往根据自己对社区的界定形成不同的社区观,因此,社区研究的理论基础、研究假设、研究方法、研究结论也都呈现出多样性的特征。

有些学者认为社区调查是以某个社区作为调查对象,所以按照调查类型的划分,应该属于个案调查,研究者应采用实地研究的方法,通过参与观察、访谈,以及收集当地的现有文献等方法来收集资料,以实现对社区风俗、文化、行为规范、历史发展等方面的深入研究,如林德夫妇的中镇研究、费孝通的江村研究。然而,随着现代城市社区的不断发展,社区研究中也出现了大量的对范围较大、人口较多的现代城市社区的调查研究,并发展出社区调查的量化方法,如区域分析方法、因素生态学等。因此,通过统计调查进行社区研究也成为社区调查的重要方式。由此可见,在社区调查中,研究者根据调查目标和所调查社区的特点,既可以采用实地研究的方法,也可以采用调查研究的方法。本任务主要关注的是通过调查研究的方法开展的社区调查。

(二)社区调查的意义

社区调查的意义主要体现在以下两个方面:

第一,通过社区调查,研究者可以对社区的历史和现状进行深入、全面、系统的了解,揭示社区的特征、需求、问题和发展趋势,为制定科学的社区规划、改革社区管理、推动社区建设和解决社区问题提供必要的依据。

第二,社区调查是发展社区理论的基础,社会学领域中的社区区位、社区类型、社区发展、社区组织、社区权力结构、社区功能、社区规划、社区整合等各种社区理论都是以社区调查为基本研究方法的。

二、社区调查的操作

(一)社区调查的基本程序及具体项目

社区调查的基本程序主要包括选择调查课题、设计调查方案、制作调查问卷、抽取调查样本、收集调查资料、整理调查资料、分析调查资料和撰写调查报告八个阶段。社区调查的具体项目主要包括社区规划调查、社区建设调查、社区管理调查和自治组织调查。

1. 社区规划调查

社区规划调查是指研究者对某个社区的性质、规模、各种社会要素的结构和布局,以及

实施规划的步骤和措施等内容做的调查和研究工作。社区规划调查包括以下内容:

(1) 区域性城—镇—乡体系规划调查。

其主要内容有:① 确定规划区内城—镇—乡等级的级数;② 确定各类城市社区、小城镇社区和农村社区的数量和密度、地理方位和具体地址、承担的特殊社会职能及其发展的主要方向、人口规模、占地规模和经济社会发展规模;③ 确定本区域内城—镇—乡社区的组合方式和相互关系;④ 调查实施规划的方法、步骤和措施等。

(2) 城市社区、小城镇社区或农村社区的建设规划调查。

其主要内容有:① 社区总体规划调查,即整个社区及其各个方面的规划调查;② 分区规划调查,如生产区规划调查、服务区规划调查、住宅区规划调查等;③ 专题规划调查,如经济发展规划调查、教育发展规划调查、基础设施发展规划调查等。

2. 社区建设调查

社区建设调查包括经济建设调查、政治建设调查、文化建设调查、社会环境建设调查、生态环境建设调查和建筑设施建设调查。

(1) 经济建设调查,包括经济发展状况调查、经济体制改革调查、经济发展战略调查等。

(2) 政治建设调查,包括政府机构改革调查、行政区划调整调查、人事制度改革调查、民主法治建设调查等。

(3) 文化建设调查,包括国民素质调查、教育事业调查、科技事业调查、文化事业调查、医疗卫生事业调查、体育事业调查、思想道德建设调查、文明小区建设调查等。

(4) 社会环境建设调查,包括社会保险调查、社会救助和社会福利调查、社区服务调查、社会治安调查、社会分层调查、流动人口调查等。

(5) 生态环境建设调查,包括土地资源调查、水体环境调查、气候和环境噪声调查、固体废物调查、生活环境调查等。

(6) 建筑设施建设调查,包括居民住宅调查、生产设施调查、公共服务设施调查、公共基础设施调查等。

3. 社区管理调查

社区管理调查包括管理体制调查、政治组织调查和社团组织调查。

(1) 管理体制调查,包括社区管理体制调查、社区工作人员调查、社区管理费用调查、社区管理体制改革调查等。

(2) 政治组织调查,包括人民政府调查,人民代表大会调查,人民政治协商会议调查,人民法院、人民检察院调查,民主党派调查,工会、共青团、妇联、文联、科协等政治性群团组织调查。

(3) 社团组织调查,包括学术性社团调查、行业性社团调查、专业性社团调查、联谊性社团调查(如同乡会、同学会等)。

4. 自治组织调查

自治组织调查包括城镇居民委员会调查和农村村民委员会调查。

(1) 城镇居民委员会调查,包括居民委员会基本状况、产生办法、职能和社会作用、工作人员状况和居民委员会改革等方面的调查。

(2) 农村村民委员会调查,包括村民委员会基本情况、产生办法、职能和社会作用、工作人员状况和村民委员会改革等方面的调查。

(二) 社区调查的注意事项

在社区调查的过程中,研究者要注意以下三个方面:

1. 综合性

无论是城市社区、小城镇社区,还是农村社区,它们都是以一定地理区域为基础的人群共同体,都是由一定数量的人口,一定的地域和自然条件,一定的生产方式和经济结构,一定的社会组织、社会制度和社会环境,一定的社区意识、文化传统和生活方式,以及一定的建筑设施等基本要素组合而成的整体。社区无论规模大小,都具有高度的综合性,因此,除了某些专题调查之外,一般的社区调查都应该高度重视并充分体现它的综合性。

2. 特殊性

无论是城市社区、小城镇社区,还是农村社区,每个社区都有自己独有的特征,因此,任何社区调查都应该突出该社区的独特特征,突出该社区独有的长处和短处。

3. 对比性

有比较才有鉴别,对社区的研究应注重社区之间的相互比较,这种比较可以是数量和质量的比较、外因和内因的比较、结构和功能的比较、现象和本质的比较等。其中,最重要的是横向比较、纵向比较和事实与观点的比较。通过横向比较,研究者可以发现不同社区的差别和特征;通过纵向比较,研究者可以发现社区的变化和发展规律;通过事实与观点的比较,研究者可以验证观点和理论的是非真伪。

三、调查案例

城郊农民集中居住社区的社区参与研究①

(一) 研究背景

随着我国城市化进程的推进,越来越多的城郊农民告别传统的村落社区,被安置到集中居住社区。农民集中居住社区不仅使农民拥有了城镇化的居住条件,也为农民接触城市文明提供了重要平台。

社区参与是我国城乡社区建设的重要议题。居民的社区参与不仅能更好地满足自身的生活需求,也能促进社区的整体发展。城郊地区的社区建设离不开居民的社区参与,同时,社区参与对于培育集中居住农民的公共意识、习得现代性行为观念、促进市民化发展也具有积极的影响。

(二) 研究假设

研究关注的问题是城市化转型过程中城郊地区的集中居住农民的社区参与。

城郊地区的集中居住农民在由传统村落社区向新型城镇化社区迁移的过程中,是否能

---

① 于莉.城郊农民集中居住社区的社区参与状况:基于326位城郊农民调查数据的实证分析[J].城市问题,2016(2):72—80.(有删改)

够接纳新的社区并形成社区认同将直接影响集中居住农民的社区参与。基于此,本研究提出研究假设1:集中居住农民的社区认同对其社区参与的意愿和行为具有正向影响。在城市化背景下,城郊地区的基层社区组织需应对各种利益矛盾,由于社区组织的能力不足,城郊农民对社区组织的信任面临危机。基于此,本研究提出研究假设2:集中居住农民对社区组织维护其利益能力的信任程度对其社区参与的意愿和行为具有正向影响。

城郊地区的社区组织大多正在经历从村委会到居委会的转型,这个过程通常是在政府的控制和介入下进行的。社区组织为居民提供了社区参与的途径,其对社区参与机会的分配限定了居民社区参与的程度和范围。基于此,本研究提出了研究假设3和研究假设4。研究假设3:社区组织对社区参与项目的组织、集中居住农民的社区参与意愿和社区参与行为具有正向影响。研究假设4:社区组织对社区参与机会的分配,对集中居住农民的社区参与意愿和社区参与行为具有正向影响。

城郊农民集中居住社区正在经历基层治理形式的城市化转型,社区居委会的组织构成或为村委会的原班人马,或者和村委会成员交叉重叠,借助于社区干部的个人威望及由此形成的人情关系和社会网络,可以实现对社区居民的动员,并带动社区居民参与社区活动与社区事务。基于此,本研究提出研究假设5:集中居住农民对社区干部的信任程度,对其社区参与意愿和社区参与行为具有正向影响。

居住环境的改变使集中居住农民生活的社区产生了公共空间,并形成诸如环境、卫生、治安、管理等社区公共议题。集中居住农民在社区公共空间休闲、娱乐、健身的过程中,日益丰富的社区公共活动项目也逐渐形成。强烈的社区参与意愿则会促使集中居住农民主动性社区参与行为的产生。基于此,本研究提出研究假设6:集中居住农民的社区参与意愿对其社区参与行为的产生具有正向影响。

(三) 数据来源

研究数据来源于对T市城郊地区集中居住农民的实证调查,研究者通过判断抽样在T市城郊地区抽取326个调查样本,运用结构访问法收集调查资料,并使用SPSS 21.0统计分析软件完成了对调查数据的统计分析。

(四) 指标设计

研究以性别、年龄、文化程度和政治面貌为控制变量。性别为定类变量,女性赋值为0,男性赋值为1。年龄为定序变量,20—29岁赋值为0,30—39岁赋值为1,40—49岁赋值为2,50—59岁赋值为3,60—69岁赋值为4,70—79岁赋值为5。文化程度为定序变量,小学及以下赋值为0,初中赋值为1,高中、技校、职高赋值为2,大专、高职赋值为3,大学本科及以上学历赋值为4。政治面貌为定类变量,非党员赋值为0,党员赋值为1。

研究的因变量为社区参与意愿和社区参与行为。研究者采用量表测量的方式,列出10个社区参与项目,分别为社区文体娱乐活动、社区教育活动、社区卫生评比、社区文明家庭评比、社区文艺演出、社区选举、社区居民会议、社区公共事务决策、社区听证会、社区财务监督。研究中调查员首先询问了集中居住农民对10个项目的参与意愿,采用四点计分法:"不愿意"计0分,"无所谓"计1分,"还可以"计2分,"很愿意"计3分。其次,调查员询问了集中居住农民对各个项目的参与状况,采用四点计分法:"从未参与"计0分,"偶尔参与"

计 1 分,"经常参与"计 2 分,"每次都参与"计 3 分。

根据研究假设,研究者设定了 5 个自变量,分别为社区认同、社区组织信任、社区参与组织、社区参与机会和社区干部信任。

社区认同即集中居住农民是否接纳、喜爱其所居住的社区。测量以"您是否喜欢集中居住社区"为指标,采用三点计分法:"不喜欢"计 0 分,"无所谓"计 1 分,"喜欢"计 2 分。

社区组织信任即集中居住农民是否相信社区组织能够维护社区居民的利益。测量以"您认为社区组织是否可以维护居民的利益"为指标,采用五点计分法:"不可以"计 0 分,"不好说"计 1 分,"有时可以"计 2 分,"大多数情况可以"计 3 分,"任何时候都可以"计 4 分。

社区参与组织即社区内是否开展和组织了允许社区成员参与的社区项目。其测量指标为询问集中居住农民所居住的社区是否组织了所列出的 10 个社区参与项目。测量采用两点计分法:"没组织过"计 0 分,"组织过"计 1 分。

社区参与机会即集中居住农民是否拥有参与社区各项公共活动或公共事务的机会。其测量指标为询问集中居住农民是否有机会参与所列出的 10 项社区参与项目。测量采用两点计分法:"没机会参与"计 0 分,"有机会参与"计 1 分。

社区干部信任即集中居住农民是否相信社区干部能够维护其利益。测量以"您是否认为社区干部可以维护居民利益"为指标,采用五点计分法:"不可以"计 0 分,"不好说"计 1 分,"有时可以"计 2 分,"大多数情况可以"计 3 分,"任何时候都可以"计 4 分。

(五)统计描述

1. 社区参与意愿与社区参与行为的统计描述

根据对社区参与的类型划分,研究者建构了社区参与的两个维度:维度 1 为"社区公共活动参与",包括"社区文体娱乐活动""社区教育活动""社区卫生评比""社区文明家庭评比"和"社区文艺演出"5 个项目;维度 2 为"社区公共事务参与",包括"社区选举""社区居民会议""社区公共事务决策""社区听证会"和"社区财务监督"5 个项目。

统计结果显示,集中居住农民社区参与意愿的平均分为 1.65 分(标准差为 0.96 分),呈现中等偏上的社区参与意愿。其中,"社区公共活动参与意愿"的平均分为 1.66 分(标准差为 1.06 分),"社区公共事务参与意愿"的平均分为 1.65 分(标准差为 1.01 分)。两类社区参与意愿的差异不大,均超过中等水平。

对社区参与行为的统计结果显示,集中居住农民社区参与行为的平均分为 0.68 分(标准差为 0.69 分),得分较低。其中,"社区公共活动参与行为"的平均分为 0.64 分(标准差为 0.80 分),"社区公共事务参与行为"的平均分为 0.71 分(标准差为 0.73 分),两类社区参与行为均呈现低水平的参与程度。

2. 解释变量的统计描述

社区认同的测量结果显示,对于集中居住社区,79.8%的集中居住农民选择了"喜欢",4.9%的集中居住农民选择"不喜欢",15.3%的集中居住农民选择了"无所谓"。社区认同变量的平均分为 1.75 分(标准差为 0.54 分),呈现高水平的社区认同。

社区组织信任的测量结果显示,10.4%的集中居住农民认为"社区组织任何时候都可以维护居民的利益",36.8%的集中居住农民认为"大多数情况可以",32.5%的集中居住农民认为"有时可以",12.9%的集中居住农民认为"不好说",7.4%的集中居住农民认为"不可以"。社区组织信任的平均分为2.30分(标准差为1.06分),呈现中等偏上水平。

社区参与组织的测量结果显示,社区参与组织的平均分为0.78分(标准差为0.28分),处于良好水平。社区参与项目中,比率最高的3个社区参与项目为社区选举(98.2%)、社区文体娱乐活动(89.6%)和社区文艺演出(88.3%),比率最低的3个社区参与项目为社区听证会(69.3%)、社区公共事务决策(68.1%)和社区财务监督(62.6%)。社区公共活动的组织(平均分为0.81分,标准差为0.33分)好于社区公共事务的组织(平均分为0.76分,标准差为0.30分)。

社区参与机会的测量结果显示,社区参与机会的平均分为0.89分(标准差为0.23分),处于良好水平。参与机会比率最高的3个社区参与项目为社区选举(90.2%)、社区文体娱乐活动(81%)和社区文艺演出(79.1%),参与机会比率最低的3个社区参与项目为社区听证会(58.6%)、社区公共事务决策(53.4%)和社区财务监督(51.8%)。社区公共活动的参与机会(平均分为0.90分,标准差为0.24分)高于社区公共事务的参与机会(平均分为0.87分,标准差为0.27分)。

社区干部信任的统计结果显示,12.3%的集中居住农民认为"社区干部任何时候都可以维护居民的利益",25.2%的集中居住农民认为"大多数情况可以",34.4%的集中居住农民认为"有时可以",16.6%的集中居住农民认为"不好说",11.7%的集中居住农民认为"不可以"。社区干部信任的平均分为2.10分(标准差为1.17分),处于中等水平。

(六)解释模型

本研究运用多元回归方法建构了社区参与意愿和社区参与行为的解释模型,以性别、年龄、文化程度和政治面貌为控制变量,将自变量全部纳入回归模型,分析结果参见表2-25和表2-26。

表2-25 社区公共活动和社区公共事务的参与意愿与参与行为的解释模型

变量名称		模型1 社区公共活动参与意愿	模型2 社区公共活动参与行为	模型3 社区公共活动参与行为	模型4 社区公共事务参与意愿	模型5 社区公共事务参与行为	模型6 社区公共事务参与行为
	常量	1.223** (0.388)	−1.481*** (0.274)	−2.041*** (0.212)	1.042** (0.339)	−1.124*** (0.207)	−1.487*** (0.173)
控制变量	性别	−0.242* (0.114)	0.045 (0.080)	0.156* (0.062)	0.120 (0.106)	0.260*** (0.065)	0.218*** (0.054)
	年龄	0.188** (0.062)	0.105* (0.044)	0.019 (0.034)	0.124* (0.057)	0.026 (0.035)	−0.017 (0.029)
	文化程度	0.123* (0.062)	0.089* (0.044)	0.033 (0.034)	0.051 (0.058)	−0.020 (0.035)	−0.038 (0.029)
	政治面貌	0.040 (0.169)	0.309** (0.119)	0.291*** (0.091)	0.324* (0.157)	0.626*** (0.096)	0.513*** (0.080)

续表

变量名称		模型1 社区公共活动参与意愿	模型2 社区公共活动参与行为	模型3 社区公共活动参与行为	模型4 社区公共事务参与意愿	模型5 社区公共事务参与行为	模型6 社区公共事务参与行为
自变量	社区认同	0.059 (0.108)	0.131 (0.076)	0.104 (0.058)	−0.028 (0.098)	0.041 (0.060)	0.051 (0.050)
	社区组织信任	−0.047 (0.069)	−0.055 (0.049)	−0.033 (0.037)	0.095 (0.064)	0.037 (0.039)	0.004 (0.032)
	(对应的)参与组织	−0.317 (0.182)	0.663*** (0.129)	0.808*** (0.098)	0.172 (0.180)	0.758*** (0.110)	0.698*** (0.091)
	(对应的)参与机会	−0.490* (0.233)	0.841*** (0.164)	1.065*** (0.126)	−0.633*** (0.195)	0.772*** (0.120)	0.992*** (0.100)
	社区干部信任	0.311*** (0.064)	0.139** (0.045)	−0.004 (0.036)	0.208*** (0.060)	0.101** (0.037)	0.029 (0.031)
	(对应的)参与意愿	—	—	0.458*** (0.030)	—	—	0.348*** (0.028)
	R方	0.182	0.287	0.588	0.233	0.455	0.631

注：(1) 表格中的数据为非标准化回归系数，括号中的数据为标准误。
(2) $*p<0.05$，$**p<0.01$，$***p<0.001$，$N=326$。

表2-26 社区参与意愿与社区参与行为的解释模型

变量名称		模型7 社区参与意愿	模型8 社区参与行为	模型9 社区参与行为
	常量	1.377*** (0.346)	−1.245*** (0.223)	−1.801*** (0.178)
控制变量	性别	−0.065 (0.101)	0.149* (0.065)	0.175*** (0.051)
	年龄	0.154** (0.055)	0.066 (0.035)	0.004 (0.028)
	文化程度	0.086 (0.055)	0.035 (0.035)	0.000 (0.028)
	政治面貌	0.213 (0.150)	0.474*** (0.096)	0.388*** (0.075)
自变量	社区认同	0.011 (0.095)	0.087 (0.061)	0.082 (0.047)
	社区组织信任	0.017 (0.061)	−0.011 (0.039)	−0.017 (0.031)
	(对应的)参与组织	−0.170 (0.191)	0.666*** (0.123)	0.735*** (0.096)
	(对应的)参与机会	−0.733*** (0.216)	0.777*** (0.139)	1.073*** (0.110)
	社区干部信任	0.263*** (0.058)	0.123*** (0.037)	0.017 (0.030)
	(对应的)参与意愿	—	—	0.403*** (0.028)
	R方	0.228	0.384	0.627

注：(1) 表格中的数据为非标准化回归系数，括号中的数据为标准误。
(2) $*p<0.05$，$**p<0.01$，$***p<0.001$，$N=326$。

模型1、模型2和模型3是对社区公共活动的参与意愿与参与行为的解释模型。模型1的分析结果显示,性别、年龄和文化程度这3个控制变量对社区公共活动的参与意愿具有显著影响。女性社区公共活动的参与意愿高于男性;年龄越大,参与意愿越高;文化程度越高,参与意愿越高。在自变量中,社区公共活动参与机会和社区干部信任对社区公共活动的参与意愿具有显著影响,社区公共活动参与机会越少,对社区干部的信任度越高,社区公共活动的参与意愿越高。

模型2显示,年龄、文化程度、政治面貌对社区公共活动的参与行为具有显著影响,年龄越大,文化程度越高,社区公共活动参与行为就越多;党员对社区公共活动的参与多于非党员。在自变量中,社区公共活动的组织、参与机会和社区干部信任对社区公共活动的参与行为具有显著影响,社区公共活动组织得越多,参与机会越多,对社区干部的信任度越高,社区公共活动的参与行为就越多。

模型3加入社区公共活动的参与意愿作为自变量后,政治面貌对社区公共活动的参与行为仍具有显著正向影响。在自变量中,社区公共活动的组织和参与机会仍对社区公共活动的参与行为具有显著正向影响,社区干部信任的显著性消失,而社区公共活动的参与意愿对社区公共活动参与行为的影响最强,随着参与意愿的提高,参与行为显著增加。

模型4、模型5和模型6对社区公共事务的参与意愿与参与行为进行了回归分析。模型4显示,年龄和政治面貌这两个控制变量对社区公共事务的参与意愿具有显著影响,随着年龄的增加,对社区公共事务的参与意愿显著增加;党员的社区公共事务参与意愿高于非党员。在自变量中,社区公共事务参与机会和社区干部信任对社区公共事务的参与意愿具有显著影响,参与机会越少,对社区干部的信任度越高,社区公共事务的参与意愿就越高。

在模型5和模型6中,性别和政治面貌这两个控制变量均对社区公共事务的参与行为具有显著影响。对于社区公共事务的参与行为,男性多于女性,党员多于非党员。在模型5中,社区公共事务的组织、参与机会和社区干部信任对社区公共事务的参与行为具有显著影响,社区公共事务组织得越多,参与机会越多,对社区干部越信任,社区公共事务参与行为就越多。

模型6加入社区公共事务的参与意愿作为自变量后,社区公共事务的组织和参与机会仍对社区公共事务的参与行为产生显著正向影响,但社区干部信任的显著性消失,而社区公共事务参与意愿的影响最为显著,随着参与意愿的提高,社区公共事务的参与行为显著增加。

模型7、模型8和模型9是对社区参与意愿与社区参与行为综合得分的回归分析。模型7显示,年龄对社区参与意愿具有显著影响,随着年龄的增加,社区参与意愿显著提高。在自变量中,社区参与机会和社区干部信任对社区参与意愿具有显著影响,社区参与机会越少,对社区干部的信任度越高,社区参与意愿就越高。

在模型8和模型9中,性别和政治面貌均对社区参与行为具有显著影响,对于社区参与行为,男性多于女性,党员多于非党员。在模型8中,社区参与的组织、参与机会和社区干部信任这3个自变量均对社区参与行为具有显著影响,社区参与的组织越多,参与机会越多,对社区干部的信任度越高,社区参与行为就越多。

模型9加入社区参与意愿作为自变量后,社区干部信任的显著影响消失,社区参与的组织和参与机会仍对社区参与行为产生显著的正向影响,而社区参与意愿对社区参与行为的影响最为显著,随着社区参与意愿的提高,社区参与行为显著增加。

(七)研究结论

本研究通过对多元回归模型的分析获得以下结论:

第一,由于大多数集中居住农民属于就地安置,安置社区中的居民也多为原村或附近村落的村民,对新社区空间环境和社会环境都比较熟悉,加上安置社区在居住条件、环境设施、卫生、治安等方面都有所提升,因此,集中居住农民对安置社区的接纳程度较高。

第二,集中居住农民对社区组织维护居民利益的信任程度处于中等偏上水平,他们中的大多数认为社区组织大多情况下是可以维护居民利益的。

第三,在组织状况最好的3个社区参与项目中,社区选举和社区文体娱乐活动的参与行为得分最高,社区文艺演出参与行为的得分位居第四;而在组织状况最差的项目中,社区听证会和社区财务监督的参与行为得分也最低。由此可见,社区参与项目的组织状况对社区参与行为具有一定的影响。解释参与行为的回归模型也进一步证明,社区参与的组织状况越好,社区参与程度就越高。但社区参与的组织状况对社区参与意愿并未产生显著影响。

第四,社区选举、社区文体娱乐活动和社区文艺演出是社区参与机会最多的3个项目,其社区参与行为得分也较高;而社区听证会、社区公共事务决策和社区财务监督的参与机会最少,其参与行为的得分也较低。由此可见,社区参与机会与社区参与行为也有一定的关联。进一步的回归分析证明,社区参与机会越多,社区参与行为也越多。而社区参与机会对社区参与意愿的影响是负向的,即社区参与机会越少,集中居住农民的社区参与意愿反而越强烈,且具有显著性。

第五,集中居住农民对社区干部的信任程度处于中等水平,多数集中居住农民认为社区干部是值得信任的。通过对社区参与意愿和社区参与行为的解释模型的分析,我们发现,社区干部信任对社区参与意愿具有显著正向影响,而在加入社区参与意愿作为自变量后,社区干部信任对社区参与行为的显著影响消失。

第六,集中居住农民的社区参与意愿对社区参与行为具有非常显著的影响。

综上所述,城市化进程中城郊农民集中居住社区正处于由传统村落转型为现代城镇社区的过渡阶段。一方面,社区认同的情感因素对社区参与的影响已经弱化;另一方面,现代社区组织在社区空间中尚未充分发挥作用,而社区干部的个体影响力较为明显,农民对社区干部的信任可以显著提高其社区参与意愿,进而提高农民的社区参与行为。此外,在提升集中居住农民社区参与意愿的同时,组织更多的社区参与项目,增加集中居住农民的社区参与机会,将会显著提升集中居住农民的社区参与程度。

四、问题探讨

(1) 什么是社区调查?

(2) 社区调查有哪些特点?

(3) 社区调查的意义是什么?

(4) 如何设计社区调查的项目?

（5）社区调查应注意什么？

五、小结：知识梳理

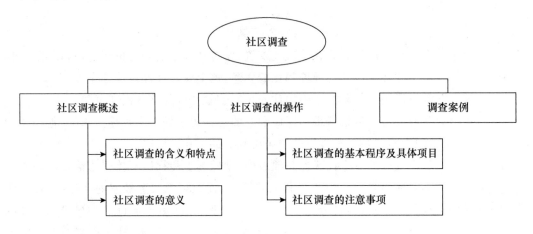

任务十二

家庭调查

能力目标

1. 掌握家庭调查的含义。
2. 掌握家庭调查的意义。
3. 具备设计家庭调查项目的能力。
4. 掌握家庭调查的方法。

调查案例

中国家庭追踪调查方案。

具体任务

1. 选择家庭调查的课题。
2. 设计家庭调查的方案。
3. 讨论家庭调查的实施过程。

实训步骤

1. 请你选择一个恰当的家庭调查课题,设计具体的调查方案。
2. 讨论如何实施该项家庭调查。

一、家庭调查概述

（一）什么是家庭调查

家庭调查是指研究者运用社会调查的理论和方法，以婚姻、家庭问题为主要内容而进行的一种社会调查。

（二）家庭调查的意义

家庭调查的重要意义体现在以下几个方面：

（1）家庭是人口再生产的基本单位，在一定程度上还是物质再生产和精神再生产的基本单位。通过家庭调查，研究者可以了解在家庭范围内这三种再生产的数量和质量的实际情况，这是促进人口再生产、物质再生产和精神再生产的重要前提。

（2）家庭是人的社会化的外部环境，特别是婴幼儿早期社会化和耄耋老人的再社会化，基本上都是在家庭内实现的。通过家庭调查，研究者可以了解不同类型家庭的特点及其对人的社会化过程的不同影响，这是提高人的社会化质量、促进人在社会化过程中顺利发展的必要条件。

（3）家庭是满足人的需要、追求幸福生活的主要场所。作为个体重要的生活场所，家庭的社会功能是多方面的，也是不断发展的。通过家庭调查，研究者可以了解各类家庭满足人的需求的实际情况，这是发挥家庭功能、提高个体生活质量的重要途径。

（4）家庭是社会的缩影，是社会存在和发展的基础。通过家庭调查，研究者可以了解各类家庭的现状、问题、需要、变化和发展趋势，并以此为依据不断地调整社会的发展规划、建设和管理，推动各类家庭向文明和现代化的方向发展，推进整个国家的现代化建设。

（5）家庭问题是社会问题的重要组成部分，家庭问题的解决是维护社会治安、净化社会风气、促进社会安定和发展的客观基础。通过家庭调查，研究者可以了解各类家庭问题形成的原因和可能产生的各种社会后果，从而为家庭关系的调整和家庭矛盾的化解提供有效途径。

二、家庭调查的操作

（一）家庭调查的基本程序及具体项目

家庭调查的基本程序主要包括选择调查课题、设计调查方案、制作调查问卷、抽取调查样本、收集调查资料、整理调查资料、分析调查资料和撰写调查报告八个阶段。家庭调查的具体项目主要包括婚姻状况调查、家庭状况调查和婚姻家庭问题调查。

1. 婚姻状况调查

婚姻状况调查主要包括以下内容：

（1）择偶调查，即对择偶主体、择偶动机、择偶标准等进行的调查。

（2）婚姻调查，即对结婚年龄、结婚程序、结婚费用等进行的调查。

（3）婚姻构成调查，即调查各年龄段（一般以5岁为一个年龄段，20—29岁区间可以1岁为一个年龄段）和不同性别、不同地区的人口中，未婚、初婚、丧偶未婚、离婚未婚、丧偶再婚、离婚再婚等各种婚姻状况的比重,并进行对比研究。

(4)婚姻质量调查,如在婚姻质量多维组合量表中,对婚姻关系满意度、配偶的满意度、物质生活满意度等主观指标和婚姻互动、夫妻内聚力等客观指标进行的调查。婚姻质量调查还包括对婚姻质量决定因素的调查,如感情、经济条件、责任感、共同语言、子女教育等方面进行的调查。

(5)离婚、再婚调查,即对离婚状况、离婚障碍、离婚原因、离婚的社会条件、离婚方式及其后果等方面进行的调查。

2. 家庭状况调查

家庭状况调查主要包括以下内容:

(1)家庭规模调查,即对家庭成员数量的调查;

(2)家庭结构调查,即对家庭成员构成及其相互关系的组合模式的调查;

(3)家庭功能调查,即对家庭的经济功能、生育功能、抚养和赡养功能、教育功能、精神生活功能、休息和娱乐功能、政治功能等方面的调查;

(4)家庭关系调查,即对家庭成员之间关系的调查,如夫妻关系、亲子关系、兄弟关系、姐妹关系、婆媳关系、翁婿关系、姑嫂关系、叔嫂关系、妯娌关系、祖孙关系等;

(5)家庭生命周期调查,即对家庭从形成到解体的全部时间和过程的调查。

3. 婚姻、家庭问题调查

婚姻、家庭问题调查主要包括以下内容:

(1)婚姻问题调查,即对婚恋观念问题、结婚费用问题、离婚问题、老年人再婚问题、涉外婚姻问题等进行的调查;

(2)家庭问题调查,即对单亲家庭问题、再婚家庭问题、独身家庭问题、空巢家庭问题、家庭生活方式问题、家庭管理问题、家庭关系问题等进行的调查。

(二)家庭调查的注意事项

家庭是一个具有隐秘性、独特性和浓厚的情感色彩的生活领域,研究者和调查员在家庭调查中应注意以下七个方面:

(1)调查对象要高度自愿。家庭调查必须建立在调查对象自愿的基础上,研究者或调查员要尽可能消除调查对象的疑虑,不可强求调查对象参与调查。

(2)家庭调查要高度保密,应采用匿名的方式进行。研究者或调查员若进行访谈调查,最好采用个别访谈的方法,不要有第三者在场,并向调查对象说明保密措施,以消除调查对象的顾虑。

(3)家庭调查要有一定的弹性。家庭生活具有独特性,由于调查对象可能会在调查中给出选项外的其他答案,因此,研究者在设计调查表格或调查问卷时,应在选项中设计"其他"一项,并尽可能做出具体说明。

(4)调查员的选派要尽可能与调查对象的性别、年龄、文化素养等特征相似,以便调查的顺利进行。

(5)研究者和调查员要与调查对象建立一种平等的、非官方的、相互信任和融洽的人际关系,并表明自己对这一领域的任何现象都是可以理解、没有成见的。

(6) 当调查对象已表示不愿意进一步作回答时,研究者或调查员要适可而止,尊重对方的隐私权,及时转变话题。

(7) 研究者和调查员要严格遵守法律法规和道德准则,绝不能有任何违反伦理道德的行为。

三、调查案例

中国家庭追踪调查方案①

(一) 调查目的

中国家庭追踪调查(China Family Panel Studies,CFPS)是北京大学和国家自然基金委资助的重大项目,由北京大学中国社会科学调查中心实施,调查旨在通过跟踪收集个体、家庭、社区三个层次的数据,反映中国社会、经济、人口、教育和健康的变迁,为学术研究和公共政策分析提供数据基础。

(二) 抽样设计

CFPS是一项全国性、大规模社会跟踪调查项目,样本覆盖了全国25个省、自治区、直辖市(不含香港、澳门、台湾以及青海省、海南省、新疆维吾尔自治区、西藏自治区、内蒙古自治区、宁夏回族自治区),代表了中国95%的人口(参见表2-27)。

样本的抽取采用三阶段分段抽样方式,第一阶段样本为行政性区/县,第二阶段为行政性村/居委会,第三阶段(末端)样本为家庭户。

表2-27 CFPS目标样本规模

省、自治区、直辖市类型	省、自治区、直辖市	目标户数	过度抽样比率
"大省"	上海市	1600户	10.28%
	辽宁省	1600户	4.45%
	河南省	1600户	2.04%
	甘肃省	1600户	7.30%
	广东省	1600户	2.02%
"小省"	江苏省、浙江省、福建省、江西省、安徽省、山东省、河北省、山西省、吉林省、黑龙江省、广西壮族自治区、湖北省、湖南省、四川省、贵州省、云南省、天津市、北京市、重庆市、陕西省	8000户	1.00%

(三) 问卷设计

CFPS主要关注中国居民的经济活动、教育状况、家庭关系、家庭动态、人口迁移、人口健康等内容。

调查从社区、家庭和个人三个层面进行(如图2-2所示):

---

① 谢宇,张晓波,徐平,等. 中国家庭追踪调查用户手册(第三版)[EB/OL]. (2017-07-30)[2022-06-03]. http://www.isss.pku.edu.cn/cfps/docs/20210511113545661703.pdf. (有删改)

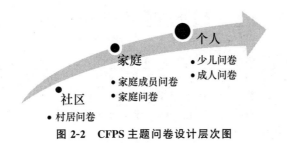

图 2-2　CFPS 主题问卷设计层次图

调查的第一层面为社区层面,通过村居问卷对各样本所在的村委会或居委会进行整体调查,主要了解其基础设施、人口结构、政策实施、经济情况、社会服务等信息(如图 2-3 所示)。

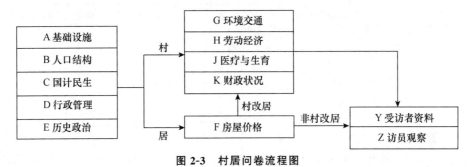

图 2-3　村居问卷流程图

调查的第二层面为家庭层面,由一位家庭成员回答一份关于家庭成员信息与成员间关系的家庭成员问卷和一份反映家庭整体情况的家庭问卷。为了对家庭成员的身份进行界定,研究者设定了家庭成员性质界定的流程(如图 2-4 所示)。

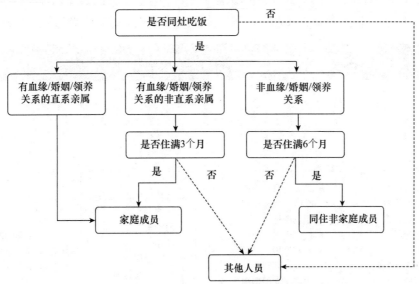

图 2-4　家庭成员性质界定流程图

家庭问卷的主要目的是在家庭层面上收集样本家庭的日常生活、社会交往与经济活动方面的信息(参见表 2-28)。

表 2-28 家庭问卷主要内容

模块	问卷内容
A 地理交通	最近的公交、医疗点、高中、商业中心
B 生活条件	用水、用电、燃料、卫生间条件、垃圾处理、保姆/小时工雇佣
C 社会交往	春节拜访、送礼、族谱/家谱、祭祖/扫墓、邻里交往、亲友交往
D 住房情况	房屋所有权、自建/购买、租房来源、建筑面积、入住时间、房屋市值与租金、房屋结构、其他房产情况、住房困难情况
E 经营状况	U 外出工作模块(外出人员、工作地址、时间投入、假期是否回家、转移支付情况、家庭是否因其外出而雇佣/增加帮工)、政府补助、致贫原因 V 非农经营模块(非农产业类型、数量、参与者、总资产、家人拥有股份、雇佣人数、营业额、税后纯利润)、房屋出租、土地与其他生产资料出租、财物出卖、拆迁、土地征用
F 家庭收入	存款、金融产品、离退休金/社会保障金/低保收入、工资/奖金/补贴/红利等收入、非工资性/农业生产收入、礼金/礼品折现
G 家庭资产	保险可赔偿额、他人欠款、收藏品价值、其他资产现值
H 家庭支出	最贵消费品花费、借贷款、家庭各项日常支出(食品、出行、通信等)、家庭各项特殊支出(家电、医疗保健、教育、商业保险等)、捐赠、总支出
J 耐用品	汽车、摩托车、拖拉机、电视
K 农业生产	土地类型,土地数量,农业收支状况,农林作物的类型、产量、销量、收入,家畜与渔业的类型、产量、销量、收入,家畜饲养条件
Z 访员观察	问卷回答人、家庭住房条件、家庭整洁度、家庭成员精神面貌、家庭成员间关系、长幼关系、性别间关系、受访者个人特征

调查的第三层面为个人层面,由家庭中的个体成员回答问卷。16 岁以下者回答少儿问卷,少儿问卷包括自答和代答两部分(如图 2-5、2-6 所示)。其中,10 岁以下的少儿,由其监护人回答代答部分的问题;10 岁至 15 岁的少儿,除监护人回答代答部分问题外,本人还需完成自答部分的问题。16 岁及以上者回答成人问卷,成人问卷的主要内容及后期题组划分参见表 2-29。

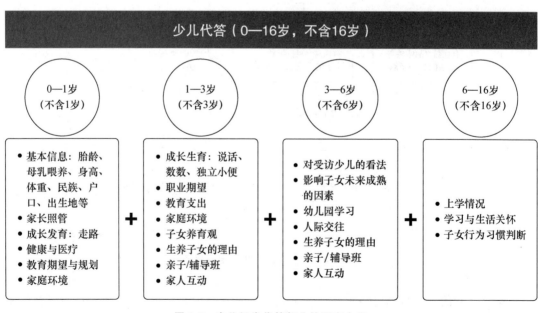

图 2-5 少儿问卷代答部分的调查内容

少儿自答（10—16岁，不含16岁）

- 教育：不上学人群——教育史、不上学的原因、毕业阶段、所学专业、今后打算、教育期望
  正在上学人群——上学模块（共用）：所处阶段、学校类型、专业、学习成绩、课外辅导、学生活动、学习与学校情况主观评价、教育期望
- 工作经历：是否有过正式工作、工作内容、工作报酬、时间投入
- 时间利用（共用）：生活、工作、学习培训、娱乐休闲与社会交往、交通活动
- 人际交往与日常生活：交友情况、K歌跳舞等娱乐活动、恋爱关系、家务劳动，零花钱
- 手机与网路（共用）：生活、工作、学习培训、娱乐休闲与社会交往、交通活动
- 身体健康：健康、饮食、锻炼
- 个人经历：是否坐过火车/飞机、对时政的了解
- 主观评判：自尊量表、成就量表、价值量表、抑郁量表、亲子关系等
- 认知测试：方向、识字、数学
- 其它：社会压力、职业期望、幸福感等

图 2-6　少儿问卷自答部分的调查内容

表 2-29　成人问卷主要内容及后期题组划分

模块	调查内容	题组类型
基本信息	出生日期、出生体重、出生地、居住地、户口、民族、政党与社团组织、3岁以前和4—12岁时与父母一起居住的时间	基线题组
兄弟姐妹情况	兄弟姐妹数目、名字、出生日期、是否健在、去世年龄与原因、婚姻状况、最高学历、职业、职务、居住地，在世父母和谁住在一起、去世父母的去世原因	（仅在 CFPS 2010 使用）
教育史	已完成的最高学历，小学至已完成的最高学历之间的各个阶段的学校类型、学习起止时间、学校名称、是否毕业、学科与专业、教育期望	基线题组
语言运用	各类语言重要程度、与家人交流的语言	核心题组
上学模块	所处阶段、学校类型、专业、学习成绩、课外辅导、学生活动、学习与学校情况主观评价、教育期望	核心题组
婚姻	婚姻状况（未婚/已婚/同居/离婚/丧偶）、现任配偶/前任配偶/初婚配偶/同居对象的出生年月、结婚/同居时间、婚前同居情况、如何认识，前次/初次婚姻解体的原因与时间	核心题组
子女关系	60岁以上受访者与子女关系评价、与子女间的交往活动	核心题组
工作	工作类型、工作单位名称、工作开始时间、工作史、个人收入	核心题组
个人收入	非经营性收入、经营性收入、亲友资助、国家政府补贴救济	核心题组
时间利用	生活、工作、学习培训、娱乐休闲与社会交往、交通活动	核心题组
娱乐休闲	闲暇活动、频率、出行方式、出国经历	核心题组

续表

模块	调查内容	题组类型
手机网络	手机使用情况、社交网络使用情况、邮箱使用情况、网络重要性评估、上网频率与地点	核心题组
社会关系	找人帮忙、烦恼倾诉、社会地位自评	核心题组
主观测量	价值观、社会观、成就量表、生活满意度	核心题组
政治	遭遇偷抢威胁的经历、不公正待遇、新闻关注、政府工作评价	核心题组
健康	身高、体重、健康自评、身体不适、慢性疾病、住院经历、医疗费用、病痛处理方式、对医疗状况的满意度、中医、体育锻炼、饮食、生理性日常活动功能（P-ADL）、吸烟喝酒经历、睡眠、记忆力、生病时主要照料人、身体机能	核心题组
心理健康	K6量表、CESD量表	轮替题组
认知测试	识字、数学、记忆、数列	轮替题组
个人信息与访员观察	联系信息、问卷回答人、受访者个人特征	核心题组

（四）调查历程

CFPS 于 2007 年开始前期工作，于 2008 年、2009 年对在北京、上海、广东三地的 2400 户家庭开展了初访与追访的预调查。2010 年，在全国 25 个省、自治区、直辖市正式实施基线调查。2010 年，基线调查界定出的所有基线家庭成员及其今后的血缘子女或领养子女将作为 CFPS 的基因成员，成为永久追踪对象，长期对个人样本展开追踪调查。

CFPS 2010 年基线调查全部采用面访形式，从 2012 年追踪调查起开始实行以面访为主、电话访问为辅的混合调查模式。CFPS 共有村居问卷、家庭成员问卷、家庭问卷、成人问卷和少儿问卷五种问卷类型。CFPS 2012 和 CFPS 2014 的电访问卷是在同期面访问卷基础上精简的版本，CFPS 2016 则将面访问卷和电访问卷进行了高度的整合。此外，CFPS 从 2012 年追踪调查起添加了代答问卷，通过家庭成员代答的方式收集外出个人的基本信息。目前，CFPS 已于 2012 年、2014 年、2016 年、2018 年、2020 年完成五轮追踪调查。

四、问题探讨

（1）什么是家庭调查？

（2）家庭调查具有哪些意义？

（3）如何设计家庭调查的项目？

（4）家庭调查应注意哪些事项？

五、小结：知识梳理

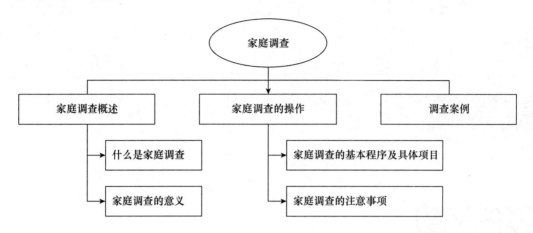

任务十三

评估调查

能力目标

1. 掌握评估调查的含义。
2. 掌握评估调查的阶段性类型。
3. 掌握评估调查的程序和步骤。
4. 掌握评估调查的方法。

调查案例

预防青少年酗酒和滥用药物项目的评估。

具体任务

1. 选择一个社会工作项目选题。
2. 设计对该项目进行需求评估调查的方案。
3. 设计对该项目进行过程评估调查的方案。
4. 设计对该项目进行结果评估调查的方案。

实训步骤

1. 请你选择一个自己感兴趣的社会工作项目。
2. 设计实施需求评估调查的方案。
3. 设计实施过程评估调查的方案。

4. 设计实施结果评估调查的方案。

一、评估调查概述

（一）什么是评估调查

评估调查经常应用于社会工作的实务领域，是指研究者为了评估社会工作项目或社会服务的需求、开展过程和开展效果而进行的调查研究。评估调查通常可以分为需求评估调查、过程评估调查和结果评估调查三个阶段性类型。

在需求评估调查中，研究者通常采用定量调查和定性调查相结合的方法，所采用的研究方式通常是探索性的和描述性的，询问的问题经常是开放性的，如"您认为社区需要开展社区养老服务项目吗？"需求评估调查既可以采用个别访谈、专题小组访谈的方式，也可以采用问卷调查的方法。此外，研究者还可以通过普查资料、社会指标以及其他二手资料获得需求评估调查所需要的大量信息。

在过程评估调查中，研究者通常采用描述性的研究方式，通过收集大量的描述性资料，包括个人的观察资料、访谈资料和文献资料等，对项目启动和开展的状况进行深入考察，并做出评估，提出具体的改进意见。此外，过程评估调查还会特别关注服务对象是否真正获得了服务，研究者可以通过对服务对象和工作人员的深入访谈获得资料，通过分析访谈资料考察项目开展的具体状况。

在结果评估调查中，研究者通常采用解释性的研究方式，通过量化资料的收集和统计分析的方法获得项目成效指标，并检验有关项目产生预期效果的假设是否成立。研究者经常采用实验和准实验设计对项目实施效果进行评估，这种方法可以排除其他因素对结果的影响，考察项目本身的介入效果。在大多情况下，研究者更倾向采用客观的测量方式开展结果评估调查，以保证结果评估的严格和公正，因此，研究者使用的测量工具通常是标准化的指标或量表，并为测量工具的运用制定规范的程序，以确保测量效度。

（二）需求评估调查的含义和类型

需求评估调查是指研究者为了评估社会工作项目或社会服务的需求而开展的调查研究。根据调查结果，研究者可以评估开展某个特定的社会工作项目或社会服务是否真的必要，或者当前的项目计划是否需要完善。

任何一个新的社会工作项目或社会服务在开发和组织实施之前，都需要进行需求评估调查。在进行需求评估调查时，研究者要关注服务对象的真实需求。很多时候社会机构或者社会工作者所认为的对服务对象有益的社会工作项目，却得不到服务对象的认同和支持，其原因在于这些项目可能并不是服务对象真正需要的。正因为如此，在开发和实施一个新的社会工作项目之前，研究者需要开展一个完善的需求评估调查，对服务对象的需求做出明确的评估。

需求评估调查一般包括项目规划阶段的需求评估调查和项目实施阶段的需求评估调查。

1. 项目规划阶段的需求评估调查

在此阶段的需求评估调查中，调查者要通过调查资料的收集和分析对社会工作项目的需求状况做出评估，因此，项目规划阶段的需求评估调查需要实现以下四个目标：

(1) 辨识项目制定者所认为的社会问题是否真实存在；

(2) 如果社会问题是存在的，则进一步确定社会问题的性质和表现，以及社会问题的影响人群和影响范围等；

(3) 发现阻碍社会问题得以解决的障碍或者导致社会问题持续存在的原因，确定解决问题需要的资源、条件和成本；

(4) 提出解决社会问题、改善社会状况的方法，并分析为解决问题所提供的服务是否能满足服务对象的真实需要；如果服务不能满足服务对象的真实需要，那么应如何对服务进行完善。

需求评估调查最直接的用途就是确定一个新的社会工作项目的需求合理性，此外研究者通过需求评估调查还可以了解社会需求的范围，以此为依据规划新的社会工作项目，并为项目提供未来市场需求等相关信息。

2. 项目实施阶段的需求评估调查

需求评估调查除了在项目规划阶段进行外，也会在项目实施过程中进行。由于社会条件的变化，一个社会工作项目在运行了一段时间后可能逐渐失去了继续开展的必要性。虽然社会工作项目的实施对社会做出了贡献，但对于一个没有必要继续开展的社会工作项目来说，如果社会机构还要坚持开展，反而可能会遭到质疑。因此，当一个社会工作项目运作了一段时间后，也需要对项目是否继续运行以及是否需要加以完善等问题进行需求评估调查。此时的需求评估调查主要解决的问题是：项目实施的环境条件是否发生了变化？项目是否需要继续进行？项目是否需要有所变动？通过这种需求评估调查，社会机构可以做出进一步的项目调整，决定项目是结束还是继续，以及是否需要对项目方案做出修订。

在社会工作项目实施的过程中，有一些服务对象可能不再参与项目，有的项目实施环境（如社区环境）发生了改变，或者有其他机构提出了解决相同问题的新的项目规划，或者由于技术革新导致最初的项目方案变得陈旧老套，这些迹象都表明需要对项目进行需求评估调查。如果社会工作项目需要继续进行，需求评估调查也有助于对项目的持续、扩展或缩减提供依据，以保证项目的可行性。

（三）过程评估调查的含义和类型

过程评估调查是指研究者为了评估社会工作项目或社会服务的开展过程而开展的调查研究。根据调查结果，研究者可以评估某个特定的社会工作项目或社会服务是否按照项目计划进行操作，操作情况如何。

过程评估调查的目的是研究者通过资料的收集和分析，判断项目计划是否按部就班地如期进行，同时发现阻碍项目计划实施的障碍并提出改进项目的方式，以推进项目计划的顺利开展。

过程评估调查一般包括项目发展初期的过程评估调查和项目发展后期的过程评估调查。

1. 项目发展初期的过程评估调查

项目发展初期进行过程评估调查是为形成性评估提供资料依据，其目的是为社会工作项目的管理者提供前期反馈资料，以了解项目早期计划的优点和不足，并在项目发展初期提出改进建议。

项目初期的过程评估调查需要研究者收集并提供以下三类资料：

（1）提供项目是否按计划实施的证据；

（2）提供项目实施过程中发现的计划缺陷和未预料到的现实问题，以及项目实施过程中的条件变化和项目无法按计划实施的情况，为项目改进提供依据；

（3）提供有助于完善项目管理的信息和资料，为计划的修订和完善提供依据，以提升项目效果。

2. 项目发展后期的过程评估调查

项目发展后期进行的过程评估调查是为过程评估提供资料依据，其目的是研究者通过对项目的运行状况的考察，分析项目目标是否全部达成，哪些项目目标没有达成，没有达成的原因是什么；哪些项目计划获得了预期的成功，其原因又是什么。通过分析和总结，研究者可以为未来的项目积累可借鉴的经验，也可以在同行之间进行经验分享。

（四）结果评估调查的含义和类型

结果评估调查是指研究者为了评估社会工作项目或社会服务的直接效果而开展的调查研究。根据调查结果，研究者可以评估某个特定的社会工作项目或社会服务是否达到了预期的效果，并产生一定的影响。

研究者以项目规划阶段提出的理想结果为依据，全面收集相关资料，考察这些理想结果的达成情况，并以此为基础对社会工作项目是否圆满达成目标做出评估。

结果评估调查一般包括项目直接效果的评估调查和项目长期效果的评估调查。

1. 项目直接效果的评估调查

结果评估调查首先关注的是社会工作项目的实施对参与者或服务对象产生的直接效果，即项目在短期或中期阶段产生的影响。例如，对青少年滥用药物行为的预防项目是否提高了参与项目的青少年对药物和滥用药物的风险的认知水平。

为了考察项目的直接效果，研究者可以通过标准化测量，对参与项目的青少年的药物危险意识、拒绝滥用药物的能力技巧进行标准化测量，考察项目的实施是否使各个指标的得分有所提升。为了获得项目直接效果的评估资料，研究者通常将项目直接效果的评估调查与项目开展过程同步进行规划和实施。

2. 项目长期效果的评估调查

结果评估调查还会关注项目实施的最终效果或长期影响。研究者通常依据项目规划阶段提出的预期影响，对项目的长期效果进行评估调查。例如，开展青少年滥用药物行为的预防项目是否使青少年总体的滥用药物行为有所减少，初次出现滥用药物行为的青少年比重是否有所下降，因滥用药物而受到处罚的青少年人数是否有所减少等。

二、评估调查的操作

（一）如何操作需求评估调查

1. 需求评估调查的调查对象

在需求评估调查中，研究者通常会关注以下三组人群：

(1) 目标人群。

目标人群即社会工作项目所针对的服务对象,通过对目标人群的调查,研究者可以直接了解服务对象的真实需要。但是,很多社会工作项目的服务对象可能是难以接近的,或者不接受陌生人对自己的需求进行评估,也可能缺少语言表达的技巧和能力。

(2) 社区领袖或组织机构的负责人。

他们通常对项目服务对象和服务区域的情况比较了解,能够向研究者反映服务对象的需求,是信息的主要提供者。但是,由于这些信息提供者并不是社会工作项目的直接服务对象,研究者可能会对目标人群的项目需求做出过高的评估。

(3) 第三组群体。

第三组群体包括整个服务区域的个体,也包括目标人群以及与他们相关的个人或家庭。在对第三组群体进行需求评估调查时,研究者对服务区域的每个个体都要进行需求评估调查,其优点在于可以呈现广泛的需求基础,而并不将需求仅仅界定在目标人群的范围中。但不足之处在于,项目的直接服务对象可能是边缘化群体,第三组群体对目标人群的需求不一定非常清楚。

2. 需求评估调查的资料来源

需求评估调查是需求评估的基础,有助于项目的合理规划,避免研究者实施不切实际的项目。为了提升需求评估调查的质量,研究者需要通过多种渠道获取调查资料,对调查资料的真实性和可靠性进行鉴别,并通过分析调查资料掌握总体情况。在需求评估调查中,研究者所要收集的调查资料包括以下两个方面:

(1) 通过与项目服务对象及相关人员的直接接触获得的第一手调查资料。

例如,研究者通过对社区或社会机构的工作人员、服务对象及其家属的调查而获得的资料。研究者可以通过小样本追踪调查、趋势调查、横向调查、参与观察等不同方法收集第一手调查资料,基于这些调查资料对需求做出评估。又如,开展残疾儿童的家庭服务时,研究者需要调查残疾儿童及其父母和其他家庭成员的需求状况,也需要与社区的相关工作人员或者残疾儿童学校的老师和其他负责人员进行接触,以了解服务对象的状况和需求,以及开展项目所需的资源、条件,评估项目需求和项目开展的可能性。

(2) 通过收集与关注问题和关注地区相关的文献获得的第二手调查资料。

第二手调查资料一般包括现存统计数据、人口普查数据、社区或机构的档案记录等。这些调查资料可以从图书馆或相关统计部门获得,也可以通过网络查询获得。例如,研究者开展青少年暴力行为的干预项目时,既可以通过统计数据了解全国或地区范围内青少年犯罪的状况,以社会指标评估社会问题的严重程度,也可以通过查阅相关机构(比如学校、社区组织、司法机构等)的档案和记录了解特定范围内青少年暴力行为的状况,以呈现服务区域内社会问题的具体情况,并做出需求评估。

3. 需求评估调查中的文献信息收集

现存统计数据、现存记录和二手信息等文献资料都可以作为需求评估调查的调查资料,图书馆、政府部门、专业机构、社区组织和网络等都可以为研究者提供文献信息。在需求评估调查中,文献信息的收集能帮助研究者比较经济、便利、高效地获取调查资料,但文献信息

在使用的过程中必须注意考虑以下六个问题:

(1) 文献信息反映的是哪个地域范围的情况?

(2) 文献信息反映的地域范围的界限和管界是否发生了变更?

(3) 信息是什么时间发布的,信息是否还具有时效性?

(4) 文献信息中的概念变量是否随着时间的推移产生了新的界定,新的界定与原来相比是否还有共同的要素?

(5) 文献信息完整吗?如果信息是分组信息,分组的类型完整吗?

(6) 信息有遗漏吗?现存资料中是否存在空缺或遗漏的信息?

总之,文献资料可以为需求评估调查提供重要信息,但研究者在使用文献资料的过程中也要注意文献信息的适用性和文献信息的质量。

4. 需求评估调查的具体方法

(1) 三角交叉检视法。

依据需求评估调查做出的需求评估是社会机构规划项目和实施项目的依据。因此,研究者完成高质量的需求评估调查是非常必要的。为了提升调查的精确性,研究者通常采用不同途径收集资料,实现对调查问题的多视角分析,并将不同来源的调查资料进行对比验证,这种方法被称为三角交叉检视法。

例如,社会机构要在校园暴力比较严重的学校开展干预项目,并在准备阶段开展需求评估调查。研究者可能通过个别访谈或专题小组访谈收集调查资料,调查对象包括学生、家长、教师、学校管理者、社区工作者、政府工作人员等。研究者获得的回答有可能千差万别,这就需要研究者在相互矛盾的调查资料中发现有助于项目规划和项目实施的信息。研究者需要找到这些信息,在分析信息时权衡主次,并完成调查报告。在需求评估调查报告中,研究者既要准确地陈述客观条件,也要针对项目规划和项目实施提出建议和对策。

(2) 标准化调查。

在需求评估调查中,研究者可以采用标准化调查的方式收集调查资料。标准化调查的工具是针对特定群体或特定社会问题而设计的调查问卷或量表。

研究者开展标准化调查时,需要注意的问题有:

① 明确调查对象、调查范围和抽样方法;

② 设计好标准化问卷,根据调查主题和调查内容,选择适合的调查问卷设计形式,确定问题的设计是开放式、封闭式还是量表式;

③ 选择调查资料收集的方法,并确定调查问卷的发送方式与填写方式。

标准化调查具有成本低、便于操作的优点,研究者通过标准化调查能收集到较多的调查资料。它的缺点在于调查对象能选择的信息比较有限,缺乏灵活性,而且基于某个特定问题或某个目标群体所设计的专业化测量问卷,对于其他社会问题或其他目标群体可能不再具有适用性。

(3) 个别访谈。

研究者可以通过一对一的个别访谈收集需求信息。访谈的方式可以是面对面的访谈,也可以通过电话进行访谈。通过个别访谈,研究者可以直接了解服务对象的需求,并且可以通过跟进和追问的方式发掘新的需求信息。

实施个别访谈特别需要研究者与服务对象构建良好的信任关系,这样有助于服务对象提供可靠且有效的需求信息。

(4) 专题小组调查。

专题小组调查是需求评估调查中研究者经常使用的调查方法。所谓专题小组,是指研究者将面临相似的问题或者具有相近经历的人集中在一起组成的小组。例如,研究者将单亲妈妈组成专题小组,让她们一起交流对子女教育的看法。

专题小组调查通常由1名研究者担任主持人,由主持人主导专题小组调查。专题小组的参与者通常在6—12人,主持人会通过追问、解释、帮助参与者相互讨论等方式引导专题小组成员围绕相关议题提出自己的看法,陈述自己的经历、感受和体会。

专题小组与个别访谈相比,具有独特的优点:由于小组成员具有相似的经历,他们彼此间可以提供情感支持,将一些难以启齿的经历向小组其他成员分享。同时,小组其他成员的经验陈述可以帮助一些组员回忆起已经忘记的经历,并对讨论的议题做出回应。同时,专题小组还具有效率高的特点,可以让研究者在较短的时间内实现对多个研究对象的资料收集。

但是,专题小组调查也存在不足的地方,主要体现在他人在场对调查对象的影响。研究者无法确定调查对象所陈述的经历和感受的真实性,无法了解调查对象是否只是被动地参与研究问题的讨论,他们是否由于他人在场而采取从众或者迎合他人期望的策略回答相关问题。因此,研究者通过专题小组调查所获得的调查资料的质量很容易受到质疑,研究者在利用专题小组的调查资料时也需要特别谨慎。

(5) 社区会议。

社区会议也叫社区听证会,通常是大型公开会议或者社区聚会。研究者召开社区会议可以收集社区内不同人群的不同需求,获得公众对项目设计的反应,因而社区会议成为一种研究者经常使用的收集需求信息的方法。

社区会议在召开前通常先由研究者提出会议讨论的主题,关心该议题的人就会主动参与社区会议的讨论,就提出的议题发表自己的观点。研究者可以对这些意见和建议进行分析,并以此为依据对项目服务做出完善。

社区会议的参加者人数比较多,会议持续的时间可以长达几个小时,因此,研究者在这类会议上收集调查资料需要掌握一些调查技巧。

研究者利用社区会议的方式收集调查资料的缺点在于不能保证会议参与者的代表性,而且通常善于表达的人会利用社区会议充分表达自己的意见,而不善表达的人则可能被忽视。所以,研究者通过社区会议收集调查资料时,需要具有较强的组织协调能力,能够保证持不同意见者能获得表达的机会,并且能够维持会场秩序,避免持不同意见者相互攻击和情绪化,否则参与者的观点会被歪曲,社区会议的结论将出现偏差。

(二) 如何操作过程评估调查

1. 过程评估调查关注的核心问题

研究者在过程评估调查中需要关注两个相互关联的核心问题:

(1) 项目计划活动和实际活动分别是什么?

对于这个核心问题的调查,研究者主要关注"谁在何时对谁做了什么",也就是说,研究者需要调查以下三个方面的内容：

① 开展项目服务的工作人员的情况，包括工作人员的数量，他们需要何种类型的资质和培训等；

② 项目的活动内容及其实践，即在开展项目的过程中，工作人员都在什么时间开展了哪些活动，这些活动的开展顺序是什么，活动持续的时间有多久；

③ 项目的目标人群的具体情况，即在项目开展过程中，各项活动的目标人群都是谁，他们的参与程度如何。

针对上述问题，研究者可以了解项目计划活动和实际活动的具体内容，如会议、课堂、聚会、培训的次数，工作人员在每个项目中所花费的时间，每个项目的参与者和参与人数等。研究者针对上述问题进行的调查越深入细致，收集到的调查资料越丰富，对问题的回答越清楚，调查对未来项目规划的积极影响越显著。

(2) 项目实施后，开展项目的工作人员从项目经历中学到了什么？

研究者在项目的各项活动实施完毕后，还要组织开展项目的工作人员进行评估性讨论，记录其在项目的开展过程中学到了什么。对此，研究者应主要询问以下问题：

① 在项目实施过程中，有哪些活动已经规划好了但并没有按时开展？这些活动没有按期开展的原因是什么？出现的哪些状况是当初规划时没有想到的？

② 有哪些人是项目规划中应该参与项目但在项目实施过程中没有参与的？是什么原因导致预期的参与情况与实际的参与情况产生了差异？

③ 项目实施过程中服务对象的反馈如何？针对这些反馈，参与项目的工作人员有哪些经验可以借鉴，并用来改善未来的项目发展？

针对上述问题，研究者应组织开展项目的工作人员进行深入的探讨，对项目的开展状况进行及时的总结和反思，有助于促进项目的调整和完善，并为其他项目提供可借鉴的经验。

2. 过程评估调查的资料收集与处理

过程评估调查也通常采用三角交叉检视法，因此，研究者在过程评估调查中需要收集多种资料，包括问卷调查资料、专题小组调查资料、核心个案访谈资料、结构化和非结构化的观察资料，以及各种形式的二手资料。

在过程评估调查中，二手资料可以为研究者提供重要的信息。例如，研究者通过对出勤表的整理和分析，可以了解项目服务对象的服务获得情况和活动参与状况；通过对服务记录的整理分析，可以确切地了解服务项目的开展情况，跟踪项目的进展，明确服务的类型，并以此为依据对项目开展的质量做出评估。

在过程评估调查中，研究者通常会通过对实施项目的工作人员的工作状况进行参与观察和访谈，或者通过让工作人员详细记录日常活动状况等方式，获得其开展项目的过程信息，并以此为依据绘制工作人员的活动流程图和时间表，呈现服务对象参与项目的全过程，以及工作人员开展社会服务的详细情况。通过流程图和时间表的分析，研究者可以了解工作人员的时间有多少用于达成项目目标的生产性活动，有多少对达成项目目标的贡献不大，有多少对于达成项目目标是没有贡献甚至起相反作用的，以此为依据评估项目的开展效率。需要注意的是，社会工作实务中很多时候"生产性"和"非生产性"的概念很难区分，例如项目主管在咖啡厅与其他单位的主管的交谈,可能是在沟通开展社会服务的重要网络关系的建构或重要资源的获取方案。项目主管在咖啡厅与其他单位的主管的交谈属于非生产性行为,但这个行为的内容是具有生产性的。

3. 过程评估调查的单一个案设计

单一个案设计是社会工作中经常使用的一种调研方法,其特点是将研究与实务相结合,通过"研究-实务"测量,使社会工作者能够有效地实施社会项目的干预计划,同时也通过这种观察为判断干预的有效性提供信息。

单一个案设计通常服务于应用目的,能够为评估实务干预的有效性提供快速且恰当的反馈。单一个案设计的实施成本较低,需要的时间和资源较少,并且易于掌握,其资料收集和分析的过程可以与实务干预同时进行,并可以简单快捷地应用研究结果,因此,单一个案设计广泛地应用于实务领域。

单一个案设计的主要方法包括:A-B 设计、A-B-A 设计、A-B-A-B 设计和 B-A-B 设计。

(1) A-B 设计。

单一个案设计有不同的方法,其中最基本的是 A-B 设计。在这种设计中,研究者在某个时间段内对案主认可的目标行为(因变量)进行基线观察,其观察结果构成 A 阶段(基线段),通过在 A 阶段进行目标行为的重复测量,获得目标行为的自然发生率。由于 A 阶段是在没有任何干预的情况下进行的观察,所以其观察结果类似于实验设计中的对照组。B 阶段是治疗阶段,即研究者在引入干预或治疗(实验变量)后,继续对目标行为进行观察,并记录结果,B 阶段就类似于实验设计中的实验条件。例如,研究者在 A 阶段观察案主的抽烟行为,记录 7 个星期内案主每周抽烟的盒数,这个阶段干预和治疗还没有开始。接着,案主开始接受 7 周的治疗干预,研究者观察案主在治疗阶段的抽烟行为,并记录 B 阶段的 7 个星期中案主每周吸烟的盒数。如果在 B 阶段,案主吸烟的数量呈现下降趋势,则很有可能是治疗产生了效果(如图 2-7 所示)。但是,研究者不能确定在 B 阶段是否有其他因素会对案主的吸烟行为产生影响,也不能确定在治疗阶段之后案主的吸烟行为是否会产生反弹。为了使评估调查结果更具说服力,研究者发展了 A-B 设计的替代方案,如 A-B-A 设计、A-B-A-B 设计等。

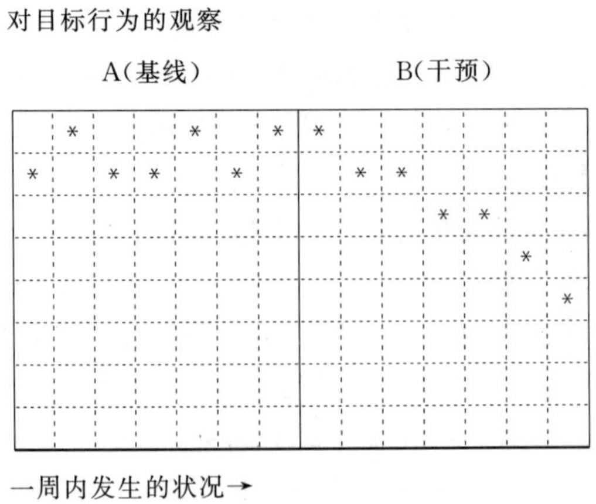

图 2-7　A-B 设计

(2) A-B-A 设计。

A-B-A 设计又称撤出式设计,是指研究者在引入干预或治疗(实验变量)后再将其撤出,即在 A-B 设计的基础上增加 A2 阶段,即停止治疗阶段。研究者继续观察案主在 A2 阶段的目标行为,如果 A2 阶段出现了行为倒退(如图 2-8),研究者就可以确定干预或治疗是改变目标行为的动因。

对于 A-B-A 设计的调查结果,研究者可能会产生不同的解释,例如干预本来已经产生了永久性的变化,但是由于干预持续的时间不够长,而导致干预最终未能成功,这表明干预的时间也许应该更长一些。但是,这种结果还可以被认为由于预期行为只发生在案主接受干预之时,而没有发生在干预之后的时间里,所以干预可能并没有取得成功。

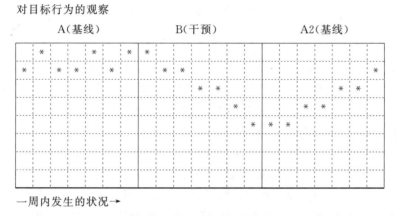

图 2-8　A-B-A 单一个案设计

因此,A-B-A 设计并不能提供足够的证据证明干预对案主产生了实际的效果。而且,如果研究止于 A2 阶段,由于 A2 阶段并未进行干预,加上案主出现了行为倒退,研究者在这样的情况下终止治疗既不符合自然疗程的一般做法,也不符合社会工作的职业道德,因此 A-B-A 设计在实际操作中较少被采用。

(3) A-B-A-B 设计。

A-B-A-B 设计类似于时间-样本设计,这种设计增加了一个或多个交替出现的 A 阶段和 B 阶段,这样有助于为自变量和因变量的因果关系提供更多的证据。如图 2-9 所示,当第一次干预撤销后,案主出现了行为倒退,但是对案主再一次实施干预后,案主吸烟的数量又一次下降。

A-B-A-B 设计很容易测出案主对干预是否产生了依赖,因此,这种设计适用于对干预的依赖对案主有利的情况,研究者也期待观察到这种依赖的形成。然而,有时候对干预的依赖对案主来说并不是有益的,案主可能会产生不理想的依赖,因此,研究者既希望观测到干预产生了预期的效果,也希望观测到案主可以不依赖干预而持续保持预期的干预效果,为此出现了 B-A-B 设计这一实验形式。

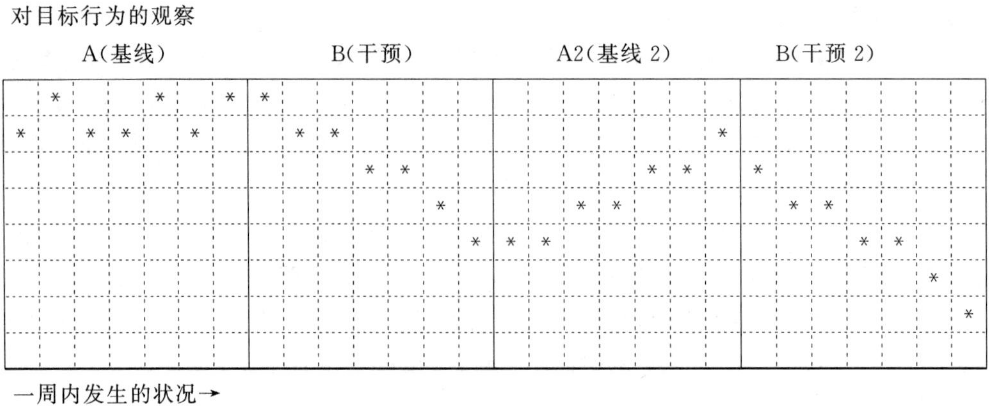

对目标行为的观察

图 2-9　A-B-A-B 设计

(4) B-A-B 设计。

B-A-B 设计在社会工作评估调查中是一种很受欢迎的实验设计,它分别以干预 B 阶段为开头和结尾,既符合自然疗程的一般做法,也符合社会工作的价值观和职业道德。然而,在一些社会工作实务实践中,很难在干预之前对案主进行基准值测量,因为有些干预是需要即时开始的,特别是在进行危机干预时,研究者不能停止干预而进行目标行为的基线测量。此时比较现实的选择就是采用 B-A-B 设计,这种设计可以对危机情况下实施干预计划的效果做出评估,如果每一次干预都能使目标行为得到改善,则说明干预在一定程度上起到了积极的效果(如图 2-10 所示)。B-A-B 设计的主要问题在于其没有基线测量,相当于在实验干预中缺少了对照组的测量。对于这个问题,研究者通常利用其他资料来源对案主的状况进行补充描述,例如,可以寻找有关案主情况的资料记录,或者让案主提供回忆性资料,了解其在过去的某段时间中目标行为出现的频率、密度、持续的时间等。为了确保资料的准确性,对案主目标行为的追溯时间最好在几个星期之内,不要太久。

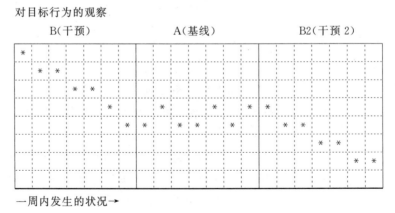

图 2-10　B-A-B 设计

(三) 如何操作结果评估调查

1. 结果评估调查的资料收集

为了考察项目实施对服务对象产生的直接效果,研究者通常在项目实施之前和实施之后对服务对象的状况进行调查,通过对调查结果的比较,考察服务项目的直接效果。这种调查通常采用自陈式问卷的方式收集资料,将项目实施之前和实施之后的调查结果进行对比,以考察项目实施对服务对象产生的直接效果。研究者需要根据项目理论设计测量指标、调查问卷或量表,并保证调查具有较好的信度和效度。此外,研究者也会收集其他的调查资料,比如在青少年滥用药物的预防项目中,为了评估项目对青少年的影响,研究者可以让老师和家长给青少年打分,以此为依据考察项目的直接效果。

为了考察调查项目的长期效果,研究者通常收集项目实施过程的档案资料。例如,在青少年滥用药物的预防项目中,研究者可以收集医疗记录、警察局记录、青少年在学校的上课情况记录和学业成绩记录等资料。此外,研究者也可以通过问卷调查收集资料,例如,研究者通过问卷调查了解青少年滥用药物的使用量和发生率等基本情况。

2. 结果评估调查的设计

结果评估调查通常有三种基本的设计,即实验设计、准实验设计和非实验设计。

(1) 实验设计。

实验设计可以回答"为什么"的问题,这种设计可以解释某个服务项目为什么能够发挥作用。在实验设计中,研究者通过随机指派和随机分类,将被试划分为干预组和对照组,其中干预组接受服务项目,对照组不接受服务项目。假定两个组所有可能会影响结果测量的因素都具有相似性,那么项目干预后,干预组和对照组之间的差异就可以归因于服务项目的有效性。

通常认为,实验设计是社会服务评估中最具有说服力的评估设计,但是它在实际操作时往往较为困难。实验设计的干预组和对照组应该是随机指派的,但是服务项目的工作人员通常是根据服务对象的需要决定服务项目的内容并谨慎地提供服务,社会工作服务规范也强调在项目服务中应践行服务对象自决原则,这与实验设计中的随机指派是相互矛盾的。

因此,研究者通常会考虑实验设计的调整,比如根据随机的原则在服务提供期间随机选择参与的时间段,服务对象可以随机选择某几周或某几天参与项目。这种方法虽然不是随机指派,但是通常来说是比较接近随机指派的。此外,还可以采用服务对象交叉参与项目的方式,例如,在项目开展过程中,服务对象中的一部分被随机抽取先接受服务,剩下的则在后面接受服务。通过这样的方式,研究者可以在前一阶段随机形成干预组和对照组。

在实验设计中,服务项目的工作人员要完整、详细地记录服务项目的执行过程,以及服务对象的变化情况,把记录当作日常服务工作的组成部分。这些记录可以成为重要的资料信息,用来界定不同的参与者接受项目服务后的变化,并以此为依据进行项目结果分析。

(2) 准实验设计。

准实验设计与实验设计的相似之处在于,它也是通过对接受服务的干预组与未接受服务的对照组进行比较,以此为依据对服务项目的直接效果做出评估。与实验设计的不同在于,在准实验设计中,干预组与对照组不是通过随机指派获得的。

在准实验设计中,研究者通常利用现有的人群与接受项目服务的服务对象进行比较。例如,研究者将接受服务的服务对象与生活在相同地区的其他人群进行比较,或者将接受了不同机构服务的服务对象进行比较,或者将在同一机构的不同时间段接受相同服务的服务对象进行比较。

此外,为了使调查结果更具有说服力,研究者经常采用前测和后测设计来说明服务对象接受服务前后的变化,这些变量还可以用来分辨在服务项目中受益最大的人群。有时候,研究者还会在不同时时间点进行测量,从而使测量数据更加准确。此外,为了避免前测对后测效果的影响,研究者还可以对某些组别采用无前测设计,将无前测的后测资料与有前测组别的后测资料进行对比。

(3) 非实验设计。

非实验设计通常只对参与项目的服务对象进行前测和后测,并不对对照组进行测量。非实验设计通常有四种类型,其中前两个设计比较适合在综合层面分析项目服务的效果,后两个设计则比较适合在个体层面对项目服务的效果做出分析。

① 对服务对象在接受服务的前后状况进行对照。研究者在服务干预前和干预后分别对服务对象进行测量,在这些不同时段的资料对比中发现差异,以此为依据推论出项目服务的影响。这种简单的前后测评估设计通常用来评估服务对象的认知、态度或行为在参加项目服务之后是否有所改变。

② 对服务对象接受服务前后进行多次重复测量的时序设计。时序设计是前后测设计的延续,研究者在干预前和干预后都对结果变量进行多次重测,如果在干预后的测量中发现趋向性或方向性的改变,或者改变发生在干预开始之后的短期之内,研究者就可以通过统计的方法对观察到的改变进行测量。时序设计通常需要大规模的小组或单位,包括服务对象。例如,在某个地区大部分青少年参与了一个青少年犯罪防御项目,本地区的犯罪率就可以用来评估该地区犯罪活动的变化。当研究者很难找到服务对象,或者当研究者没有足够的预算支持对服务对象的调查时,就可以采用时序设计。但是,需要注意的是,时序设计不能排除项目服务之外的因素对项目服务的潜在影响。

③ 对同一组成员进行小样本多次访问设计。小样本多次访问设计是指在同一组内对单个个案进行多次测量,测量开始于服务对象第一次参与项目服务,之后测量将随着时间的推移而持续进行下去。这种设计也被称为截面比较设计,可以用来评估项目服务的结果与接受服务的持续时间、类型和服务密度之间的关系,从而推断项目效果和服务之间可能存在的关联。但是,这种设计无法准确解释各项因素与项目服务结果的因果关系。这种设计可以将服务对象的个人特征纳入分析变量,以确定不同的改变模式与服务对象的个人特征是否有关,同时研究者还可以控制可能会影响测量结果改变的其他因素。

④ 对不同组别的服务对象进行服务后测比较。这是一种比较昂贵的资料收集方式,即在项目服务实施结束后,研究者对服务对象进行调查。这些调查可以为研究者提供分析项目服务的长期效果的信息,如升学率、就业率、收入等。这种设计的调查结果受回答率的影响较大,同时还会受到调查问卷中问题的信度和效度的影响。

三、调查案例

预防青少年酗酒和滥用药物项目的评估[①]

（一）第一步：确定目标和预期结果

1. 列出项目的主要目标——项目要努力完成哪些目标？

目标1：降低青少年酗酒的频率和滥用药物的使用量。

目标2：降低青少年与酗酒和滥用药物有关的事故、疾病等的发生率，降低青少年因酗酒和滥用药物而违法犯罪的发生率。

2. 列出目标群体——让哪些群体参与项目？项目要为谁服务？每个参与项目的群体的规模是多少？

目标群体1：当地市民（所有的社区居民）。

目标群体2：青少年的父母（每年20个家庭）。

目标群体3：7—9年级的学生（第一年为500人）。

目标群体4：当地的商店（25家）。

3. 列出预期结果——期望的结果是什么？希望项目的参与者学会什么？希望项目参与者的哪些态度、感受或行为发生变化？希望项目参与者发生怎样的变化？

预期结果1：提高市民对酗酒和滥用药物等相关议题的认知水平。

预期结果2：促使市民对该议题采取适合的行动。

预期结果3：提升父母在酗酒和滥用药物问题上与孩子的沟通能力。

预期结果4：提升青少年的技巧，拒绝来自同辈群体和媒体在酗酒和滥用药物方面的影响，拒绝酗酒和滥用药物。

预期结果5：降低当地对未成年人的酒类商品销售量。

（二）第二步：过程评估

1. 实施的活动——为了实施项目，社会工作者开展了哪些活动？活动的先后次序是怎样的？（参见表2-30）

表2-30　项目开展的主要活动

日期	活动内容
××月××日至××月××日	通过电视、广播、报纸等渠道开展宣传活动
××月××日至××月××日	在学校和社区组织开展活动
××月××日至××月××日	学校开设健康课，设计课程并选择教材
××月××日至××月××日	学生以小组为单位表演学校舞台剧
××月××日至××月××日	开展父母沟通技巧培训（6次）
××月××日至××月××日	对商店向青少年出售酒类商品的行为进行干预，并对干预效果进行测量
合计	总活动时长：305个小时 参加活动的总人次：1068人次

[①] GINSBERG L H. 社会工作评估：原理与方法[M]. 黄晨熹，译. 上海：华东理工大学出版社，2005：198—199.（有删改）

2. 实施过程中出现的问题及其原因(参见表2-31)

表2-31 项目实施过程中出现的问题及其原因

问题	原因
(1) 哪些活动尚未完成或尚未开展?	酒类商品的出售测试没有完成
(2) 活动开展过程中存在哪些问题?	培训和准备工作所用时间比规划的时间长
(3) 哪些目标群体没有参与项目?	来自高危家庭和高危社区的青少年和父母没有参与项目；参与项目的市民、学生和社区组织领袖不够多
(4) 什么原因导致预计的和实际的参与情况存在差异?	新闻事件冲击了部分宣传活动,大众的关注度不足；针对青少年的课程和培训材料缺乏吸引力
(5) 哪些反馈可以用来改善项目的未来发展?	提升课程对青少年的吸引力；舞台剧相当成功,以后应该多运用该形式；确定可能的学生和社区领袖,让他们参与进来；让高危环境中的青少年和父母参与活动

(三) 第三步：结果评估

1. 项目的结果评估(参见表2-32)

表2-32 项目的结果评估

理想结果	测量值
(1) 提高市民对酗酒和滥用药物问题的认知水平	知识问卷的得分
(2) 提升市民积极预防青少年酗酒和滥用药物的自觉性	参与反青少年酗酒和滥用药物活动的志愿者的数量
(3) 提升父母在酗酒、滥用药物问题上与青少年的沟通技巧	在培训前和培训后对父母的沟通技巧进行自陈式问卷调查的调查结果
(4) 提升学生拒绝酗酒、滥用药物的技巧	在培训前和培训后对学生的拒绝技巧进行问卷调查的调查结果
(5) 降低酒类商品的销售量	在行为干预之前和之后分别测量当青少年试图购买酒类商品时,店员出售的次数

2. 项目的影响评估(参见表2-33)

表2-33 项目的影响评估

理想影响	测量值
减少因酗酒和滥用药物导致的交通事故和拘捕次数	警察局记录：项目开展之前和之后,与酗酒和滥用药物有关的交通事故和拘捕次数
减少与酗酒和滥用药物有关的学校处分次数	学校记录：项目开展之前和之后,与酗酒和滥用药物有关的处分次数
降低与酗酒和滥用药物有关的疾病和事故的发生率	医院记录：项目开展之前和之后,与酗酒和滥用药物有关的急诊次数和住院次数

四、问题探讨

(1) 什么是评估调查？评估调查分为哪三种类型？
(2) 需求评估调查的含义及其类型是什么？
(3) 过程评估调查的含义及其类型是什么？
(4) 结果评估调查的含义及其类型是什么？
(5) 需求评估调查的调查对象和资料来源有哪些？
(6) 需求评估调查中的文献信息收集应考虑哪些问题？
(7) 什么是三角交叉检视法？
(8) 如何操作需求评估调查？
(9) 过程评估调查关注的核心问题是什么？
(10) 如何进行过程评估调查的资料收集与处理？
(11) 过程评估调查的单一个案设计有哪几种？它们各自的特征是什么？
(12) 如何进行结果评估调查的资料收集？
(13) 结果评估调查的设计有哪几种？它们如何操作？

五、小结：知识梳理

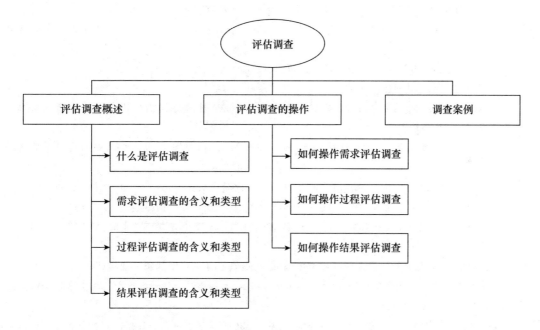

参考文献

[1] 巴比.社会研究方法[M].邱泽奇,译.11版.北京:华夏出版社,2009.
[2] 陈涛,罗强强.韧性治理:城市社区应急管理的因应与调适:基于W市J社区新冠肺炎疫情防控的个案研究[J].求实,2021(6):83—95.
[3] 崔金海.跨国婚姻家庭中女性生活适应类型研究:以中韩跨国婚姻为例[J].山西大学学报(哲学社会科学版),2017,40(6):125—131.
[4] 风笑天.社会研究方法[M].5版.北京:中国人民大学出版社,2018.
[5] 风笑天.现代社会调查方法[M].5版.武汉:华中科技大学出版社,2015.
[6] GINSBERG L H.社会工作评估:原理与方法[M].黄晨熹,译.上海:华东理工大学出版社,2005.
[7] 郝大海.社会调查研究方法[M].4版.北京:中国人民大学出版社,2019.
[8] 基什.抽样调查[M].倪加勋,孙山泽,译.北京:中国统计出版社,1997.
[9] 纽曼,克罗伊格.社会工作研究方法:质性和定量方法的应用[M].刘梦,译.北京:中国人民大学出版社,2008.
[10] 林楠.社会研究方法[M].北京:农村读物出版社,1987.
[11] 卢淑华.社会统计学[M].4版.北京:北京大学出版社,2014.
[12] 毛铖.农村基层党组织在村集体经济发展中的关键性引领作用:基于南街村、周家庄与官桥八组的典型调查[J].中共福建省委党校学报,2019(4):81—88.
[13] 纽金特,西帕特,赫德森.21世纪评估实务[M].卓越,叶文振,姜国兵,译.北京:中国人民大学出版社,2006.
[14] 水延凯,等.专题调查及实例评析[M].北京:中国人民大学出版社,2003.
[15] 怀特.街角社会:一个意大利人贫民区的社会结构[M].黄育馥,译.北京:商务印书馆,1994.
[16] YEGIDIS B L,WEINBACH R W.社会工作研究方法[M].黄晨熹,唐咏,译.上海:华东理工大学出版社,2004.
[17] 于莉.城郊农民对城镇化安置社区的满意度与归属感:基于326位城郊农民的实证研究[J]//天津市社会科学界联合会."四个全面"·创新发展·天津机遇:天津市社会科学界第十一届学术年会优秀论文集(上).2015:135—142.
[18] 于莉.城郊农民集中居住社区的社区参与状况:基于326位城郊农民调查数据的实证分析[J].城市问题,2016(2):72—80.
[19] 于莉,崔金海,曹丽莉.在研究性教学中培养大学生创新能力的实证研究[J].当代教育科学,2014(5):28—32.
[20] 袁方.社会研究方法教程(重排本)[M].北京:北京大学出版社,2013.
[21] 张文彤.SPSS统计分析基础教程[M].北京:高等教育出版社,2017.